IAITH LAFAR
BRYCHEINIOG

Astudiaeth o'i Ffonoleg a'i Morffoleg

Glyn E. Jones

*Cyhoeddwyd ar ran Pwyllgor Iaith a Llên
Bwrdd Gwybodau Celtaidd Prifysgol Cymru*

GWASG PRIFYSGOL CYMRU
CAERDYDD
2000

Manylion Catalogio Cyhoeddi'r Llyfrgell Brydeinig

Mae cofnod catalogio'r gyfrol hon ar gael gan y Llyfrgell Brydeinig

ISBN 0–7083–1640–9

Cysodwyd yng Ngwasg Prifysgol Cymru
Argraffwyd yng Nghymru gan Wasg Dinefwr, Llandybïe

CYNNWYS

RHAGAIR

Y mae'r astudiaeth hon yn ffrwyth cyfnod digon hirfaith o waith maes yn sir hyfryd Brycheiniog. Yr ydym ni'r Cymry yn hoff o sôn am ein 'milltir sgwâr' ond cefais i gyfle i ymgydnabod ac ymgynefino ag ail filltir sgwâr pan euthum i gasglu iaith lafar Brycheiniog yn rhinwedd fy swydd yn Uned Ymchwil Ieithyddol Gymraeg, Adran y Gymraeg, Prifysgol Cymru, Caerdydd. Dechreuais ar y gwaith dan gyfarwyddyd y Dr Ceinwen H. Thomas a mawr yw fy nyled iddi am ei brwdfrydedd o blaid yr astudiaeth ac am lawer cyngor doeth ar ddechrau'r gwaith. Y mae fy nyled yn bennaf, fodd bynnag, i siaradwyr hynaws a bonheddig Brycheiniog. Yn ddi-feth cefais groeso a charedigrwydd eithriadol ar fy mynych ymweliadau yno. Ymdeimlas lawer gwaith â thrasiedi meddiannu Epynt gan y Weinyddiaeth Ryfel yn 1940 yn ganlyniad i'r Ail Ryfel Byd a chwalu y gymdeithas Gymraeg ei hiaith oedd yno. Wedyn daeth y coedwigo a aeth ag erwau lawer o dir ar ochr ogleddol Epynt i lawr i Landdulas a Thirabad a pheri i sawl fferm ddiflannu dan y coed ac i eraill golli eu rhysfa lle porai eu defaid ar lethrau Epynt. Ni allaf lai na chrybwyll dau siaradwr a fu'n arbennig o garedig a hael wrthyf gan roi imi gyfoeth eu tafodiaith, sef y diweddar David Lewis a aned ar Epynt a'r diweddar David Davies a aned yn Llanwrtyd. Ffermwyr oeddynt ill dau a meddent ar y gronfa honno o wybodaeth a chyfoeth iaith na allwn ni heddiw ond rhyfeddu ati a galaru ei bod yn prysur ddiflannu. Hoffwn feddwl bod yr astudiaeth hon yn deyrnged i drigolion bonheddig Brycheiniog, yn arbennig trigolion Epynt.

Afraid dweud bod arnaf ddyled i lawer am gymorth i gwblhau'r gwaith: i'r Athro Sioned M. Davies, Pennaeth Adran y Gymraeg, Prifysgol Cymru, Caerdydd, am roddi pob cymorth a hwylustod imi gwblhau'r gyfrol wedi fy ymddeoliad, i'r Athro Peter Wynn Thomas, Adran y Gymraeg, Prifysgol Cymru, Caerdydd, i'r Dr Beth Thomas, Amgueddfa Werin Cymru, i'r Dr Ceri Davies, Adran y Clasuron a Hanes yr Hen Fyd, Prifysgol Cymru, Abertawe, i'r Dr Mark Smith a'r Dr Jeremy Evas, ill dau o Adran y Gymraeg, Prifysgol Cymru, Caerdydd, am gymorth i baratoi testun ar y cyfrifiadur, i Bwyllgor Iaith a Llên, Bwrdd Gwybodau

Celtaidd Prifysgol Cymru am noddi'r gyfrol ac i Ruth Dennis-Jones, Gwasg Prifysgol Cymru, am bob cymorth. Yn bennaf oll, y mae fy niolch i'm priod, Gwladys am ei hir amynedd ac i'm dwy ferch Non a Rhian; iddynt hwy ill tair y cyflwynir y gyfrol hon.

Glyn E. Jones

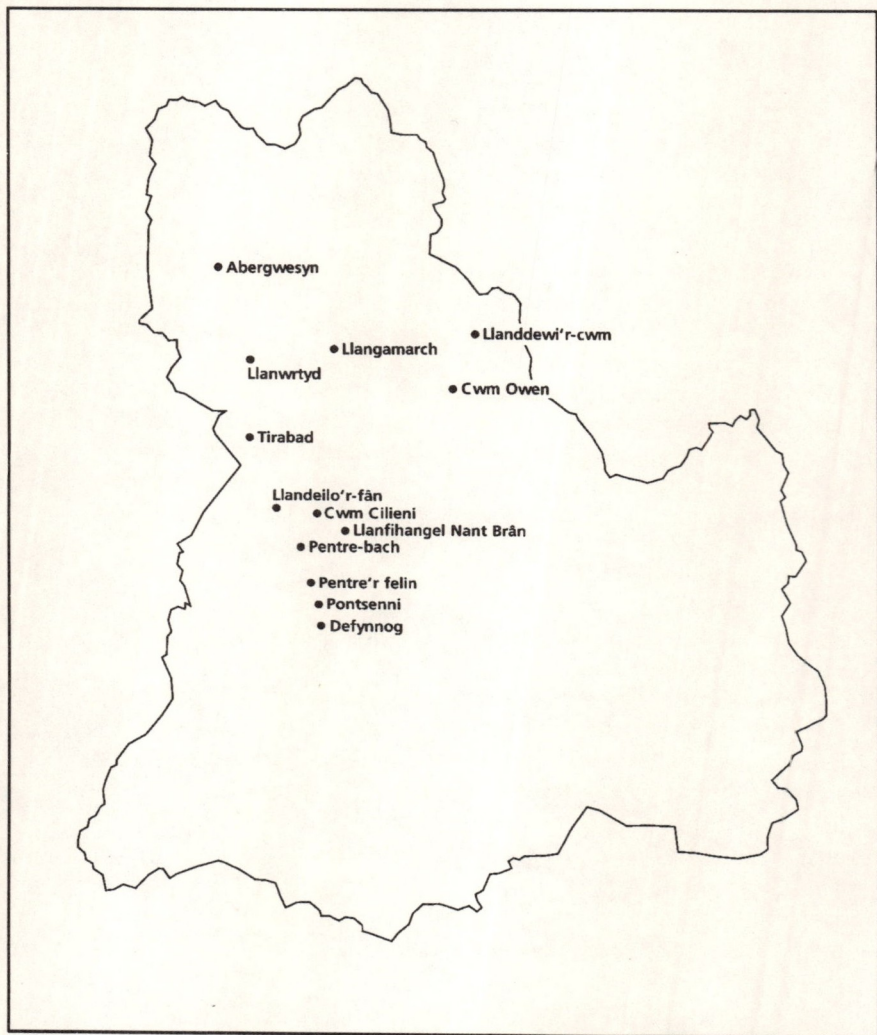

Map yn dangos yr ardaloedd ym Mrycheiniog y buwyd yn arnodi ynddynt.

1
RHAGARWEINIAD

1.1 Tiriogaeth yr astudiaeth

Tiriogaeth yr astudiaeth hon yw'r ardal a ffurfiai'r hen uned sirol a adnabyddid fel sir Frycheiniog. Daeth yr uned hon i fodolaeth yn dilyn Deddf Uno Cymru a Lloegr yn 1536 pan unwyd dwy uned gynharach, sef *gwlad* Brycheiniog[1] a Chantref Buallt i ffurfio'r sir newydd (Bowen, 1908: 79). Parodd yr uned sirol hon hyd at 1974 pan ymgorfforwyd hi yn sir newydd Powys. Yr uned sirol wreiddiol hon fu'r sail diriogaethol ar gyfer gwaith maes i recordio a chasglu tafodieithoedd y rhan hon o Gymru yn y 1970au. Daeth yr ysgogiad i'r gwaith oddi wrth awydd Uned Ymchwil Ieithyddol Gymraeg, Adran y Gymraeg, Coleg y Brifysgol, Caerdydd, i recordio iaith lafar ardal mynydd Epynt, yn arbennig tystiolaeth o iaith siaradwyr o'r ardaloedd hynny y gorfu iddynt adael eu cartrefi pan feddiannwyd Epynt gan y Weinyddiaeth Ryfel yn 1940 i ffurfio maes tanio milwrol.[2]

Y mae'r astudiaeth hon, fodd bynnag, yn seiliedig ar dystiolaeth lafar siaradwyr o ardal sy'n ymestyn o bentref Defynnog yn neau'r hen sir hyd at Abergwesyn yn y gogledd; y mae'n cynnwys siaradwyr ardal sy'n cwmpasu Pontsenni, Pentre-bach, Pentre'r-felin, Llandeilo'r-fân, Cwm Cilieni a Llanfihangel Nant Brân – ardal y rhoddir iddi'r enw Godre'r Epynt yn yr astudiaeth hon; a Thirabad, Llanwrtyd, Llangamarch, Abergwesyn, Llanddewi'r-cwm a Chwm Owen yng ngogledd y sir y cyfeirir atynt yma fel ardal Llanwrtyd. Nodir y mannau y cafwyd tystiolaeth ohonynt ar y map gyferbyn. Er ad-drefnu ffiniau llywodraeth leol yn 1974 ac ymgorffori sir Frycheiniog yn sir helaethach Powys, yr hen unedau sirol oedd y rhaniadau cyfarwydd a real i'r siaradwyr hyn. Yr oedd ganddynt ymwybyddiaeth glir o'r siroedd a ffiniai ar Frycheiniog – sir Gâr, sir Aberteifi a sir Forgannwg: deuai'r ymwybyddiaeth hyn i'r wyneb mewn cyfeiriadau at wahaniaeth amaethau rhwng ffermwyr Brycheiniog a rhai sir Gâr a sir Aberteifi (er enghraifft dulliau plygu'r berth) ac yr oedd ymwybyddiaeth amlwg o natur

ddiwydiannol Morgannwg yn nyfodiad 'gwŷr y gwithe' i brynu
cynnyrch y fferm yn ffeiriau Aberhonddu.

1.2 Y Siaradwyr

O ran oedran, yr oedd y siaradwyr yn perthyn i'r genhedlaeth dros
y trigain oed. Yr oeddynt wedi treulio y rhan helaethaf o'u hoes yn
eu cynefin (yr oedd siaradwyr gwreiddiol Epynt a recordiwyd wedi
symud i ffermydd cyfagos yn Llandeilo'r-fân, Pentre-bach, Cwm
Cilieni a Llanfihangel Nant Brân). Yr oeddynt oll o gefndir
amaethyddol, yn ffermwyr, yn feibion neu yn ferched/gwragedd i
ffermwyr, neu wedi bod yn weision neu forwynion ar ffermydd. Yr
oeddynt o gefndir addysgol cyffelyb ac wedi cwblhau eu haddysg
ffurfiol rhwng 13 a 14 oed yn yr ysgolion lleol. O ran eu medr
ieithyddol, yr oedd y siaradwyr a recordiwyd yn rhugl eu Cymraeg
ac yn siarad Cymraeg ar eu haelwydydd ac ymhlith y rhan fwyaf
o'u cymdogion. Yr oedd rhai eithriadau i hyn, fodd bynnag: yn
Nefynnog ni fu'n hawdd cael siaradwyr a oedd yn fodlon cael eu
holi yn y Gymraeg ac eithrio am un wraig. Y mae tystiolaeth
Defynnog felly yn seiliedig ar y siaradwraig hon. Er ei bod yn gwbl
rugl ei Chymraeg, y mae'n bur amlwg mai Saesneg a siaradai â'i
chymdogion a oedd yn medru'r Gymraeg (rhai o'i thylwyth ei hun
ac o'r un genhedlaeth â hi) – byddai pob adroddiad o sgwrs
rhyngddi â'r cymdogion hyn yn y Saesneg. Yr oedd y dystiolaeth a
gafwyd gan siaradwraig o Gwm Owen a Llanddewi'r-cwm yn brin
a diffygiol iawn hefyd. Prin oedd meistrolaeth y rhain bellach ar y
Gymraeg a chynrychiolant y math hwnnw o siaradwyr y cyfeirir
atynt fel 'lled-siaradwyr'; siaradwyr oeddynt o ochr ddwyreiniol
Seisnigedig y sir. Nodir yn y drafodaeth ble y defnyddir y
dystiolaeth a gafwyd gan y siaradwyr hyn a beth oedd ei natur.

Gwelir bod y siaradwyr yn grŵp tra unffurf ei natur. Ym-
debygant i'r math o siaradwyr y rhoddwyd y label NORMS (sef
'non-mobile, older, rural males') arnynt gan rai a fu'n feirniadol o
ddulliau tafodieithegwyr 'traddodiadol' (Chambers a Trudgill,
1980: 33). Bid sicr y mae gwendidau yn y math hwn o gasglu a
disgrifio a dehongli: nid yw'n samplo cynrychioliadol o ran oedran
na chefndir addysgol nac economaidd o holl siaradwyr y gymuned
ac ni rydd gyfrif am wahaniaethau ieithyddol y gall y ffactor-
au hynny eu peri. Fodd bynnag y mae llawer yn dibynnu ar

gyd-destun ieithyddol a sosio-economaidd y gymdeithas a fydd dan sylw ac i ddiben yr astudiaeth hon y mae rhinwedd i unffurfiaeth y siaradwyr gan ei bod yn rhoi corpws o ddata y gellir cyffredinoli amdano: fe'i casglwyd dan yr un amodau ac oddi wrth siaradwyr cyffelyb o ran eu nodweddion sosio-economaidd a diwylliannol.

2

FFONOLEG

2.1 Y Model Disgrifiadol

Y model disgrifiadol a ddefnyddir ar gyfer yr astudiaeth hon yw hwnnw a adwaenir fel model ffonoleg glasurol. Ceir disgrifiad hwylus ohono yn Sommerstein (1977; i ddibenion yr astudiaeth hon, tudalennau 16–35 yn arbennig). Nodwn beth yw hanfodion a chanllawiau'r model hwn.

Y mae gan seiniau swyddogaeth gyferbyniol ac arwyddocaol mewn iaith, swyddogaeth sydd yn eu galluogi i newid ystyr. Y seiniau hyn yw ffonemau'r iaith dan sylw. Yn y gyfres ganlynol o eiriau (a nodir yn yr wyddor seinegol ryngwladol ac oddi mewn i gromfachau yn unol â chonfesiwn): [pɪn, pan, pɛn, pon] 'pin, pan, pen, poen', y mae'r llafariaid [ɪ, a, ɛ, o] yn cyferbynnu'n arwyddocaol, sef yw hynny, y mae cyfnewid y naill am y llall yn peri newid ystyr, hynny yw y mae'r llafariaid hyn yn ffonemau yn y Gymraeg. Dull ffonoleg glasurol o ddarganfod ffonemau'r iaith dan sylw yw trwy gyfnewid lleiafaint, sef cyfnewid un sain am sain arall oddi mewn i'r un cyd-destun fel y gwnaed yn y gyfres uchod o eiriau, a lle y bo'r cyfnewid yn peri newid ystyr, yna, y mae'r seiniau hynny'n sylweddoli ffonemau gwahanol. Pan fo symbol yn cynrychioli ffonem defnyddir y confensiwn arferol o'i ddodi rhwng dwy linell ar oleddf: / /.

Gellir sylweddoli ffonem gan ragor nag un sain, hynny yw, y mae rhai seiniau nad ydynt yn cyferbynnu'n arwyddocaol â'i gilydd ond amrywiol sylweddolion un ffonem ydynt. Gelwir y cyfryw seiniau'n allffonau. Y mae i allffon y priodoleddau canlynol:

(i) Dosbarthiad cyfatebol. Cyn y gall seiniau gyferbynnu'n arwyddocaol rhaid iddynt ddigwydd yn yr un safleoedd yn y gair, megis y mae'r seiniau llafarog [ɪ, ɛ, a, o] oll yn digwydd mewn safle canol yn y geiriau a nodwyd uchod. Oni all dwy sain wahanol ddigwydd yn yr un safle, ni allant byth gyferbynnu â'i gilydd. Pan geir sefyllfa felly, dywedir bod y seiniau hynny'n dosbarthu'n gyfatebol.

(ii) Tebygrwydd seinegol. Y mae allffonau ffonem arbennig yn seinegol debyg i'w gilydd. Golyga'r briodoledd hon na ellir priodoli yr un sain yn allffon i ddwy ffonem wahanol. Golyga hefyd, na ddylid clymu seiniau sy'n dra annhebyg i'w gilydd yn seinegol yn allffonau i'r un ffonem er eu bod efallai'n dosbarthu'n gyfatebol. Cymharer y sefyllfa parthed /h/ a /ŋ/ yn Saesneg; dosbartha'r ddwy yn gyfatebol: /h/ ar ddechrau sillaf yn unig, /ŋ/ yn ddiweddol yn unig, felly ni allant gyferbynnu'n arwyddocaol â'i gilydd. Serch hynny, y maent yn dra annhebyg yn seinegol ac am hynny fe'u hystyrir mewn dadansoddiadau o Saesneg (er enghraifft Cohen, 1965: 23–4; Gimson, 1962: 47–8) yn ffonemau annibynnol.

(iii) Gellir eu rhag-weld. Gwahaniaethir rhwng dau fath o allffon y gellir eu rhag-weld: (a) allffon safleol y gellir ei rhag-weld yn ôl ei safle. Enghreifftiau yw'r modd y mae [l] glir a [ɫ] dywyll yn dos-barthu mewn rhai mathau o Saesneg: [l] glir o flaen bob llafariad a [j] a [ɫ] dywyll ymhob safle arall (Gimson, 1962: 96); (b) allffon gyd-destunol sy'n ganlyniad i'w chyd-destun. Enghraifft yw [eː] agored a nodir isod dan y disgrifiad o allffonau'r ffonem /e/ yn iaith lafar Brycheiniog: digwydd yr allffon hon bob amser o flaen y gytsain [r].

Y mae un nodwedd arall mewn perthynas â sylweddoliad y ffonem y dylid sylwi arni, sef amrywio rhydd. Weithiau gall siarad-wyr ddefnyddio rhagor nag un sylweddoliad i ffonem yn yr un cyd-destun ac nid oes cyferbyniad arwyddocaol yn hynny, ond dywedir eu bod mewn amrywiad rhydd; 'non-conditional or optional variants' y galwodd M. Swadesh hwy (1973: 37) a dyna'r union sefyllfa y rhydd Trubetzkoy gyfrif amdani yn y gyntaf o'r rheolau a osododd yn ganllawiau i sefydlu ffonemau: 'Two sounds of a given language are merely optional phonetic variants of a single phoneme if they occur in exactly the same environment and are inter-changeable without a change in the lexical meaning of the word' (1969: 46); hynny yw, nid oes i'r amrywiadau rhydd hyn unrhyw arwyddocâd ffonolegol. Digwydd yr amrywio rhydd hwn yn fynych dan yr amodau y cyfeiria Gimson atynt yn y dyfyniad sy'n dilyn. Wedi iddo ddiffinio allffon yn sylweddoliad ffonem mewn cyd-destun neu safle arbennig, â ymlaen:

Such a generalization does not take into account those variant realizations of the same phoneme in the same situations which may constitute the difference between two utterances of the same word. When the same speaker produces slightly different pronunciations of

the word *cat*, the different realizations of the phonemes are said to be
'free variants'. (Gimson, 1962: 47)

Beth yw statws yr amrywiadau rhydd hyn felly? Er bod modd
sefydlu allffonau ffonem ar dir dosbarthiad a manylu arnynt yn ôl
cyd-destun a safle, dengys bodolaeth amrywiadau rhydd nad rhoi
cyfrif penodol a therfynol am eu hunion sylweddolion seinegol yr
ydym, ond yn hytrach sefydlu norm i'w sylweddolion, norm y
mae'r siaradwyr yn chwannog iawn i oddef amrywio o'i gwmpas;
yng ngeiriau Fudge (1970: 77) 'a good deal of variation is tolerated
within each positionally determined variant'. Ceir amrywio rhydd
rhwng ffonemau hefyd, 'phonemic interchange', chwedl Swadesh
(1973: 37). Ffenomen trawsnewid ydyw hwn yn fynych, canlyniad i
newid yn nosbarthiad neu ddigwyddiad ffonem ar draws y
parhawd ieithyddol, er enghraifft, amrywio megis /holi: hɔli/ yng
Nghymraeg Brycheiniog (gweler tt. 52, 142 isod) sy'n adlewyrchu
newid yn nosbarthiad /o/ ac /ɔ/ yn y goben. Weithiau, gall y
trawsnewid ei amlygu ei hun mewn math o amrywio rhydd na ellir
ei esbonio fel gwegian oddi amgylch i ryw norm seinegol nac yn
nhermau newid yn nosbarthiad ffonem arbennig, ond ceir sefyllfa y
bo ynddi rhyw 'hanner cyferbyniad' megis, gydag uned a'i statws
ffonolegol yn dra annelwig. Cawn enghraifft o hyn pan ddeuwn i
drafod digwyddiad y llafariad [æ] yn Nefynnog a'r llafariaid canol
[y, ɨ] yn Llanwrtyd, isod.

Y mae'r disgrifiadau seinegol o gynaniad y llafariaid a'r deusein-
iaid yn seiliedig ar fframwaith disgrifiadol llafariaid safonol Daniel
Jones.[3] Yn ôl y fframwaith hwn dosberthir llafariaid yn ôl yr ystyr-
iaethau canlynol:

(i) Pa ran o'r tafod a godir wrth eu cynanu – wyneb, canol neu
gefn y tafod. Os wyneb y tafod a ddefnyddir fe'u gelwir yn llafar-
iaid blaen; os canol y tafod a ddefnyddir, fe'u gelwir yn llafariaid
canol; os cefn y tafod a ddefnyddir, fe'u gelwir yn llafariaid ôl.

(ii) Pa mor uchel y codir y tafod yn y genau. Y mae pedair gradd
o uchder yn ôl model Daniel Jones, sef agored – y tafod yn isel yn y
genau; caeedig – y tafod yn uchel yn y genau; rhwng y ddau eithaf
hyn ceir hanner caeedig – y tafod dri chwarter yr uchder rhwng y
safle caeedig a'r safle agored, a hanner agored – y tafod chwarter yr
uchder rhwng y safle agored a'r safle caeedig.

(iii) Ffurf y gwefusau: gallant fod wedi eu crynio, wedi eu lledu,
neu'n niwtral.

Sylwer hefyd, yn y disgrifad a ddilyn o'r llafariaid, yr ystyrir bod llafariad yn ôl diffiniad yn *lleisiol*, hynny yw bydd y tannau llais yn dirgrynu yn ystod ei chynaniad. Ystyrir hefyd y bydd y llafariaid yn *eneuol*, hynny yw bydd y daflod feddal wedi ei chodi yn ystod eu cynaniad.

2.2 Y Ffonemau Llafarog

Y mae system ffonemau llafarog iaith lafar Brycheiniog yn cynnwys deuddeg llafariad a naw deusain. Y llafariaid yw /i, ɪ, e, ɛ, a, ɑ, ɒ, ɔ, o, ʊ, u, ə/ a'r deuseiniaid yw /ai, ɒi, ɔi, ʊi, əi, ɪu, ɛu, au, əu/. Fodd bynnag, y mae nifer o lafariaid a deuseiniaid yr ystyrir bod eu statws fel ffonemau yn y system hon yn ymylol, sef [æ, y, ɨ, oi, ɔɨ, oɨ, ui, uɨ]. Ystyriwn y cyfan yn y drefn ganlynol: y llafariaid; y deuseiniaid; a'r llafariaid a'r deuseiniaid ymylol.

2.2.1 Y Llafariaid

[i] Y LLAFARIAD FLAEN GAEEDIG

Cynenir y llafariad hon drwy godi wyneb y tafod yn uchel yn y genau tuag at y daflod galed. Y mae'r gwefusau yn agos at ei gilydd ac wedi eu lledu beth. Digwydd yn y safleodd canlynol yn y gair:

Ffurfiau unsill, agored a chaeedig: [ti, χi, kig, mil]
Yn y goben: [diva, iʃɛ, kinog]. Sylwer y gall [i] weithiau amrywio'n rhydd â [ɪ] yn y goben, gweler dan [ɪ] isod.
Yn y sillaf olaf agored ac weithiau yn y sillaf olaf gaeedig: [tali, bɔiti, kɛlvi, kɔlin, ɛdʒin]
Yn y rhagoben: [priodi, digoni, diðrɪnjɛθ]

[ɪ] Y LLAFARIAD FLAEN RHWNG CAEEDIG A HANNER CAEEDIG

Cynenir y llafariad hon trwy godi rhan o wyneb y tafod sy'n agos at ei ganol i safle ychydig yn uwch na'r hanner caeedig yn y genau. Y mae'r gwefusau yn agos at ei gilydd ac ond wedi eu prin ledu. Digwydd yn y safleoedd canlynol yn y gair:

Ffurfiau unsill caeedig: [bɪr, kɪn, dɪm]
Yn y goben: [nɪθi, dɪmɛ, ɬɪsgo]. Codwyd rhai enghreifftiau o [ɪ]
mewn amrywiad rhydd â [i] yn y safle hwn: [ɪnɪg, inɪg; gɪlɪð,
gilɪð]
Yn y sillaf olaf gaeedig: [sevɪɬ, slɪmɪn, mɔχɪn]
Yn y rhagoben: [bɪlɔŋed, ɪgəinjɛ, dɪbəni]

[e] Y LLAFARIAD FLAEN HANNER CAEEDIG

Cynenir y llafariad hon drwy godi wyneb y tafod i safle ychydig yn
is na hanner caeedig yn y genau. Y mae'r gwefusau yn agos at ei
gilydd (ond nid mor glos ag yn achos [i] uchod) ac wedi eu lledu'n
llac. Digwydd yn y safleodd canlynol yn y gair:

Mewn ffurfiau unsill, agored a chaeedig: [beð, hen, ɬe]. Sylwer,
mewn ffurfiau unsill a gaeir gan y gytsain [r], y mae ansawdd y
llafariad yn llawer mwy agored, tebycach i lafariad hanner
agored [ɛː]: [klɛːr, gwɛːr, sɛːr]. Codwyd rhai enghreifftiau o'r
ansawdd hanner agored hwn yn y goben hefyd, ond yn
Nefynnog yn unig: [dɪvɛːrɔn, guɛːri, wɛːru].
Yn y goben: [amdeni, fedog, pedɛr]. Codwyd ambell enghraifft
o [e] mewn amrywiad rhydd â [ɛ] yn y goben, gweler dan [ɛ]
isod.
Yn y rhagoben, er na ddigwydd yn aml yn y safle hwn: [ebolɛs,
fedɔgɛ, pedoli]

[ɛ] Y LLAFARIAD FLAEN HANNER AGORED

Cynenir y llafariad hon drwy godi wyneb y tafod ychydig yn uwch
na'r safle hanner agored yn y genau. Y mae'r gwefusau yn fwy
agored nag yn achos [e] uchod ac wedi eu prin ledu'n llac.
Digwydd yn y safleoedd canlynol yn y gair:

Mewn ffurfiau unsill caeedig: [pɛn, dɛɬd, (h)ɛr][4]
Yn y goben: [pɛdwar, hɛla, ɛnwɪn]. Codwyd ambell enghraifft
o [e] mewn amrywiad rhydd â [ɛ] yn y safle hwn, er enghraifft:
[benu, bɛnu; enu, ɛnu].
Yn y sillaf olaf, agored a chaeedig: [gɔtrɛ, lodɛs, wiθɛ]
Yn y rhagoben: [pɛrɛrɪn, tɛbɔte, lɛkʃənɛ]

[a] Y LLAFARIAD FLAEN AGORED

Cynenir y llafariad hon drwy godi rhan o wyneb y tafod sy'n agos at ei ganol, yn isel yn y safle blaen agored yn y genau. Y mae'r gwefusau ar agor. Yr oedd tuedd i ganoli'r llafariad yn y goben yn Nefynnog, hynny yw, i ddefnyddio rhan o'r tafod yn nes at ei ganol ac i'w godi ychydig yn uwch yn y genau. Digwydd yn y safleodd canlynol yn y gair:

Mewn ffurfiau unsill caeedig: [dat, glan, man]
Yn y goben: [karko, gaɬi, paso]. Codwyd ambell enghraifft o [a] mewn amrywiad rhydd â [ɑ] yn y safle hwn, gweler dan [ɑ] isod.
Yn y sillaf olaf, agored a chaeedig: [aval, kʊta, wiad]
Yn y rhagoben: [asgʊrn, ɬadrɔnɛs, patrǝnɛ]

[ɑ] Y LLAFARIAD FLAEN AGORED RHWNG BLAEN AC ÔL AGORED

Cynenir y llafariad hon drwy godi rhan o wyneb y tafod sydd ar gyrion ei ganol yn isel yn y genau ac yn blaenu ychydig ar y safle canol agored. Y mae'n debyg o ran ei hansawdd i [a] uchod ond ei bod yn llafariad hir. Y mae'r gwefusau ar agor. Digwydd yn y safleodd canlynol yn y gair:

Mewn ffurfiau unsill, agored a chaeedig: [kɑs, fɑ, gwɑd]
Yn y goben: [avi, ɑχɛ, (h)adɛ]. Codwyd rhai enghreifftiau o [a] mewn amrywiad rhydd â [ɑ] yn y safle hwn, er enghraifft: [araɬ, ɑraɬ; anal, ɑnal].
Yn y sillaf olaf agored, acennog: [brɔχg'ɑ, glan'ɑ, rɪð'ɑ]

[ɒ] Y LLAFARIAD ÔL AGORED RHWNG AGORED A HANNER AGORED

Cynenir y llafariad hon drwy godi cefn y tafod rhwng y safle agored a hanner agored yn y genau. Y mae'r gwefusau ar agor ac wedi eu crynio ychydig. Ni ddigwydd y llafariad hon ond mewn ffurfiau benthyg o'r Saesneg ac y mae iddi gryn hyd. Codwyd yn y safleodd canlynol yn y gair:

Mewn ffurfiau unsill: [brɒn, (h)ɒl, lɒn]
Yn y goben: [brɒkasd, wɒrdrob]

[ɔ] Y LLAFARIAD ÔL HANNER AGORED

Cynenir y llafariad hon drwy godi cefn y tafod i safle ychydig yn is na'r safle hanner agored yn y genau; y mae ychydig yn fwy caeedig na'r llafariad [ɒ] uchod.Y mae'r gwefusau'n agored gydag arlliw o grynio llac. Digwydd yn y safleodd canlynol yn y gair:

Mewn ffurfiau unsill caeedig: [kɔt, ɔs, pɔnt]
Yn y goben: [kɔlvɛn, ɔdi, ɔgɛd]. Codwyd ambell enghraifft o [o] mewn amrywiad rhydd â [ɔ] yn y safle hwn, gweler dan [o] isod.
Yn y sillaf olaf, agored a chaeedig: [avɔn, gwɑðɔd, ɛtɔ]
Yn y rhagoben: [kɔlɔmɛn, gɔrion, ɔvnadu]

[o] Y LLAFARIAD ÔL HANNER CAEEDIG

Cynenir y llafariad hon trwy godi cefn y tafod i safle ychydig yn is na hanner caeedig yn y genau. Y mae'r gwefusau yn agos at ei gilydd ac wedi eu crynio'n llac. Digwydd yn y safleodd canlynol yn y gair:

Mewn ffurfiau unsill, agored a chaeedig: [bod, kron, ðo]
Yn y goben: [blodɛ, ɬəgodɛn, pobi]. Codwyd ambell enghraifft o [ɔ] mewn amrywiad rhydd â [o] yn y safle hwn, er enghraifft [bɔrɛ, borɛ; (h)ɔgi, (h)ogi].
Yn y sillaf olaf, agored a chaeedig: [adnod, ɛχdo, maliθog]
Yn y rhagoben: [gogərnɛ, govalıs, rozənɛ]

Sylwer y defnyddiai siaradwraig Defynnog [ɔ] yn amlach na [o] yn y sillaf olaf yn wahanol i siaradwyr Godre'r Epynt a Llanwrtyd.

[ʊ] Y LLAFARIAD ÔL RHWNG HANNER CAEEDIG A CHAEEDIG

Cynenir y llafariad hon drwy godi rhan o gefn y tafod sy'n agos at ei ganol i safle ychydig yn uwch na hanner caeedig yn y genau. Y mae'r gwefusau yn agos at ei gilydd ac arlliw o grynio llac iddynt. Digwydd yn y safleodd canlynol yn y gair:

Mewn ffurfiau unsill caeedig: [krʊt, pʊn, ʃʊt]
Yn y goben: [gʊbod, hʊnu, rʊto]. Codwyd ambell enghraifft o
[u] mewn amrywiad rhydd â [ʊ] yn y safle hwn, gweler dan [u]
isod.
Yn y sillaf olaf gaeedig: [asgʊrn, golʊg, sɑdʊn]
Yn y rhagoben: [fʊdanɪs, gʊdiˈu, ʊθnɔsɛ]

[u] Y LLAFARIAD ÔL GAEEDIG

Cynenir y llafariad hon drwy godi cefn y tafod ryw draean o'r
ffordd rhwng y safle hanner caeedig a chaeedig yn y genau. Y mae'r
gwefusau yn agos at ei gilydd ac wedi eu crynio'n dynnach nag ar
gyfer [ʊ] uchod. Digwydd yn y safleodd canlynol yn y gair:

Mewn ffurfiau unsill, agored a chaeedig: [(h)uχ, sun, tru]
Yn y goben: [duvʊn, puɛr, smuðo]. Codwyd ambell enghraifft
o [ʊ] mewn amrywiad rhydd â [u] yn y safle hwn, er enghraifft
[kʊdɪn, kudɪn; kʊbul, kubul].
Yn y sillaf olaf, agored a chaeedig: [kʊmus, dirun, ɔvnɑdu]
Yn y rhagoben, ond yn brin: [muɛra, guɛri]

Sylwer y defnyddiai siaradwraig Defynnog [ʊ] yn amlach na [u] yn
y sillaf olaf yn wahanol i siaradwyr Godre'r Epynt a Llanwrtyd.

[ə] Y LLAFARIAD GANOL RHWNG HANNER AGORED A HANNER
CAEEDIG

Cynenir y llafariad hon drwy godi canol y tafod rhwng y safle
hanner agored a hanner caeedig yn y genau. Bydd tuedd i'r
llafariad hon fod yn fwy caeedig pan ragflaenir hi gan [k].
Digwydd yn y safleoedd canlynol yn y gair:

Mewn ffurfiau unsill caeedig: [ən, ər, frənt]
Yn y goben: [kəsgi, (h)əni, sgəbɛɬ]
Yn y sillaf olaf; mewn geiriau benthyg o'r Saesneg yn unig:
[drəivər, pɛnʃən, sdəiʃən]
Yn y rhagoben: [dəχənɬɪd, vənəχa, rəbəðjo]

2.2.2 Y Deuseiniaid

Y deuseiniaid yw /ai, ɒi, ɔi, ui, əi, ɪu, ɛu, au, əu/. Y maent yn ymrannu'n ddau ddosbarth, sef y deuseiniaid sy'n cau at [i] a'r deuseiniaid sy'n cau at [u]. Disgrifir hwy yn y drefn a roddir uchod.

[ai]

Elfen gyntaf y ddeusain hon yw llafariad flaen agored debyg o ran ansawdd i'r llafariad syml [a] a ddisgrifiwyd uchod. Llithra'r tafod i gyfeiriad y llafariad flaen gaeedig [i]. Y mae ffurf y gwefusau'n newid ychydig o fod yn agored ar gyfer yr elfen gyntaf i gulhau ychydig ar gyfer yr ail elfen. Y mae rhai siaradwyr yn arddangos ychydig o duedd i ganoli'r elfen gyntaf. Digwydd yn y safleoedd canlynol yn y gair:

Mewn ffurfiau unsill, agored a chaeedig: [dail, maið, tai]
Yn y goben, ond yn anaml: [ailwaith, sdraio]
Yn y sillaf olaf ddiacen, ond yn brin: [ɪnwaiθ, əsbaid]
Yn y sillaf olaf acennog: [rɪð'ai, nɛs'ai]
Yn rhagobennol, ond yn brin: [ailgodi, ailðodi]

[ɒi]

Elfen gyntaf y ddeusain hon yw llafariad ôl agored ddigon tebyg o ran ansawdd i'r llafariad syml [ɒ] a ddisgrifiwyd uchod. Llithra'r tafod i gyfeiriad y llafariad flaen gaeedig [i]. Y mae ffurf y gwefusau ar agor yn llac ar gyfer elfen gyntaf y ddeusain ac yn tynnu ychydig at ei gilydd ar gyfer yr ail elfen. Codwyd y ddeusain hon mewn geiriau unsill yn unig, oll yn fenthyciadau o'r Saesneg: [bɒi, ɒil, tɒi].

[ɔi]

Llafariad ôl agored yw elfen gyntaf y ddeusain hon. Llithra'r tafod ar gyfer yr ail elfen i gyfeiriad y llafariad flaen gaeedig [i]. Y mae'r gwefusau ar agor ar gyfer yr elfen gyntaf ac yn tynnu ychydig at ei gilydd ar gyfer yr ail elfen. Y mae elfen gyntaf y ddeusain yn tueddu i fod yn fwy caeedig pan ddigwydd yn y sillaf olaf acennog. Digwydd yn y safleodd canlynol yn y gair:

Mewn ffurfiau unsill, agored a chaeedig: [brɔis, dɔi, ɔir]
Yn y goben: [bɔidi, kɔido, ɔiri]
Yn y sillaf olaf acennog: [part'ɔi, kəvl'ɔi, krən'(h)ɔi]
Yn y rhagoben: [dɔisəɬdɛ, kɔiðjadɛ, ɔiðvɛdi]

Sylwer, yn ardal Llanwrtyd codwyd ychydig o enghreifftiau o
ddeusain â'r elfen gyntaf ynddi yn amrywio rhwng llafariad o
ansawdd ôl hanner agored ac ansawdd ôl hanner caeedig a'r ail
elfen ynddi yn llafariad ganol gryniedig, sef [ɔi/oi]. Yr oedd y
rhain yn amrywio'n rhydd â'r ddeusain [ɔi]. Trafodir hwy isod
(tt. 17–18).

[ui]

Llafariad ôl o ansawdd ychydig mwy caeedig na llafariad hanner
caeedig yw elfen gyntaf y ddeusain hon. Llithra'r tafod i gyfeiriad y
llafariad flaen gaeedig [i] ar gyfer yr ail elfen. Y mae'r gwefusau
wedi eu crynio, ond nid yn dynn, ar gyfer yr elfen gyntaf ac yn
llacio peth ar gyfer yr ail elfen. Digwydd yn y safleodd canlynol yn
y gair:

Mewn ffurfiau unsill, agored a chaeedig: [mui, ɬuid, puis]
Yn y goben: [bluiði, puiθi, uina]
Yn y sillaf olaf ddiacen: [disəmuiθ, iŋguis, təluiθ]
Yn y rhagoben: [kuirdebɪn, suiðɔgjon, tuilɔdɪð]

Sylwer, yn ardal Llanwrtyd codwyd ychydig o enghreifftiau o ddwy
ddeusain a oedd mewn amrywiad rhydd â [ui], sef [ui] a [uɨ]; y
mae elfen gyntaf y ddwy ddeusain yn hir ac y mae ail elfen yr ail
ohonynt yn cau i gyfeiriad llafariad ganol. Trafodir y deuseiniaid
hyn isod (t. 18).

[əi]

Llafariad ganol rhwng hanner caeedig a chaeedig yw elfen gyntaf y
ddeusain hon. Llithra'r tafod i gyfeiriad y llafariad flaen gaeedig [i]
ar gyfer yr ail elfen. Y mae'r gwefusau ar agor ac yn niwtral o ran
eu ffurf ar gyfer dwy elfen y ddeusain. Mewn geiriau unsill, y mae
elfen gyntaf y ddeusain yn fynych yn fwy blaen ac yn ymdebygu i
[e] wedi ei chanoli. Digwydd yn y safleodd canlynol yn y gair:

Mewn ffurfiau unsill: [gwəid, nəid, nəis]
Yn y goben: [əiŋon, pəilɪd, təirɛ]
Yn y sillaf olaf acennog, ond yn brin iawn: [kəvˈləis, *dʒɪuˈləi]
Yn y rhagoben: [gwəinidog, əiluidɪð, əiruon]

[ɪu]

Llafariad flaen rhwng hanner caeedig a chaeedig tebyg i ansawdd y
llafariad seml [ɪ] a ddisgrifiwyd uchod yw elfen gyntaf y ddeusain
hon. Llithra'r tafod ar gyfer yr ail elfen i gyfeiriad y llafariad ôl
gaeedig [u]. Y mae'r gwefusau yn agos at ei gilydd ac yn llac ar
gyfer elfen gyntaf y ddeusain ond yn crynio a thynhau ar gyfer yr
ail elfen. Digwydd yn y safleoedd canlynol yn y gair:

Mewn ffurfiau unsill, agored a chaeedig: [bɪu, dɪu, ɪuχ]
Yn y goben: [kɪuro, krɪuʃon, ɪuχdɛr]
Yn y sillaf olaf ddiacen: [ɛdlɪu, ɪnɬɪu, menɪu]
Yn y rhagoben, ond yn brin: [dɪujɔldɛb, dɪuəgjad]

[ɛu]

Llafariad flaen ychydig yn fwy caeedig na'r safle hanner caeedig yw
elfen gyntaf y ddeusain hon. Llithra'r tafod i gyfeiriad y llafariad ôl
gaeedig [u] ar gyfer yr ail elfen. Y mae'r gwefusau yn niwtral ar
gyfer yr elfen gyntaf ond yn crynio a thynhau ar gyfer yr ail elfen.
Y mae tuedd i ganoli'r elfen gyntaf pan ddigwydd y ddeusain yn y
goben a'r rhagoben. Digwydd yn y safleodd canlynol yn y gair:

Mewn ffurfiau unsill, agored a chaeedig: [blɛu, (h)ɛul, ɬɛu]
Yn y goben: [dɛuɪʃ, (h)ɛulɪð, rɛuɛ]
Yn y sillaf olaf agored, ond yn brin: [ɬuitrɛu, goˈlɛu]
Yn y rhagoben: [tɛuənjon, tɛuəχi, nɛuɪtson]

[au]

Llafariad flaen rhwng blaen a chanol agored yw elfen gyntaf y
ddeusain hon. Llithra'r tafod i gyfeiriad y llafariad ôl gaeedig [u] ar
gyfer yr ail elfen. Y mae'r gwefusau yn agored ar gyfer yr elfen
gyntaf ond yn crynio a thynhau ar gyfer yr ail elfen. Y mae tuedd i

ganoli ychydig ar yr elfen gyntaf pan ddigwydd y ddeusain yn y goben a'r rhagoben. Digwydd y ddeusain yn y safleoedd canlynol yn y gair:

Mewn ffurfiau unsill, agored a chaeedig: [braud, kaus, nau]
Yn y goben: [kauslıs, maunog, tauɛl]
Yn y sillaf olaf acennog, ond yn brin : [prǝn'aun, gɛr'ɬau]
Yn y rhagoben: [auǝðıs, ɬauɛroð, nausiðo]

[ǝu]

Llafariad ganol rhwng y safle hanner agored a hanner caeedig yw elfen gyntaf y ddeusain hon. Llithra'r tafod i gyfeiriad y llafariad ôl gaeedig [u] ar gyfer yr ail elfen. Y mae'r gwefusau yn bur agos at ei gilydd ar gyfer yr elfen gyntaf ac yn tynhau a chrynio ar gyfer yr ail elfen. Bydd elfen gyntaf y ddeusain yn fynych ychydig yn fwy ôl pan ddigwydd y ddeusain mewn ffurfiau unsill. Digwydd yn y safleoedd canlynol yn y gair:

Mewn ffurfiau unsill caeedig: [brǝun, dǝut, ǝun]
Yn y goben: [pǝundi, rǝundo, trǝuın]
Yn y sillaf olaf acennog, ond yn brin iawn: [ǝ'bǝut]
Yn y rhagoben: [bǝuǝdɛ, kǝunsılǝr, tǝuadɛn]

2.2.3 Y Llafariaid Ymylol

[æ] LLAFARIAD FLAEN RHWNG AGORED A HANNER AGORED

Cynenir y llafariad hon trwy godi wyneb y tafod tuag at safle ychydig yn is na hanner agored yn y genau. Y mae'r gwefusau ar agor ac yn niwtral o ran eu ffurf. Ni chodwyd ond ychydig iawn iawn o enghreifftiau o'r llafariad hon a hynny yn llafar y siaradwraig o Ddefynnog yn unig. Fe'i cafwyd yn y safleoedd canlynol yn y gair:

Mewn ffurfiau unsill: [mæ, dæθ]
Yn y sillaf olaf acennog: [glan'æ]

Yn yr enghreifftiau hyn y digwydd [æ] ynddynt y mae mewn amrywiad rhydd â [ɑ]; hynny yw, ceir 'dybledau', sef: [mæ, mɑ; dæθ, dɑθ; glan'æ, glan'ɑ].

Â [ɑ] yn unig y mae'r llafariad hon yn amrywio'n rhydd a chan nad ydyw'n cyferbynnu'n arwyddocaol â [ɑ], ni ellir rhoddi iddi statws ffonem annibynnol. Ymhellach, gan nad yw [æ] yn dosbarthu'n gyfatebol ag allffonau /ɑ/, sydd yn digwydd mewn ffurfiau unsill ac yn y sillaf olaf acennog, nid allffon gyd-destunol neu safleol mohoni ychwaith i'r ffonem honno. Felly, nid oes fodd rhoi cyfrif am [æ] yn nhermau y fframwaith ffonolegol; yr unig ddatganiad y gellir ei wneud am ei lle yn y system ydyw mai sain mewn amrywiad rhydd ag un o allffonau /ɑ/ ydyw.

[y] a [ɨ] LLAFARIAID CANOL CAEEDIG

Codwyd y llafariaid hyn yn ardal Llanwrtyd yn unig.

Cynenir [y] drwy godi rhan o'r tafod sydd ar gyrion ei ganol a'i wyneb tuag at y safle caeedig yn y genau. Y mae'r gwefusau wedi eu crynio'n agos. Digwydd yr enghreifftiau a gafwyd o'r llafariad hon mewn ffurfiau unsill yn unig: [byd, gyd, syr, sy, ty, syl/ʃyl]. Cynenir [ɨ] drwy godi'r rhan o'r tafod sydd ar gyrion ei ganol a'i wyneb tuag at y safle caeedig yn y genau. Y mae yn llai blaen na [y] ac nid oes naws o wefus-grynder iddi. Ni chodwyd ond tair enghraifft o'r llafariad hon a hynny yn y sillaf olaf ddiacen yn unig: [kləmɨ, prədɛrɨ, rɛntɨ].

Gwelir mai mewn geiriau unsill yn unig y digwydd [y] tra bo [ɨ] yn digwydd yn y sillaf olaf ddiacen agored yn unig.[5] Felly, yn ôl canllawiau ffonoleg glasurol, y mae'r seiniau hyn yn dosbarthu'n gyfatebol â'i gilydd ac nid ydynt yn cyferbynnu. Ymhellach, yn yr holl enghreifftiau y digwydd y seiniau hyn ynddynt, y maent yn amrywio'n rhydd ag allffonau i'r ffonem /i/, sef:

[ty, ti; sy, si; byd, bid; gyd, gid]
[pryd, prid; syl, siːl]
[kləmɨ, kləmi; prədɛrɨ, prədɛri; rɛntɨ, rɛnti]

Ag allffonau'r ffonem /i/ yn unig y mae [y] a [ɨ] yn amrywio, ond nid ydynt yn cyfnewid yn arwyddocaol â'r ffonem honno: ni allai siaradwyr yr ardal wahaniaethu'n arwyddocaol rhwng [ty] 'tŷ' a [ti] y rhagenw 'ti', er enghraifft; hynny yw, nid oes gan [y] swyddogaeth gyferbyniol yn eu system. Dychwelwn at y pwynt hwn eto isod. Nid ydynt ychwaith, yn dosbarthu'n gyfatebol ag allffonau /i/, felly nid allffonau safleol neu gyd-destunol i /i/ mohonynt. Yr unig ddatganiad y gellir ei wneud amdanynt ydyw eu bod mewn amrywiad rhydd ag allffonau i /i/ mewn dau safle.

2.2.4 Y Deuseiniaid Ymylol

Y deuseiniaid ymylol yw [oi, oɨ, ɔɨ, ui, uɨ], ond fel y nodwyd uchod, yn ardal Llanwrtyd yn unig y codwyd y deuseiniaid hyn (t. 13).

[oi]

Llafariad ôl ychydig yn llai agored na hanner caeedig yw elfen gyntaf y ddeusain hon. Llithra'r tafod i gyfeiriad llafariad flaen gaeedig ar gyfer yr ail elfen. Y mae'r gwefusau wedi eu crynio'n agos ond nid yn dynn ar gyfer yr elfen gyntaf ac yn llacio i ffurf niwtral ar gyfer yr ail elfen. Y mae elfen gyntaf y ddeusain yn hir ac eithrio pan ddigwydd yn y sillaf olaf. Ni chodwyd ond ychydig iawn o enghreifftiau ohoni, sef: [koid, kois, doiθ, bədoið].

[oɨ, ɔɨ]

Llafariad ôl ychydig yn is na hanner caeedig yw elfen gyntaf y ddeusain [oɨ]. Llithra'r tafod i gyfeiriad llafariad ganol gaeedig anghryniedig ar gyfer yr ail elfen. Y mae'r gwefusau wedi eu crynio'n bur agos ond heb fod yn dynn ar gyfer yr elfen gyntaf ac yn llacio i ffurf niwtral ar gyfer yr ail elfen.[6] Y mae elfen gyntaf y ddeusain yn hir. Ar gyfer [ɔɨ] y mae'r elfen gyntaf yn llafariad ôl o ansawdd hanner agored gyda'r gwefusau yn llac agored. Llithra'r tafod i gyfeiriad llafariad ganol gaeedig anghryniedig ar gyfer yr ail elfen. Y mae elfen gyntaf y ddeusain hon yn fyr.

Ni chodwyd ond ychydig iawn o enghreifftiau o'r deuseiniaid hyn, sef tair mewn ffurfiau unsill – 'coed', 'doeth' (= daeth), 'oen' – ac un yn sillaf olaf ffurf ddeusill – 'bydoedd'. Yn y ffurfiau unsill yr oedd y ddwy ddeusain yn amrywio'n rhydd â'i gilydd:

[koɨd, kɔɨd; doiθ, dɔɨθ; oin, ɔin]
[bədoɨð]

Gwelir bod gennym nifer o ansoddau deuseiniol gwahanol mewn amrywiad rhydd â'i gilydd yn yr un saflaeodd ac oddi mewn i'r un cyd-destun seinegol, ac felly ni ellir, yn ôl canllawiau ffonoleg glasurol, roi cyfrif am yr amrywio hwn yn nhermau allffonau cyd-destunol na safleol.

Ac edrych ar y sefyllfa o wedd arall, gwelir mai sylweddolion y ddeusain orgraffyddol 'oe' yw [oi, oɨ, ɔɨ]. Fodd bynnag, sylweddoliad arferol y ddeusain hon yw [o], yn ardal Llanwrtyd, fel yng

ngweddill yr ardaloedd y codwyd tystiolaeth ynddynt ym
Mrycheiniog, felly y mae'r holl enghreifftiau a godwyd yn cynnwys
y tair deusain uchod yn digwydd hefyd gydag [o]:
[koɨd/kɔɨd/koid/kod; doiθ/dɔiθ/doiθ/doθ]
[koɨs/kɔɨs/kois/kos]
[bədoɨð/bədoið/bədoð]
Gwelir bod cryn gymhlethdod yn sylweddoliad y ddeusain
orgraffyddol 'oe' yn y rhan hon o Frycheiniog.

[ui, uɨ]

Llafariad ôl gaeedig gyda rhan ôl y tafod wedi ei godi i safle rhwng
ôl hanner caeedig a chaeedig yw elfen gyntaf y ddeusain hon; y
mae'r gwefusau wedi eu crynio'n bur agos gyda pheth tyndra.
Llithra'r tafod i gyfeiriad llafariad flaen gaeedig ar gyfer yr ail
elfen, gyda ffurf y gwefusau'n llacio i ffurf niwtral. Y mae cryn hyd
i elfen gyntaf y ddeusain hon. Ychydig o enghreifftiau a godwyd o'r
ddeusain hon a hynny mewn ffurfiau unsill yn unig: [dui, hui, mui,
ɫui, ruɨð]. Ond y ddeusain [ʋi] a geir mewn ffurfiau unsill fynychaf
(gweler t. 13, uchod).

Ar gyfer [uɨ] y mae ansawdd yr elfen gyntaf yn dra thebyg i'r
eiddo [ui] uchod ond ar gyfer yr ail elfen llithra'r tafod i gyfeiriad
llafariad ganol gaeedig anghryniedig gyda ffurf y gwefusau'n llacio
i ffurf niwtral. Y mae cryn hyd i elfen gyntaf y ddeusain hon hefyd.
Ni chodwyd ond dwy enghraifft ohoni, sef: [ruɨð, buɨdɪð].

Yn y ddwy eitem hon, fodd bynnag, y mae [uɨ] mewn amrywiad
rhydd â [ui] a [ʋi], a chodwyd y dybledau canlynol: [ruɨð/ruið] a
[buɨdɪð/bʋidɪð]. Gwelir felly fod gennym nifer o ansoddau deu-
seiniol gwahanol mewn amrywiad rhydd â'i gilydd yn yr un
safleoedd ac oddi mewn i'r un cyd-destun seinegol, ac ni ellir yn ôl
canllawiau ffonoleg glasurol roi cyfrif amdanynt yn nhermau
allffonau cyd-destunol na safleol.

Ac edrych ar yr amrywio hwn o wedd arall, gwelir mai'r sefyllfa
yw bod gennym nifer o sylweddolion gwahanol i'r ddeusain
orgraffyddol 'wy' yn y rhan hon o Frycheiniog.

FFENOMEN TRAWSNEWID

Beth, felly, yw'r esboniad ar y cymhlethdod hwn? Y mae'r ateb i'w ganfod y tu hwnt i ffiniau'r ardaloedd eu hunain, oherwydd yr ydym yn ymwneud yma â ffenomen systemau ieithyddol gwahanol yn cyd-gwrdd ac yn gorymylu ar ei gilydd, hynny yw, ffenomen trawsnewid ydyw. Un canlyniad i'r gorymylu hwn sy'n digwydd yn y trawsnewid yw bod digwyddiad a dosbarthiad rhai elfennau sydd yn y broses o newid a symud yn anodd eu dehongli yn nhermau system ffonolegol y dafodiaith unigol sydd yn y fan a'r lle megis, ond sydd yn ystyrlon pan olrheinir lle'r dafodiaith honno yn y parhawd ieithyddol a'i pherthynas â'r tafodieithoedd o'i chwmpas.

Y mae nifer o enghreifftiau o'r broses o drawsnewid wedi eu cyhoeddi (am y Gymraeg gweler C. H. Thomas (1975/6) a Beth Thomas (1984), ac am enghreifftiau o'r Saesneg, Chambers a Trudgill (1980: 127–41)) ac, os craffwn am ennyd ar y modd y mae nodweddion ieithegol yn newid ar draws y parhawd, daw goleuni ar y sefyllfa parthed [æ] yn Nefynnog a pharthed [y, ɨ, oi, oɨ, ɔɨ, ui, uɨ] yn Llanwrtyd.

A dilyn trywydd unrhyw nodwedd ieithyddol, os yw'r nodwedd honno'n newid trwy leihau neu gynyddu fel y symudir i gyfeiriad arbennig yn y parhawd ieithyddol, amlygir hynny fel a ganlyn: y mae rhai o'r geiriau a all arddangos y nodwedd yn dechrau ymddangos â dwy ffurf neu 'ddybled' arnynt yn llafar siaradwyr unigol, sef un ffurf yn arddangos y nodwedd a'r llall yn ei hepgor. Enghraifft o hyn yw'r modd y mae calediad y cytseiniaid [b, d, g] yn y goben yn [p, t, k] yn nhafodieithoedd de-ddwyrain Morgannwg yn lleihau fel yr eir tua'r gogledd i Frycheiniog: ceir rhai geiriau'n arddangos y caledu mewn un ffurf ond yn ei hepgor mewn ffurf arall; er enghraifft [gɔtro, gɔdro; ɪkɛn, ɪgɛn] ac yn y blaen (C. H. Thomas, 1975/6: 362–3, a gweler tt. 72–4, isod). Os diflannu y mae'r nodwedd, yna y mae'r ffurfiau sy'n ei harddangos yn prinhau ac yn y pen draw cilia'r nodwedd yn llwyr o'r eirfa; os cynyddu y mae, yna daw'n amlycach ac amlycach nes y bydd yr holl eiriau a all hynny yn ei harddangos. Yr enw ar y broses hon yw *dylediad geiregol* ('lexical diffusion', gweler Chambers a Trudgill, 1980: 174–6), proses y mae newid ieithyddol yn ymledu trwy'r holl eirfa ynddi. Ymhellach, fel y dangosodd Beth Thomas (1984, a gweler tt. 149–50, isod) yn ei hastudiaeth o ddigwyddiad [ɛ] a [a] yn y sillaf olaf yng ngogledd-ddwyrain Cymru, gall siaradwyr oddi mewn i'r un gymuned ddangos gwahaniaeth mawr yn eu defnydd o nodwedd sydd yn trawsnewid – rhai prin yn ei defnyddio, eraill yn ei defnyddio'n helaeth Yng ngolau hyn, ystyriwn yn gyntaf y llafariad [æ] yn Nefynnog ac yn ail [y, ɨ] a'r deuseiniaid [oi, ɔɨ, oɨ, ui, uɨ] yn ardal Llanwrtyd.

Y LLAFARIAD [æ]

Ni ddigwydd y llafariad hon yn nhafodiaith yr ardaloedd sydd i'r gogledd yn deg o Ddefynnog, fel y dengys tystiolaeth pentrefi Godre'r Epynt ac ardal Llanwrtyd; nis ceir ychwaith yn yr ardal i'r gorllewin o Ddefynnog, fel y dengys disgrifiad A. R. Thomas o dafodiaith Dyffryn Wysg – nis codwyd yno ganddo ef. Fodd bynnag, os trown at ardaloedd i'r de o Ddefynnog, fe'i canfyddwn yn nhafodieithoedd de-ddwyrain Morgannwg. Fel y gwelsom eisoes, digwydd yr [æ] hon yn Nefynnog mewn ffurfiau unsill/sillaf olaf acennog. Dyma union ddosbarthiad yr [æ] yn nhafodieithoedd y de-ddwyrain, er enghraifft Nantgarw, Dyffryn Elái, Merthyr Tudful a Thafarnau Bach. Nodwn rai enghreifftiau o Ferthyr (L. Davies, 1968: 12): [kæ, mæb, sær, kʊmˈræg]. Sylwer mai llafariad bur yw [æ] Defynnog, fel yn Nantgarw a Merthyr, er enghraifft; nid ydyw'n deuseinio fel yn Nyffryn Elái (gweler C. H. Thomas, 1975/6: 352). O ran ei hansawdd y mae [æ] Defynnog yn debyg iawn i'r [æ] a nodwyd yn Nhafarnau Bach (M. Middleton, 1965: 5), ychydig yn fwy agored na hanner agored. O ran amlder digwyddiad, y mae [æ] yn ei hanterth yn nhafodieithoedd deheubarth de-ddwyrain Morgannwg, megis tafodieithoedd Nantgarw a Dyffryn Elái, ac yn y gogledd-ddwyrain i'r ardaloedd hyn yn Nhafarnau Bach, ond fel yr eir tua'r gorllewin ym mlaeneudir Morgannwg, y mae'n prinhau ac yn ildio i [ɑ]. Ym Merthyr Tudful, bedair milltir i'r gorllewin o Dafarnau Bach, y mae'r arwyddion bod [æ] ar drai yn eglur. Mewn sampl o awr yr un o lafar pedwar o siaradwyr o Ferthyr,[7] yr oedd digwyddiad [æ] yn y samplau unigol fel a ganlyn: siaradwr 1, 94 y cant; siaradwr 2, 38 y cant; siaradwr 3, 1 y cant; siaradwr 4, 33 y cant. Erbyn cyrraedd Hirwaun, ychydig filltiroedd i'r gorllewin eto, y mae digwyddiad [æ] wedi lleihau'n ddirfawr. Nis codwyd ond mewn pedair eitem eiriol yno, a thair o'r rheini'n ddybledau (gweler G. Ruddock, 1968: 18): [sɑv, sæv; tan, tæn; o vlan, o vlæn; næ, nɑ].

Gwelir, felly, unwaith y deuir at y ffin rhwng Morgannwg a Brycheiniog, fod [æ] fel nodwedd ieithyddol ar drai, ond nid ydyw'n diflannu wedi croesi'r ffin hon i Frycheiniog. Yn llafar brodor o Gwm Taf[8] i'r gogledd o Gefncoedycymer ym Mrycheiniog, yr oedd digwyddiad [æ] mewn sampl o'i lafar yn 92 y cant. Erbyn cyrraedd Defynnog, fodd bynnag, yr ydym ar un o ffiniau dosbarthiad yr [æ] yn diriogaethol ac y mae ar gilio o'r system. Wedi symud i ardal Godre'r Epynt y mae'r [æ] wedi diflannu.

I grynhoi, yr hyn a welwn yn Nefynnog yw enghreifftiau prin o'r llafariad [æ] a chan na ddigwydd yng Ngodre'r Epynt nac yn ardal Llanwrtyd, y mae'n ymddangos bod rhan o ffin ddaearyddol eithaf ei dosbarthiad yn y parhawd ieithyddol rhwng ardal Defynnog a Godre'r Epynt.

Mewn astudiaethau o rai o dafodieithoedd de-ddwyrain Morgannwg rhoddwyd statws ffonem i [æ], er enghraifft, gan C. H. Thomas (1964: 19) a L. Davies (1968: 12). Gellir dadlau, fodd bynnag, mai aelod o'r un ffonem â'r llafariad [ɑ] ydyw, oherwydd y mae [ɑ] a [æ] yn dosbarthu'n gyfatebol: [æ] mewn ffurfiau unsill ac [ɑ] yn y goben, a cheir parau megis [kæθ, kɑθa; tæd, tɑda] ac yn y blaen, hynny yw, y mae iddynt ddosbarthiad safleol gwahanol ac ni allant gyferbynnu'n arwyddocaol â'i gilydd. Felly, yn ôl prawf cyfnewid, gellir eu hystyried yn allffonau safleol i'r un ffonem. Dyma'r dehongliad mwyaf cynnil a hwn a ddilynir yn yr astudiaeth hon – allffon safleol, prin ei ddigwyddiad, i'r ffonem /ɑ/ yw'r [æ] yn system ffonolegol Defynnog.

Cyn gadael y llafariad hon y mae rhai sylwadau a wnaed amdani ym Mrycheiniog ddechrau'r ugeinfed ganrif yn gofyn am eu hystyried. Gwyddom fod llafariad gyffelyb i'r [æ] hon i'w chael mewn tafodieithoedd eraill, er enghraifft yn Nhrefaldwyn (gweler Sommerfelt 1925: 8). Yn wir, yn ei erthygl 'Some dialectal boundaries in mid-Wales', a gyhoeddwyd yn nechrau'r ganrif gan Thomas Darlington, dywedodd ef fod ganddi ddosbarthiad tra helaeth: 'It is used in the greater part of Glamorganshire, throughout the whole of the counties of Monmouth, Radnor, and Montgomery, over much of Brecknock and Meirioneth and it also affects portions of Cardigan, Denbigh and Salop' (Darlington, 1900–1: 21).

Gwelir nad yw Darlington yn honni ei bod tros sir Frycheiniog i gyd, ac mewn man arall yn ei erthygl, sonia am ei ffin yn cyrraedd 'as far as Builth, though the degree of palatalization is here slight'. (1900–1, 18). Deil Darlington mai o'r Saesneg, trwy gyfrwng y

boblogaeth ddwyieithog a fodolai ar y gororau, y daeth y llafariad
hon i'r Gymraeg a hynny rywbryd yn yr ail ganrif ar bymtheg.
Seiliodd Darlington ei ddamcaniaeth ar ddwy ffynhonnell. Y
gyntaf yw cyfeiriad John Wallis, y gramadegydd o Sais y cyhoedd-
wyd ei *Grammatica Linguae Anglicanae* yn 1653. Yn y disgrifiad o'r
llafariad a elwir ganddo'n 'a fain', sef llafariad o ansawdd tebyg i
[æ], dywedodd Wallis mai dyna 'a' arferol y Cymry hefyd (Kemp,
1972: 143). Dyna dystiolaeth felly tros yr [æ] yn y Gymraeg yn yr
ail ganrif ar bymtheg. Yr ail yw absenoldeb cyfeiriad at yr [æ] gan
Siôn Dafydd Rhys yn ei ramadeg ef *Cambrobrytannicae Cymraec-
aeve Linguae Institutiones et Rudimenta* a gyhoeddwyd yn 1592.
Gan na chyfeiriodd Siôn Dafydd Rhys ati, ymddengys nas ceid yn
y Gymraeg yn niwedd yr unfed ganrif ar bymtheg.

     Yn sicr, gellir dibynnu ar dystiolaeth Siôn Dafydd Rhys, a hynny
am ddau reswm: yn gyntaf yr oedd gan Siôn Dafydd Rhys glust
fain (cawn gyfle i gyfeirio at ei ddawn fel seinegydd isod, t. 27), yn
wir, ystyrir ei ddisgrifiad o Eidaleg Twscani a gyhoeddwyd yn 1569
yn gampwaith (T. Gwynfor Griffiths, 1953); ac yn ail y mae Siôn
Dafydd Rhys yn cyfeirio at 'a fain' yn Saesneg ei gyfnod, hynny
yw, gwyddai'n iawn am sain gyffelyb i [æ] – fe'i ceid, meddai, yng
nghynaniad rhai geiriau gan 'wrageddos a merched o Saeson'.[9] Go
brin, felly, y byddai sylwedydd mor graff â Siôn Dafydd Rhys wedi
ei cholli petai'r sain hon yng Nghymraeg ei gyfnod ef.

     Fodd bynnag, y mae rhai ffactorau yn peri amheuon ynglŷn â
damcaniaeth Darlington parthed tarddiad y sain yn y Gymraeg ac
am ei sylwadau am ei lledaeniad ym Mrycheiniog. Yn gyntaf, tardd-
iad y sain. Y mae'n amheus gennyf a ddylid ei tharddu o'r Saesneg.
Fel y gwelsom uchod, y mae [æ] yn patrymu'n ffonolegol fel allffon
safleol i'r ffonem /ɑ/, hynny yw, mewn ffurfiau unsill yn unig y mae'r
taflodoli wedi digwydd – nis ceir pan ddaw'r /ɑ/ yn y goben. Onid
felly, rhywbeth a ddigwyddodd yn helaeth yn nhafodieithoedd y
Gymraeg yw'r taflodoli hwn? Petai'r sain wedi ei benthyca o'r Saes-
neg, anodd gweld paham mai i un safle arbennig yn y gair yn unig y
benthycwyd hi. Yn ail, ystyrier lledaeniad y sain ym Mrycheiniog.
Fe'i ceid ar ystlys ddwyreiniol y sir yn wreiddiol, medd Darlington a'r
dystiolaeth trosti mewn enwau lleoedd. Ni roddodd Darlington ond
cyfeiriad at gynanu un enw lle, sef Llan-faes, ger Aberhonddu, a
gynenid fel 'Lɑnvés' meddai (Darlington, 1900–1: 18) – ond rhaid imi
addef mai [lanveis] a glywais i gan drigolion presennol Aberhonddu.
Yr ardal ddwyreiniol bellaf y mae gennyf i dystiolaeth o'r Gymraeg

ynddi yw Llanddewi'r-cwm ger Llanfair-ym-Muallt. Fe'i cefais gan hen wraig a aned yno ac a siaradai Gymraeg yn ei phlentyndod. Pan gwrddais i â hi, ni allai bellach siarad yr iaith ond defnyddiai ambell air Cymraeg yn ei Saesneg; dywedodd wrthyf am ei gŵr unwaith 'he's out with the *da*', a gwyddai ddigon o eiriau megis 'tad, bach, mab' ac yn y blaen ac [ɑ] oedd ganddi, nid [æ]. Cefais dystiolaeth bellach ychydig yn nes i'r de na Llanddewi'r-cwm, sef gan wraig y Griffin Inn, Cwm Owen, sydd rhwng Capel Uchaf a Llanfair-ym-Muallt ar y ffordd o Aberhonddu i Lanfair tros fynydd Epynt. Yr oedd hithau'n enedigol o'r ardal a'i gafael ar y Gymraeg heb fod llawn mor ddiffygiol â hen wraig Llanddewi'r-cwm. [ɑ] yn unig oedd gan y wraig hon hefyd. Gan mor brin ac anghyflawn yw'r dystiolaeth am yr iaith yn nwyrain Brycheiniog, anodd gwybod beth i'w wneud yn hollol o sylwadau Darlington. Hyd yma, fodd bynnag, ni ddaeth tystiolaeth am [æ] yng Nghymraeg dwyrain y sir.[10]

Y LLAFARIAID [y, ɨ]

Ni ddigwydd llafariaid canol o gwbl yn nhafodieithoedd yr ardaloedd sydd i'r de yn deg o Lanwrtyd ym Mrycheiniog, fel y dengys tystiolaeth Godre'r Epynt a Defynnog. Y mae llafariaid canol, fodd bynnag, yn nhafodieithoedd canolbarth a gogledd Cymru.Yr ardal ogleddol agosaf i Lanwrtyd â llafariaid canol yn ei thafodiaith y mae gennym ddisgrifiad ohoni yw ardal Cyfeiliog a astudiwyd gan y diweddar Alf Sommerfelt (1925). Yn yr astudiaeth hon disgrifir dwy lafariad ganol:[11]

(i) Un yn ardal Dinas Mawddwy ac i'r gogledd o Lanbryn-mair. Dyma ddisgrifiad Sommerfelt (1925, 134): 'Other speakers from, the north of Llan bryn Mair (G.P. and E.E.), have a mixed vowel when it is long. It is not identical with the North Welsh sound, but it is pronounced more to the front. I write it ÿ. When short, the vowel is an ordinary, rather open i. The same state of things pre-vailed in the case of the speakers from Dinas Mawddwy.' Rhoddir yr enghreifftiau canlynol (cadwaf at drawsysgrifiad Sommerfelt):

Llanbryn-mair: [tÿ:, krÿ:(v), krÿ:ð]

Dinas Mawddwy: [tÿ:, krÿ:, krÿ:ð, drÿ:d, klÿ:st, sÿ:r, hÿ:]

(ii) Un yn ardal Cwm Nant yr Eira a Llanymawddwy. Dyma ddywed Sommerfelt (1925: 135): 'Finally in Cwm Nant yr Eira and Llan ym Mawddwy the North Welsh vowel is found. It is of the type which Sweet describes from Caernarfon, a little more to the front than the Anglesey vowel.' Rhoddir yr enghreifftiau canlynol:

Cwm Nant yr Eira: [tyː, kryːv , kryː ð̬, hyː, dryːd, klyːst, syːr, tɑdˈkyː, yχɛl, yvyð̬, plɛntyn]

Llanymawddwy: [tyː, kryː, kryːð̬, hyː, dryːd, klyːst, syːr, yvyð̬, yχɛl, plɛntyn, hɑpys]

Gwahaniaetha'r ddwy lafariad hyn mewn dwy ffordd, sef:

(a) O ran eu hansawdd: y mae [ÿ] yn fwy blaen nag yw [y]. Ni fanylodd Sommerfelt ar ffurf y gwefusau yn eu cynaniad, ond gan ei fod yn dweud mai yr un llafariad yw [y] Cwm Nant yr Eira a Llanymawddwy â'r [y] a ddisgrifiwyd gan Henry Sweet yn Nant Gwynant, rhaid mai llafariad anghryniedig yw'r olaf. Dyma ddisgrifiad Sweet o'r llafariad honno:

> It is advanced from the normal high-mixed position towards (i), with which it is completely confused further South. In the Anglesea dialect it is I think even more removed from (i) than in the Carnarvon dialect. When I *round* the Carnarvon sound I get exactly the Swedish *u* . . . !
> (Wyld, 1913: 505)

Myfi piau'r italeiddio; nid oedd llafariad Nant Gwynant yn gryniedig yn ôl y disgrifiad hwn.

(b) O ran eu dosbarthiad: ni ddigwydd [ÿ] ond mewn ffurfiau unsill. Digwydd [y], ar y llaw arall, mewn ffurfiau unsill, yn y goben ac yn ôl-obennol.

O ran amlder digwyddiad y llafariaid canol hyn, gwahaniaethodd Sommerfelt rhwng dau ddosbarth o siaradwyr, sef:

Dosbarth 1: Siaradwyr nad oedd y llafariad ganol yn digwydd yn eu llafar. Deuent o rannau deheuol yr ardal.

Dosbarth 2: Siaradwyr yr oedd y llafariad ganol yn eu llafar. Y mae ganddo ddau is-raniad yma: (i) siaradwyr a chanddynt [ÿ] – deuent o ardal i'r gogledd o Lanbryn-mair ac yn Ninas Mawddwy; (ii) siaradwyr a chanddynt [y] – deuent o ardal Cwm Nant yr Eira a Llanymawddwy.

Ni ddywed Sommerfelt a oedd ganddo siaradwyr a chanddynt y ddau ansawdd, hynny yw [ÿ] a [y], yn eu system, ond dywedodd, 'Transitional phenomena, the same person using both i: and ÿ: or ÿ: and y: probably occur' (Sommerfelt, 1925: 150).

Aeth Sommerfelt rhagddo i nodi ffin dosbarthiad daearyddol y llafariad ganol yn ardal Cyfeiliog. Flynyddoedd lawer cyn i Sommerfelt ddechrau ar ei astudiaeth, yr oedd Thomas Darlington (1900–1: 14–15), yn yr astudiaeth a nodwyd uchod wrth drafod [æ], wedi rhoi cynnig ar leoli ffin y llafariad ganol yn yr union ardal hon, ac ategwyd y ffin honno i bob diben gan Sommerfelt yn ei astudiaeth ef; meddai: 'There can be no doubt that this boundary is, in the main, correct' (1925: 133). Beirniadodd hi'n unig am fod yn rhy bell i'r gogledd o Gwm Nant yr Eira. Nodwyd y ffin ar fap a dynnwyd gan Iorwerth Peate yn seiliedig ar dystiolaeth Darlington[12] ac fe'i cyhoeddwyd yn astudiaeth Sommerfelt.

Sut y mae cysoni tystiolaeth ardal Llanwrtyd â lleoliad y ffin hon yn ôl Darlington a Sommerfelt? Gwelir bod cryn debygrwydd rhwng ardal Llanwrtyd a Chyfeiliog parthed y llafariaid canol hyn. Ar dir ansawdd a dosbarthiad y mae cyffelybiaeth drawiadol rhwng [y] Llanwrtyd ac [ÿ] Llanbryn-mair/Dinas Mawddwy ac y mae rhai o nodweddion seinegol a dosbarthiad [y] Cwm Nant yr Eira/Llanymawddwy yn eiddo i'r sain [ɨ] yn Llanwrtyd. Tybed felly na ddylid ystyried bod y ffin yn llawer ymhellach i'r de nag y tybiodd Darlington a Sommerfelt? Ni allwn fwy na nodi'r posibilrwydd. Ni wyddom union ddosbarthiad y llafariad ganol eto ac nid oes gennym astudiaethau helaeth a manwl o dafodieithoedd ardaloedd y trawsnewid rhwng systemau'n ei chynnwys a systemau hebddi, ond gwyddom sut y bydd y cyfryw gyfnewid yn ei amlygu ei hun trwy ddylediad geiregol fel y sylwyd eisoes. I olrhain a dilyn trywydd manylion y broses hon, fodd bynnag, rhaid wrth amodau casglu helaeth a dyfal. Fel y gŵyr y cyfarwydd, hawdd yw i nodwedd lithro trwy'r rhwyd, yn arbennig os yw'r nodwedd ar gilio a'i digwyddiad yn anaml. Ni chaniataodd amodau Darlington na Sommerfelt iddynt gasglu tystiolaeth yn y fath fodd a rhaid fu iddynt ddibynnu ar ddadansoddi impresionistaidd gan nad oedd dyfais y recordydd tâp ar gael yn eu dyddiau hwy.

Felly, ceir holl briodoleddau enghraifft glasurol o nodwedd ieithyddol ar ffin eithaf ei dosbarthiad yn y parhawd ieithyddol wedi eu cronni ym manylion dosbarthiad [y, ɨ] yn nhafodiaith Llanwrtyd. Gwelir yma nodwedd ieithyddol sydd yn eang a helaeth ei dosbarthiad mewn un man yn y parhawd ieithyddol wedi ei chyfyngu i ddigwyddiad anaml ac ysbeidiol mewn dyrnaid bach o eiriau. Ymddengys, felly, fod tiriogaeth y llafariad ganol yn ymestyn hyd at Lanwrtyd, ac ein bod yn yr ardal hon ar un o gyrion ei ffin eithaf. Beth, felly, yw ei statws yn system ffonolegol Llanwrtyd? Y mae yma sefyllfa drawiadol, oherwydd y mae gan rai o siaradwyr yr ardal afael gynanol ar y sain ganol ond nid oes ganddynt afael swyddogaethol arni gan na allant wahaniaethu rhyngddi ac /i/ fel y sylwyd eisoes (t. 16, uchod). Lle y ceir sefyllfa o'r fath, awgrymodd A. H. Sommerstein (1977: 18 n.6) eu bod yn ffurfio math o 'hanner cyferbyniad', 'and it is questionable whether such distinctions should be regarded as phonemic'. Dichon mai dyma'r ateb gorau i'r sefyllfa yn Llanwrtyd. Fodd bynnag, gydag ymddangosiad y llafariaid [y, ɨ] yn Llanwrtyd, deuwn i diriogaeth tafodieithoedd â photensial term newydd ymhlith termau eu systemau ffonolegol, newid y cawn gyfle i'w drafod ymhellach isod pan ddeuwn at y deuseiniaid [oi, ɔɨ, oɨ, ui, uɨ].

Cyn gadael y drafodaeth hon ar y seiniau canol yn Llanwrtyd y mae sylw neu ddau y gellir eu gwneud o safbwynt hanes yr iaith. Yn wreiddiol, cynrychiolai 'u' ac 'y' yr orgraff mewn geiriau megis *llus* a *llys* ddwy lafariad wahanol. Crynhoir y farn hanesyddol am eu datblygiad yn y Gymraeg gan J. Morris Jones (1913: 13–14). Yn wreiddiol, cynrychiolai 'u' lafariad gaeedig gryniedig fwy blaen nag 'y'; hynny yw, llafariad â'r gwefusau wedi eu crynio ydoedd, math o [y]. Yr oedd y llafariad a gynrychiolai 'y' ar y llaw arall yn llafariad ganol gaeedig a'r gwefusau heb eu crynio – 'with open lips' yw disgrifiad J. Morris Jones (1913: 14).

Yr oedd y ddwy sain yn llafar yr unfed ganrif ar bymtheg mewn rhai rhannau o Gymru, o leiaf; fe'u disgrifiwyd gan Siôn Dafydd Rhys yn ei ramadeg yn 1592, a hynny medd J. Morris Jones, 'with a phonetic truth which could only be derived from actual acquaintance with both as living sounds' (1913: 13). Y mae tystiolaeth ar gael sy'n awgrymu bod William Salesbury a Humphrey Llwyd hefyd yn medru gwahaniaethu rhyngddynt (G. E. Jones, 1982), ond nid yw mor ddiamwys â'r hyn a geir gan Siôn Dafydd Rhys. Y mae tystiolaeth Siôn Dafydd Rhys o gryn bwys ac y mae'n werth sylwi arno ymhellach. Dyma hanfodion ei ddisgrifiad o'r llafariaid 'u' ac 'y' o'i *Cambrobrytannicae Cymraecaeve Linguae Institutiones et Rudimenta*, 1592: 33–4.[13] Yn gyntaf 'u':

> Y mae'r Cymry yn cynhyrchu'r llythyren hon gyda'r tafod wedi ei ddwyn ymlaen neu ei estyn, yn gorwedd yn erbyn yr ên waelod, ac wedi ei wthio'n gadarn yn erbyn ei ran flaen ei hun . . . ac yn erbyn rhes waelod y dannedd; gyda'r gwefusau'n ymestyn allan, ac wedi eu crynio i greu cylch bach; o hyn cynhyrchir rhyw sŵn tenau, heb fod yn annhebyg i gwynfan main.

Ac anwybyddu ei ddisgrifiad o natur ansawdd y sain, y mae'r manylion yn dangos dawn Siôn Dafydd Rhys fel seinegydd: dywed wrthym mai llafariad o natur flaen ydoedd (wyneb y tafod wedi ei 'estyn') a disgrifia'r gwefusau – yr union wybodaeth a ddywed wrthym mai llafariad gryniedig ydoedd, sef math o [y]. Am y llafariad 'y', dywed:

> Cynhyrchir *y* â sain mwy agored a chlir na *u*, gyda'r gwefusau yn sicr wedi eu tynnu'n ôl fwy, a'r geg wedi ei hagor ychydig yn fwy, ond eto gydag ystum y tafod, a natur a phwys yr anadl, yn aros ymron yr un. O hynny gellir maentumio nad oes fawr iawn o wahaniaeth, o ran ynganiad y sain, rhwng *y* ac *u*.

Y mae hwn eto'n ddisgrifiad gwerthfawr gyda'r manylion am ffurf y gwefusau 'wedi eu tynnu'n ôl fwy' yn golygu eu bod wedi eu lledu beth, hynny yw, nid llafariad gryniedig oedd hon.

A throi at dystiolaeth gyfoes ardal Llanwrtyd am yr [y] yno a thystiolaeth Sommerfelt am y llafariad [ÿ] yn ardal Llanbryn-mair/ Dinas Mawddwy, ac y mae llafariad o gyffelyb ansawdd wedi ei chofnodi yn nhafodieithoedd Bro Morgannwg (nodyn gan C. H. Thomas yn Williams, *Studia Celtica* X/XI (1975/6), 276–7), casglwn fod y llafariad ganol gryniedig wedi goroesi yn rhai o dafodieithoedd y Gymraeg.[14]

Y DEUSEINIAID [oi, ɔi, oɨ, ui, uɨ]

Gyda'r amrywiol ddeuseiniaid hyn yn Llanwrtyd wynebwn yn hollol yr un sefyllfa ag a welsom yn achos [y, ɨ], hynny yw, set sydd gennym o amrywiadau dewisiol nad oes fodd eu dehongli'n dermau yn system ffonemau'r dafodiaith y digwyddant ynddi, ond ffurfiant yr hyn y cyfeiriwyd ato yn achos [y, ɨ] yn fath o 'hanner cyferbyniad' (t. 26, uchod). Fel y mae'n hysbys, y mae yn systemau'r tafodieithoedd gogleddol hynny sy'n cynnwys y ffonem lafarog /ɨ/ hefyd set o ddeuseiniad sy'n cau at y llafariad ganol gaeedig, sef y rheini a gynrychiolir yn yr orgraff gan 'eu, ae, oe, wy'. Hynny yw, lle y ceir y naill, ceir y lleill hefyd (ac eithrio tafod-ieithoedd Morgannwg lle na cheir y deuseiniad ond ceir y llafariad). Y mae'n amlwg, felly, mai ffenomen trawsnewid yw digwydd-iad y deuseiniaid dan sylw yn iaith lafar Llanwrtyd ac, fel yn achos y llafariaid [y, ɨ], y mae tystiolaeth Cyfeiliog yn dra dadlennol.

A throi at y dystiolaeth honno, cawn weld mor daclus yw'r cydiad rhwng ardal Llanwrtyd a Chyfeiliog. Er nad yw disgrifiad

Sommerfelt o ddigwyddiad y deuseiniad hyn yn hollol gyflawn, fel y cawn weld isod, y mae'n werthfawr dros ben. Ar gyfer y ddeusain 'wy', nododd ddau sywleddoliad, sef:

(i) [uːi], deusain â'r elfen gyntaf ynddi yn hir. Digwydd mewn ffurfiau unsill yn unig. A nodi rhai o'r enghreifftiau a ddyry Sommerfelt yn yr eirfa yn ei astudiaeth (1925: 82 ymlaen): [uːin fruːiθ duːin truːin].

(ii) [ui], deusain y mae'r ail elfen yn llafariad ôl gaeedig ynddi ond nad oes hyd arbennig iddi. Digwydd y ddeusain hon yn y goben ac yn y sillaf olaf ddiacen. A nodi rhai enghreifftiau'n unig o'r eirfa yn astudiaeth Sommerfelt (1925: 82 ymlaen): [kruidro, buido, puiso, dodui, egluis, esmuiθ].

Ni ddisgrifiodd Sommerfelt beth oedd union ansawdd llafarog elfennau cyntaf y ddwy ddeusain ond y mae'n nodi bod gwahaniaeth hyd rhyngddynt, felly, o ran eu nodweddion seinegol a'u dosbarthiad, cyfetyb [uːi] Cyfeiliog yn hollol i [ui] Llanwrtyd, a'r un dosbarthiad sydd i [ui] Cyfeiliog ag i [ʊi] Llanwrtyd.

Ar gyfer y ddeusain 'oe' dyma'r darlun a rydd Sommerfelt: y mae'n nodi [oːi], deusain â'i helfen gyntaf yn hir mewn geiriau unsill, er enghraifft (1925: 82 ymlaen): [koːid, koːis, kroːis, ðoːi, moːil]. Mewn safleodd eraill y mae'n nodi ei digwyddiad fel [oi] heb unrhyw hyd, er enghraifft (1925: 82 ymlaen): [misoið, bəðinoið]. Gwelir bod yma gryn gyfatebiaeth rhwng dosbarthiad [oi] Llanwrtyd a [oːi] Cyfeiliog.

Y mae'r tebygrywdd rhwng Llanwrtyd ac ardal Cyfeiliog yn nes eto, oherwydd y mae'r sylweddolion [ui̵] ac [oi̵] i'w cael yng Nghyfeiliog er nas cofnodwyd gan Sommerfelt. Mewn recordiadau o Gymraeg siaradwyr o Lanbryn-mair a Llanymawddwy yn yr archif sain yn yr Amgueddfa Werin, Sain Ffagan, nodais yr enghreifftiau canlynol o'r deuseiniaid hyn:

Llanbryn-mair [oi̵ð], [bui̵d]

Llanymawddwy: [oi̵d, krois], [dui̵, łui̵n, kui̵s]

Y mae'r dystiolaeth yn gryn gymorth i bontio'r bwlch daearyddol rhwng ardal Llanwrtyd a Chyfeiliog. Ymhellach y mae tystiolaeth bwysig ychwanegol o ardal y ffin rhwng Brycheiniog a Maesyfed. Mewn recordiad o lafar siaradwraig o fferm Cerrig Cwplau, Dyffryn Claerwen, sydd ar gadw yn yr archif sain yn yr Amgueddfa Werin, Sain Ffagan, codwyd yr enghreifftiau canlynol o'r deuseiniaid [oi, oi̵] a [ui, ui̵]:[15]

[koid, poiθ]
[oɨð, tois, toiso]
[dui, mui, trui, tuim]
[duɨ, ɬuɨ]

Gwelir yma yr un sylweddolion i'r deuseiniaid 'oe' ac 'wy' ac a gafwyd yn ardal Llanwrtyd ac a geir yn helaethach yng Nghyfeiliog.

Felly, o edrych ar sylweddolion digon cymhleth y deuseiniaid 'oe' ac 'wy' yn ardal Llanwrtyd gwelwn ddwy nodwedd i'w patrwm dosbarthu, sef: y maent yn drefnus yn ffonolegol, yn yr ystyr eu bod yn amrywiadau sydd ynghlwm wrth ffonemau penodol yn y tafodieithoedd; ac y mae trefnusrwydd daearyddol i'w dosbarthiad. Nid elfennau sydd yn codi eu pennau blith draphlith ar draws systemau'r tafodieithoedd o luch i dafl yn y parhawd ieithyddol mohonynt, ond ânt rhagddynt yn ffonolegol a daearyddol drefnus. Felly, o ystyried nodweddion sylweddolion y deuseiniaid hyn ym Mrycheiniog a'i gyplysu â thystiolaeth Dyffryn Claerwen, Maesyfed a Chyfeiliog cawn y dilyniant canlynol tuag at sefyllfa sylweddoli'r deuseiniad 'oe' ac 'wy' fel [oɨ] a [uɨ] yn unig:

[o] → [o, oi, ɔɨ, oɨ] → [oɨ]
[ʊɨ] → [ʊi, ui, uɨ] → [uɨ]

Gwelwn yn yr ardaloedd hyn fanylion seinegol y broses o drawsnewid rhwng systemau heb y llafariad ganol a'r deuseiniaid 'oe' a 'wy' perthnasol i systemau sy'n eu cynnwys ymhlith eu termau ffonolegol. Yn y trawsnewid hwn y mae dau beth yn digwydd: (i) newid seinegol – newid yw hwn yn union sylweddoliad seinegol yr unedau sydd yn y fantol; a (ii) newid ffonolegol – newid yw hwn yn nifer termau'r system. Y mae'r amrywiol ddeuseiniaid hyn yn ardal Llanwrtyd yn amlygu cnewyllyn y ddau newid. Yn achos y ddeusain 'wy', gwelir bod manylion ardal Llanwrtyd yn cwmpasu'r newid o [ʊi → ui → uɨ] gyda'r ddeusain [ui] yn ymdoddiad megis o [ʊi] a [uɨ]: y mae'n ymgorffori ansawdd elfen gyntaf [uɨ] ac ail elfen [ʊi] – math o fan canol wrth symud tuag at y sylweddoliad [uɨ]. Gydag ymddangosiad y ddeusain [uɨ] yn y manylion ieithyddol, y mae potensial term newydd yn y system ffonolegol wedi dechrau ei wireddu. Parhad y broses hon a welir yng Nghyfeiliog fel y dengys y gyfatebiaeth sydd rhwng sylweddolion y ddeusain 'wy' yn y ddwy ardal:

Llanwrtyd	*Cyfeiliog*
[ʊi]	[ui]
[uːi]	[uːi]
[uːɨ]	[uːɨ]

Felly, er y bwlch sydd yn y parhawd ieithyddol rhwng Llanwrtyd a
Chyfeiliog oherwydd diflaniad y Gymraeg ym Maesyfed, y mae'r
cydiad rhwng y ddwy ardal yn berffaith gyda Llanwrtyd yn cynnwys
egin y sylweddolion sydd lawer amlycach erbyn cyrraedd Cyfeiliog.

Dengys manylion sylweddolion y ddeusain 'oe' yr un broses ar
droed. Y mae gan 'oe' yr amrywiol sylweddolion canlynol mewn
dau safle yn y gair yn ardal Llanwrtyd: mewn ffurfiau unsill, ceir
[o/oi/ɔɨ/oɨ] [kod, koid, kɔɨd, koɨd]; yn y sillaf olaf ddiacen,
cafwyd yr un enghraifft [o/oi/oɨ] [bədoð, bədoið, bədoɨð]. Yn y
sylweddoliad [o] y mae ardal Llanwrtyd yn dangos nodweddion
systemau heb y llafariad ganol ymhlith eu ffonemau ac y mae'n
cytuno â thystiolaeth Godre'r Epynt a Defynnog. Fodd bynnag,
gydag ymddangosaid y sylweddolion [oi, oɨ] y mae'n dangos egin
systemau yn cynnwys y llafariad ganol. A throi at sylweddolion
'oe' yn ôl tystiolaeth Cyfeiliog (Sommerfelt 1925: 82 ymlaen),
gwelwn fod y broses o newid wedi mynd gam ymhellach mewn
ffurfiau unsill. Mewn ffurfiau unsill, [oːi] yn unig a geir yng
Nghyfeiliog lle y ceir [o] yn Nefynnog a Godre'r Epynt ac yn
bennaf yn Llanwrtyd, sef Brycheiniog yn gyffredinol, er enghraifft:

Cyfeiliog: [koːid, koːis, kroːis, ðoːi, moːil]

Brycheiniog: [kod, kos, kros, ðo, mol]

Gwelir bod Cyfeiliog wedi gollwng y sylweddoliad [o] ac wedi
trawsnewid i'r sylweddoliad [oi] (a [oɨ] fel y dangoswyd uchod) yn
llwyr mewn ffurfiau unsill. Y mae ardal Llanwrtyd ar y llaw arall
yn bont yn y parhawd ieithyddol rhwng y sylweddoliad [o] a'r
sylweddolion [oi, oɨ].

Yn y sillaf olaf ddiacen, fodd bynnag, y mae Cyfeiliog yn dal at y
patrwm y ceir ei gnewyllyn yn ardal Llanwrtyd, sef bod sylwedd-
olion y ddeusain 'oe' yn cynnwys [o] a [oi] (a [oɨ] yn ôl y
dystiolaeth ychwanegol a nodwyd uchod). Ceir enghreifftiau o
ddybledau yn yr eirfa a rydd Sommerfelt (1925: 82 ymlaen),
sef ffurfiau'n dangos y sylweddolion [o] a [oi], er enghraifft
[kniθeroð, nadroð], [misoið, bədinoið, nevoið, stiŋoið],
[blənəðoið, blənəðoð; mənəðoð, mənəðoið; moroð, moroið].
Cofiwn am [bədoð, bədoið, bədoɨð] yn Llanwrtyd.

Y mae Cyfeiliog yn cadw'r sylweddoliad [o] yn y sillaf olaf

ddiacen er ei bod yn ymddangos bod llawer mwy o'r sylweddoliad [oi] yno yn ôl tystiolaeth yr eirfa;[16] y mae hynny, ynghyd ag ymddangosiad dybledau'n cynnwys [o/oi], yn awgrymu bod y sylweddoliad [o] yn colli tir fel yr eir tua'r gogledd. Yn ardal Llanwrtyd, y mae olion y sylweddoliad [oi/oɨ] wedi ymddangos ond y mae'n brin iawn; [o] yw'r sylweddoliad arferol, er enghraifft [miʃoð, tranoθ, tartrod].

I gloi'r drafodaeth yn yr adran hon, y mae'n gwbl amlwg bod i'r hen sir Frycheiniog le pwysig ym mharhawd tafodieithoedd y Gymraeg. Gwelwn yn ardal Llanwrtyd ddechrau symud tuag at systemau tafodieithol sydd yn cynnwys y llafariad ganol a'r deuseiniaid perthnasol. Y mae'r gyfatebiaeth rhwng tystiolaeth Cyfeiliog a thystiolaeth ardal Llanwrtyd yn drawiadol ac yn ein galluogi i weld peth ar ddarlun trawsnewid tafodieithoedd yn y Canolbarth er gwaethaf colli'r iaith o'r hen sir Faesyfed. Cawn enghraifft bellach o'r un gyfatebiaeth patrymu yn nigwyddiad y clymiadau cytseiniol [hw] a [χw] a drafodir isod (tt. 50–1).

2.3 Y Ffonemau Cytseiniol

Y mae system ffonemau cytseiniol iaith lafar Brycheiniog yn cynnwys 24 cytsain, sef /p, t, k, b, d, g, tʃ, dʒ, f, v, θ, ð, s, z, ɬ, ʃ, χ, h, l, r, r̥ , m, n, ŋ/. Fodd bynnag, ni ellir dweud bod statws /r̥ / a /h/ yn gwbl sefydlog ym Mrycheiniog gan mai anwadal yw eu digwyddiad. Trafodwn eu statws ffonolegol yn adran 2.4.

Disgrifir y cytseiniaid yn ôl y criteria cynanol, clywiadol a dos-barthiadol canlynol:

1. *Y mannau cynanu*. Dyma'r mannau cynanu angenrheidiol i ddisgrifio cytseiniaid yr ardaloedd hyn:

Dwy-wefusol: cynaniad gan y ddwy wefus.

Gwefus-ddeintiol: cynaniad gan y wefus isaf yn erbyn y dannedd uchaf.

Blaen/Llafn-ddeintiol: cynaniad gan flaen/llafn y tafod yn erbyn y dannedd uchaf.

Blaen/Llafn-orfannol: cynaniad gan flaen/llafn y tafod yn erbyn cefn y gorfant.

Llafn-ôl-orfannol: cynaniad gan lafn y tafod yn erbyn y gorfant gan godi corff y tafod tuag at y daflod galed.

Blaen-ôl-orfannol: cynaniad gan flaen y tafod wedi ei godi y tu ôl i'r gorfant.

Taflodol: cynaniad gan wyneb y tafod yn erbyn y daflod galed.
Tafodigol: cynaniad gan gefn y tafod yn erbyn y tafodig.
Glotal: cynaniad sy'n gyfyngedig i'r agoriad rhwng y tannau llais.
2. *Y dull o gynanu*, sef cyflwr dylif yr anadl yn y mannau cynanu; gellir ei atal yn llwyr, yn rhannol, yn ysbeidiol, a gellir ei gyfyngu.

(i) Ataliad llwyr, yng nghynaniad:

Ffrwydrolion: atelir yr anadl yn llwyr gyda'r anadl yn cronni dan bwysedd; symudir yr ataliad yn sydyn a gollyngir yr anadl gyda ffrwydriad.

Affritholion: atelir yr anadl yn llwyr gyda'r anadl yn cronni dan bwysedd; symudir yr ataliad yn araf fel y bo ffrithiad yn digwydd yn y man cynanu wrth i'r anadl ddianc.

Trwynolion: atelir yr anadl yn llwyr yng ngheudod y genau, ond gan fod y daflod feddal i lawr, llifa'r anadl trwy geudod y trwyn.

(ii) Ataliad ysbeidiol, yng nghynaniad:

Seiniau crych: cyfres o ataliadau cyflym i ddylif yr anadl trwy beri i flaen y tafod ddirgrynu yn erbyn y gorfant.

Seiniau cnithiedig: un ataliad byr i ddylif yr anadl â blaen y tafod yn erbyn y gorfant.

(iii) Ataliad rhannol, yng nghynaniad:

Seiniau ochrol: atelir dylif yr anadl â blaen y tafod yn erbyn y gorfant gan adael i'r anadl ddianc tros y naill ochr neu'r llall i'r tafod, neu tros y ddwy ochr iddo.

(iv) Cyfyngu, yng nghynaniad:

Ffritholion: creu cyfyngiad cul fel y bo dylif yr anadl yn llifo trwy'r cyfyngiad â ffrithiad.

3. *Ffortis a Lenis*, sef y termau a ddefnyddir i gyfeirio at rym yr anadl a'r egni a ddefnyddir wrth gynanu seiniau. Dywedir bod mwy o rym anadl ac egni wrth gynhyrchu seiniau di-lais ac fe'u gelwir yn seiniau ffortis (O'Connor, 1973: 127); enghreifftiau o seiniau ffortis yn y Gymraeg fyddai [p, t, k, f, θ, ʃ, ɬ, χ, h]. Defnyddir llai o rym anadl ac ynni i gynhyrchu'r seiniau hynny y mae llais neu botensial llais yn nodwedd arnynt; enghreifftiau yn y Gymraeg o seiniau lenis fyddai [b, d, g, v, ð, l, m, n, ŋ]. Gan mai ychydig o lais sydd yn seiniau 'lleisiol' y Gymraeg yn fynych (gweler sylwadau C. H. Thomas, 1993: 38, ar y seiniau ffrwydrol, a P. W. Thomas, 1996: 756[b]) y mae'r termau lenis a ffortis yn hwylus i wahaniaethu rhwng y ddwy gyfres.

Disgrifiwn y ffonemau cysteiniol yn y drefn ganlynol: y ffrwydrolion: /p, t, k, b, d, g/; yr affritholion: /tʃ, dʒ/; y ffritholion:

/f, v, θ, ð, s, z, ɬ, ʃ, χ h/; y sain ochrol: /l/; y seiniau crych: /r, r̥ /; y trwynolion: /m, n, ŋ/; y lledlafariaid: /j, w/.

2.3.1 Y Ffrwydrolion

FFRWYDROLION CYFLAWN

Y mae tri cham yng nghynaniad sain ffrwydrol gyflawn:

(i) Cau, sef dod â dwy neu ragor o'r organau llafar ynghyd yng ngheudod y geg a chodi'r daflod feddal.

(ii) Atal, sef yr amser y delir yr organau ynghyd ac y mae'r anadl yn cronni dan bwysedd y tu ôl i'r caead. Os yw'r sain yn lleisiol bydd y tannau llais yn dirgrynu yn ystod y cam hwn.

(iii) Gollwng, sef symud y cynanwyr oddi wrth y man cynanu a'r anadl yn dianc yn ddisymwth o'r tu ôl i'r rhwystr gyda ffrwydriad yn digwydd. O safbwynt clybodig sŵn tyrfol yw'r ffrwydriad, sef y ffrithio sydd yn digwydd wrth i'r anadl ddianc rhwng y cynanwyr fel y bônt yn ymwahanu (gweler Fant, 1970: 17).

Gall yr holl ffrwydrolion ddigwydd mewn safle dechreuol, canol a diweddol yn y gair:

Dechreuol: [pɛn, tɑn, koχ] [bod, dʊi, gair]

Canol: [klapo, ati, kɪko] [kribo, bedu, mɑgi]

Diweddol: [tʊp, pant, kɔt] [kaib, tad, mug]

O ran y man cynanu, y mae [p, b] yn ddwy-wefusol, [t, d] yn orfannol, a [k, g] yn felar. Gellir eu rhannu yn ddau is-grŵp yn ôl nodweddion dull y cynanu, sef presenoldeb neu absenoldeb llais, a phresenoldeb neu absenoldeb anadliad.

Nodwedd ar y gyfres lenis [b, d, g] yn unig yw presenoldeb neu absenoldeb llais. Fodd bynnag, mewn safle dechreuol a diweddol yn y gair, rhannol leisiol yn unig fyddant; dirgryna'r tannau llais am ran olaf cyfnod yr atal yn unig yn ddechreuol, ac fe'u sylweddolir gan [b̥b-], [d̥d-], [g̥g-], ac am ran gyntaf cyfnod yr atal yn unig yn ddiweddol: [-bb̥], [-dd̥], [-gg̥], er enghraifft [b̥bodd̥, g̥gadd̥, mabb̥]. Mewn cyd-destun cwbl leisiol megis rhwng llafariaid, rhannol leisiol fyddant, er enghraifft [abɛr, mɑgi, adɛg].

Nodwedd ar y gyfres ffortis [p, t, k] yn unig yw presenoldeb neu absenoldeb anadliad. Dylifiad o anadl ysgyfeiniol yn dilyn gollwng y sain ffrwydrol yw anadliad; hynny yw, yn syth wedi gollwng y ffrwydrolen, cedwir y glotis ar agor am ysbaid a bydd anadl ysgyfeiniol yn llifo trwy geudod y genau cyn cau'r glotis a dechrau dirgrynu'r tannau llais ar gyfer y sain leisiol a fydd yn dilyn. Y mae yn gryfach mewn safle dechreuol ac yn wannach mewn safle canol a diweddol. Yn yr enghreifftiau canlynol symboleiddir yr anadliad cryf â (H) a'r anadliad gwannach â (h) yn syth ar ôl y ffrwydrolen berthnasol:

Dechreuol: [pHɛn, tHan, kHɑθ]

Canol: [kaphɛ, kɛthɪn, lʊkhɪs]

Diweddol: [sʊph, kɑth, frɔkh]

Yn achos y seiniau ffrwydrol lenis, nid oedir wedi eu gollwng cyn dechrau dirgrynu'r tannau llais ar gyfer y sain a fydd yn dilyn.

FFRWYDROLION ANGHYFLAWN

Dan rai amodau, gall un o'r tri cham sydd yng nghynaniad sain ffrwydrol gyflawn fod yn absennol a dywedir bod y cyfryw ffrwydrolion yn anghyflawn. Digwydd hyn pan geir olyniadau o seiniau ffrwydrol homorganig neu o [t/d] + [tʃ/dʒ]. Dan yr amodau hyn ni cheir dau gynaniad cyflawn annibynnol ar gyfer y ddwy ffrwydrolen, ond delir y caead cyntaf am gyfnod hwy nag ar gyfer un ffrwydrolen, hynny yw ni ollyngir y ffrwydrolen gyntaf ac yna cau o'r newydd megis am yr ail:

[p] + [p]   [ka*p p*ɛrt]

[t] + [t]   [pla*t t*uim]

[k] + [k]   [klɔ*k k*apɛl]

[b] + [b]   [kri*b b*ɑχ]

[d] + [d]   [dwərno*d d*ərni]

[g] + [g]   [ə rai*g g*ənta]

Pan fo olyniad o ffrwydrolion lenis/ffortis, ni fydd nemor dim llais yn yr olyniad:

[p] + [b]   [ʃɔ*p b*apɪrɛ]

[t] + [d]   [tebo*t d*i]

[k] + [g]   [sdɔ*k g*ia]

Weithiau dileisir y sain leisiol yn llwyr:

[d] + [t]   [gɑ*d t*i]

Mewn olyniad o seiniau ffrwydrol nad ydynt yn homorganig, cynenir y ffrwydrolion yn gyflawn:

[ko*d g*lɑs]

[ki*g b*lasɪs]

[trɑ*d b*rʊnt]

GOLLYNGIAD TRWYNOL

Mewn olyniad o sain ffrwydrol + sain drwynol homorganig, sef [p/b] + [m] neu [t/d] + [n], ceir gollyngiad trwynol i'r sain ffrwydrol, hynny yw fe'i gollyngir trwy ostwng y daflod feddal a'r anadl yn dianc trwy geudod y trwyn. Er enghraifft:

[mab mɛrχ iði oð e]
[nar krɔp muia gɛso i rjod]
[χin dodi kod nɛuið ən ə bɛrθ wedɪn]

Mewn olyniad o [k/g] + [n] gwneir y caead gorfannol gogyfer â'r sain drwynol a gostwng y daflod feddal cyn gollwng y caead felar: [knaud, knɪθdɛr, gnəid].

GOLLYNGIAD OCHROL

Mewn olyniad o ffrwydrolen + sain ochrol homorganig, sef [t/d] + [l/ɬ] delir y caead gorfannol trwy gydol cynaniad yr olyniad a gollyngir y ffrwydrolen trwy ostwng ochrau'r tafod. Er enghraifft:

[menɪn aɬɛð]
[ɬe baχ o r enu *pant ɬevrɪθ ar ɛpɪnt]
[oð e m gwəid ɬuɛr]

Pan nad yw'r ffrwydrolen a'r sain ochrol yn homorganig, gwneir y caead gorfannol ar gyfer y sain ochrol gyntaf, ac yna gollwng y ffrwydrolen: [pləgi, bɬino, tɛgɬɛd].

FFRWYDROLION DEINTIOL [t̪, d̪]

Ni chodwyd ffrwydrolion deintiol ond mewn olyniadau o ffrwydrolen + sain ffrithiol ddeintiol. Er enghraifft:

[sbredʊs ə lɔt it̪θi]
[oð en ɬed̪ ða]

FFRWYDROLION TAFLODOL [c, ɟ]

Digwydd y seiniau hyn yn rheolaidd mewn dwy ffurf yn unig, sef [iɟɛn] a [icɛn].

2.3.2 Yr Affritholion

Cynenir sain affrithiol trwy ddod â dwy neu ragor o organau llafar ynghyd i ffurfio caead yng ngheudod y genau a chodir y daflod feddal. Delir yr ataliad geneuol am gyfnod gyda'r anadl yn cronni dan bwysedd o'r tu ôl iddo. Gollyngir y caead ýn araf gyda'r anadl yn dianc trwy'r agoriad cul rhwng y cynanwyr â ffrithiad lleol hyglyw. Os bydd y sain yn lleisiol, bydd y tannau llais yn dirgrynu trwy gyfnod yr atal a'r gollyngiad ffrithiol; os rhannol leisiol fydd, ni ddirgrynant ond am gyfran o gyfnod yr atal a'r gollyngiad ffrithiol. Os sain ddi-lais ydyw, bydd y glotis ar agor drwy gydol ei chynaniad.

Gwelir bod sain affrithiol yn uned seinegol gyfansawdd a chanddi ddwy elfen seinegol eglur, sef yr elfen atalseiniol a'r elfen ffrithiol. Fel y gwelir isod, y mae rhagor nag un dadansoddiad ffonolegol yn bosibl i'r seiniau cyfansawdd hyn.

Y mae dwy ffonem affrithiol yn iaith lafar Brycheiniog, sef [tʃ], affritholen lafn-orfannol, ddi-lais; a [dʒ], affritholen lafn-orfannol, leisiol. Y mae cynaniad dwbl i'r rhain oherwydd yn ogystal â chodi llafn y tafod yn erbyn y gorfant ar gyfer y caead geneuol, codir wyneb y tafod tuag at y daflod galed ar yr un pryd. Y mae'r gwefusau'n agos at ei gilydd yng nghynaniad yr affritholion gydag arlliw o wefus-grynder. Digwyddant mewn safleoedd dechreuol, canol a diweddol yn y gair:

Dechreuol:	[tʃain, tʃɛko]
	[dʒɔino, dʒɪgɛd]
Canol:	[bʊtʃur, plitʃen]
	[hɛdʒɪn, dʊndʒun]
Diweddol:	[pɪtʃ, tʊtʃ]
	[rəindʒ, sadʒ]

Gwelir mai mewn benthyciadau o'r Saesneg y digwydd yr affritholion hyn yn bennaf. Lle y digwyddant mewn geiriau Cymraeg, canlyniad ydynt i gymathiad rhwng [t/d] a [i/j], er enghraifft [sgitʃɛ] 'esgidiau'; [kɪtʃo] 'cydio'; [dʒaul] 'diawl' (gweler C. H. Thomas, 1993: 45, a t. 73, isod).

Ychydig iawn o amrywiadau safleol a chyd-destunol sydd ganddynt, ac eithrio mai rhannol leisiol yn unig fydd [dʒ] mewn safle dechreuol a diweddol, er enghraifft [dʒ̥dʒak, dʒ̥dʒɔb; frɪdʒdʒ].

O safbwynt eu statws ffonemig, gellir ystyried y rhain un ai'n unedau unffonemig neu'n olyniadau deuffonemig, hynny yw, un ai:

/tʃ/ neu /t/ + /ʃ/
/dʒ/ neu /d/ + /ʒ/

Y mae'r dewis yn dibynnu ar yr ystyriaethau canlynol:

(i) Posibiliadau cyfnewid elfennau'r olyniad. Hynny yw, ai patrwm olyniad unffonemig ai deuffonemig sydd ganddynt?

[*tʃ*] Cyfnewid [t] â [ø] yn unig mewn safle dechreuol a chanol: [tʃɔp, ʃop; matʃo, maʃo]. Nid oes ganddi bosibilrwydd cyfnewid o gwbl mewn safle diweddol.

Cyfnewid [ʃ] â [ø] ac [r] mewn safle dechreuol: [tʃɪp, trɪp, tɪp], [tʃɛsd, tɛsd]; ac â [ø] yn unig mewn safle canol a diweddol: [patʃo, pato], [matʃ, mat].

[*dʒ*] Nid oes posibilrwydd cyfnewid gan [d] mewn safle dechreuol, canol na diweddol.

Cyfnewid [ʒ] â [ø] yn unig mewn safle dechreuol: [dʒam, dam]. Nid oes gan [ʒ] unrhyw bosibilrwydd cyfnewid mewn safle canol na diweddol.

Ac ystyried posibiliadau cyfnewid yr elfennau, gwelir mai prin a chyfyng iawn ydynt ymhob safle, felly y mae [tʃ] a [dʒ] yn patrymu yn debyg i unedau unffonemig yn ôl yr ystyriaeth hon.

(ii) Posibiliadau treiglo. Ni threiglir [tʃ] a [dʒ] yn iaith lafar Brycheiniog, felly y mae'n amlwg nad ydynt yn gweithredu fel olyniadau o [t + ʃ] a [d + ʒ] neu byddid yn treiglo gan fod [t] a [d] ymhlith y cytseiniaid treigladwy. Y mae'r ystyriaeth hon hefyd o blaid trafod [tʃ] a [dʒ] yn unedau unffonemig

Sylwer, mewn set fechan o eitemau, y mae bodolaeth [tʃ] a [dʒ] yn ganlyniad i gymathu [t + j] → [tʃ] a [d + j] → [dʒ]. Dangosir hyn gan: (a) dybledau megis [sgɪdʒɛ, sgɪdjɛ; fɪndʒo, fɪndjo; kɪtʃo, kɪdjo]; a (b) y ffaith bod [dʒ] sy'n ganlyniad i gymathu yn treiglo, hynny yw yn ymddwyn fel olyniad deuffonemig o /d/ + /j/, er enghraifft [dʒaul] ond [ər en ðjaul].

(iii) Posibiliadau cyfnewid â chytsain sengl.

[t/] Cyfnewid yn y safle:
	dechreuol â	[k, d, m, r̥, s]
	canol â	[l, n]
	diweddol â	[p, m, n, r]

Er enghraifft:
[tʃain, main, sain; tʃɪp, r̥ɪp, dɪp, kɪp]
[pɪtʃo, pɪlo, pɪno]
[matʃ, man, mam; tʊtʃ, tʊr, tʊp]

[dʒ] Cyfnewid yn y safle:
	dechreuol â	[ø, p, k, ɬ, n]
	canol â	[ɬ, w]
	diweddol â	[f, χ, l, m, r, z]

Er enghraifft:

[dʒam, am, pam, kam; ɬam; dʒɔbɪn, nɔbɪn]

[ɛndʒɪn, ɛnɬɪn, ɛnwɪn]

[sadʒ, saf, saχ, sal, sam, sɑr; rəindʒ, rəinz]

Gwelir bod posibiliadau cyfnewid [tʃ] a [dʒ] â chytseiniaid syml yn lled helaeth a dengys hyn mai fel unedau unffonemig y patrymant helaethaf o ddigon.

Sylwer bod [tʃ] yn amrywio'n rhydd â [ʃ] mewn safle dechreuol a diweddol mewn set fechan o eitemau sydd yn awgrym cryf o natur unffonemig yr affritholen: [tʃep: ʃep], [tʃauns: ʃauns], [plitʃ: pliʃ].

2.3.3 Y Ffritholion

Gellir trefnu'r ffritholion yn ôl y mannau cynanu, sef: gwefus-ddeintiol [f, v]; llafn-ddeintiol [θ, ð]; llafn-orfannol [s, z]; gorfan-nol ochrol [ɬ]; llafn-ôl-orfannol [ʃ]; tafodigol [χ]; glotal [h].

Y FFRITHOLION GWEFUS-DDEINTIOL [f] a [v]

Fe'u cynenir drwy greu cyfyngiad rhwng y dannedd uchaf a'r wefus isaf. Digwyddant yn y safleoedd canlynol yn y gair:

Dechreuol: [fair, fɛtan, fɪst]

[ve, vi, vori]

Sylwer: ni ddigwydd [v] yn helaeth yn ddechreuol, ac eithrio: (i) dan amodau treiglo pan yw'n cyfnewid â [m/b], er enghraifft [viɛs i əŋ *gardið ə *pasg], [vənsɛ ve ðɪm mɪnd]; (ii) set o ffurfiau cynhenid y mae [v] bellach yn ddechreuol ynddynt oherwydd gollwng sain ragflaenol neu arfer y ffruf dreigledig fel y ffurf gysefin, er enghraifft [vi, vɛl, vori]; (iii) mewn benthyciadau o'r Saeseng, er enghraifft [van, vɪkɛrjɛd, vɒz].

Canol: [kɔfur, kɛfɪl, gɔrfod]

[tavod, ɬənvi, diva]

Diweddol: [kɔrf, ɔf, krɑf]

[hɑv, pliv, sdov]

Rhannol leisiol yn unig fydd [v] mewn safle dechreuol a diweddol, hynny yw, ni ddirgrynir y tannau llais ond am ran olaf ei chynaniad yn ddechreuol a'r rhan gyntaf yn ddiweddol, er enghraifft [v̥vɛlni, v̥vɪnɛ, kovv̥, slavv̥]. Hyd yn oed mewn cyd-destun cwbl leisiol

megis rhwng llafariaid, ni fydd nemor ddim llais i'r sain lenis, er
enghraifft [hɑvɛ, krəvaχ, təvi].

Y FFRITHOLION LLAFN-DDEINTIOL [θ] a [ð]

Fe'u cynenir drwy greu cyfyngiad rhwng llafn y tafod a'r dannedd
uchaf. Digwyddant yn y safleodd canlynol yn y gair:
Dechreuol: prin, ac eithrio dan amodau treiglo, er enghraifft:
               [θɪs, ðo]
               [ðɑθ e ðɪm to]
               [θəvɛs i rjod ʃiprɪs ən *bʊlχmaur]
Canol: [gwiθo, plɛθrɪsg, pɛθɛ]
               [bəðɛ, boð, parði]
Diweddol: [dɑθ, peθ, siθ]
               [bɪð, dɪð, beð]
Rhannol leisiol yn unig fydd [ð] mewn safle diweddol a dechreuol,
hynny yw, ni ddirgrynir y tannau llais ond am ran olaf ei chynaniad
yn ddechreuol a'r rhan gyntaf yn ddiweddol, er enghraifft [ð̥ð̥ɔdɛs
nʊ mɛun dɪʃgɪl], [oð en ə pɛrvɛð̥ð̥]. Hyd yn oed mewn cyd-destun
cwbl leisiol megis rhwng llafariaid ni fydd nemor ddim llais gan y
sain lenis, er enghraifft: [gwɑðɛn, meðul, mənəðɛ].

Y FFRITHOLION LLAFN-ORFANNOL [s] a [z]

Fe'u cynenir drwy greu cyfyngiad rhwng llafn y tafod a thu ôl y
dannedd blaen uchaf. Mewn benthyciadau o'r Saeseng yn unig y
ceir [z]. Digwyddant yn y safleodd canlynol yn y gair:
Dechreuol: [son, slaiʃ, sɑl]
               [zu, zɪŋk]
Canol: [kɔsɪn, amsɛr, mesɪr]
               [fezant, praktizo]
Diweddol: [mɑs, mis, ɫes]
               [səiz, ʃɛdz, təgz]
Rhannol leisiol fydd [z] mewn safle dechreuol a diweddol;
ni ddirgrynir y tannau llais ond am ran olaf ei chynaniad
yn ddechreuol, [z̥z-], a'r rhan gyntaf yn ddiweddol, [-zz̥], er
enghraifft [z̥zɪŋk, trʊsɪzz̥]. Bydd yn gwbl leisiol mewn cyd-destun
lleisiol yn unig, er enghraifft [səizɪz, fezants].

Y FFRITHOLEN ORFANNOL OCHROL [ɫ]

Cynenir y ffritholen ddi-lais hon drwy godi blaen y tafod yn erbyn y gorfant gydag ymylon y tafod yn creu cyfyngiad rhyngddynt a'r dannedd ochr uchaf, ac o ganlyniad bydd ffrithiad ochrol wrth i'r anadl lifo drwy'r cyfyngiad ochrol. Digwydd y sain yn y safleodd canlynol yn y gair:

Dechreuol: [ɫed, ɫuin, ɫɔsgi]
Canol: [gaɫi, dɪɫad, pɛɫɛn]
Diweddol: [diaɫ, peɫ, naɫ]

Y FFRITHOLEN LAFN-ÔL-ORFANNOL [ʃ]

Fe'i cynenir drwy greu cynfyngiad rhwng blaen a llafn y tafod a'r gorfant y tu ôl i'r dannedd uchaf ac ar yr un pryd codir wyneb y tafod i gyfeiriad y daflod galed. Sain ffrithiol ddi-lais yw hon. Y mae'r gwefusau wedi eu crynio'n llac ar gyfer y sain hon, gyda'r crynio yn fwy amlwg o flaen llafariaid ôl caeedig a hanner caeedig. Mewn geiriau cynhenid Cymraeg, canlyniad cymathiad rhwng [s] a'r llafariaid blaen [i, ɪ] (ac [i] yn ail elfen deusain) a'r lledlafariad [j] yw [ʃ]; fel arall digwydd mewn benthyciadau o'r Saesneg. Digwydd yn y safleodd canlynol yn y gair:

Dechreuol: [ʃivɛ, ʃeŋɛl, ʃɪmnɛ]
Canol: [iʃɛ, tiʃɛn, ɫiʃɛ]
Diweddol: [barliʃ, bɛnʃ, paiʃ]

Y mae [ʃ] mewn amrywiad rhydd â [s] mewn set fechan o eitemau: [krɔisi, krɔiʃi; sa, ʃa; sʊklɪn: ʃʊklɪn]. (Ar [ʃ] mewn amrywiad rhydd â [tʃ] gweler dan yr affritholion uchod.)

Y FFRITHOLEN DAFODIGOL [χ]

Cynenir y sain hon drwy godi cefn y tafod tuag at y daflod feddal a chreu cyfyngiad rhwng cefn y tafod â'r tafodig. Sain ffrithiol ddi-lais yw hon. Digwydd yn y safleodd canlynol yn y gair:

Dechreuol: y mae'n brin yn y safle hwn ac eithrio dan amodau treiglo, er enghraifft (i) ar ddechrau gair – yn amlach yn ardal Llanwrtyd nag yng Ngodre'r Epynt a Defynnog (gweler t. 51, isod): [χi, χədɪg], ac yn ardal Llanwrtyd yn unig: [χwar, χwɪlo]; a (ii) dan amodau treiglo: [χas e ðɪm no], [χɔvjai ðɪm naur].

Canol: [kɔχi, baχɛ, səχi]
Diweddol: [suχ, baχ, parχ]

Cynenir y sain hon gyda ffrithiad a grëir gan ddylifiad o anadl ysgyfeiniol trwy'r glotis agored a'r ceudod geneuol. Bydd y cynanwyr eisoes yn eu lle ar gyfer y llafariad a'i dilyn, felly bydd i'r ffrithiad naws cryf y llafariad sy'n ei ddilyn. Gan fod y tannau llais ar wahân y mae hon o reidrwydd yn sain ffrithiol ddi-lais. Yng Ngodre'r Epynt a Llanwrtyd y digwydd y sain hon amlaf: nis ceir yn Nefynnog ond yn anaml iawn. O ran ei dosbarthiad, ni ddigwydd ond ar ddechrau sillaf yn rhagflaenu llafariaid neu'r lledlafariad [w], er enghraifft [hen, hɛlbɪlɪs, hwiθ].

2.3.4 Y Sain Ochrol [l]

Cynenir y sain leisiol hon drwy godi blaen y tafod yn erbyn y gorfant; crëir atalfa i'r anadl rhwng un ochr y tafod a'r dannedd uchaf tra bo'r anadl yn llifo'n ddirwystr a diffrithiad dros yr ochr arall i'r tafod. Sain glir yw'r sain ochrol orfannol ddiffrithiad hon, hynny yw ni chodir cefn y tafod tuag at y daflod feddal wrth ei chynhyrchu. Digwydd yn y safleoedd canlynol yn y gair:

Dechreuol: [lamp, lʊmp, lɔri]
Canol: [galu, peli, (h)ɔli]
Diweddol: [mel, gwail, vɛl]

Pan fo sain ffrwydrol ddi-lais yn ei rhagflaenu mewn safle dechreuol, rhannol ddileisir y sain ochrol, er enghraifft [kl̥að, kl̥ɪst, pl̥ɛntɪn].

2.3.5 Y Seiniau Crych [r̥, r]

Y mae dwy o'r seiniau hyn, y gyntaf yn ddi-lais ac yn anadlog a'r llall yn lleisiol a dianadlog.

Cynenir y sain ddi-lais hon drwy godi blaen y tafod yn ysgafn yn erbyn y gorfant a pheri iddo daro rhyw ddwywaith neu dair yn gyflym yn erbyn y gorfant ac yn ystod y trawiadau hyn cynhyrchir ffrithiad. Dilynir y cynaniad trawol gan anadliad, sef dylifiad o anadl ysgyfeiniol trwy'r glotis agored. Gwelir felly fod dwy elfen yng nghynaniad y sain – yr elfen drawol a'r anadliad. Y mae'r sain yn gwbl ddi-lais. Ni chodwyd y sain hon yn Nefynnog ac yr oedd ei digwyddiad yng Ngodre'r Epynt ac ardal Llanwrtyd yn amrywio o siaradwr i siaradwr. Trafodir hyn yn fanwl isod (tt. 46–50). Digwydd y sain hon mewn safle dechreuol, cynlafarog yn unig yn y gair, er enghraifft [r̥ag, r̥aid, r̥iχ, r̥eue, r̥ɔlo, rəsvəio].

Y mae rhagor nag un farn am yr union ddehongliad ffonolegol o'r sain hon. Yn ei ddisgrifiad o Gymraeg Cyfeiliog, trafodwyd y sain hon gan Sommerfelt (1925: 39) yn uned unffonemig ac fe'i disgrifiwyd ganddo yn hollol gywir yn sain grych ddi-lais ac iddi anadliad cryf. Dadansoddwyd hi gan Stephen Jones (1926: 15) yn olyniad o sain grych ddi-lais [r̥] + sain ffrithiol lotal ddi-lais [h], dadansoddiad yn rhannu'r ddwy elfen seinegol sydd yn y sain yn olyniad deuffonemig o /r/ a /h/ gyda [r̥] yn allffon i /r/. Fe'i dadansoddwyd gan R. O. Jones (1969: 102–3) yn olyniad deuffonemig o /h/ + /r/, yntau'n ystyried [r̥] yn allffon i /r/.

Fodd bynnag, y mae prawf cyfnewid yn ysgubol yn erbyn y dadansoddiad deuffonemig. Petai'r dadansoddiad deuffonemig yn gweddu i system y Gymraeg, yna gellid disgwyl bod modd cyfnewid y naill elfen a'r llall yn yr olyniad â chytseiniaid eraill. Nid felly y mae; nid oes modd cyfnewid na'r naill elfen na'r llall â hyd yn oed sero. Hyn a barodd i R. O. Jones ddadlau tros y dadansoddiad /h/ + /r/, oherwydd gall /r/ ddigwydd yn ail elfen mewn clwm CC dechreuol a cheir olyniadau o /h/+ C eraill mewn clwm CC dechreuol (R. O. Jones 1969: 104).

Fel uned unffonemig, ar y llaw arall, gall /r̥/ gyfnewid yn helaeth â chytseiniaid eraill. Er enghraifft:

[r̥o]	~	[ɬo, do, fo]
[r̥iχ]	~	[siχ, iχ]
[r̥es]	~	[tes, ɬes, mes, nes]
[r̥od]	~	[kod, bod, nod, dod]
[r̥i]	~	[hi, χi]

Dengys hyn y gall /r̥/ gyfnewid â /t, k, b, d, f, s, ɬ, χ, h, m, n , ø/. Ymhellach, ac edrych ar ymadroddion megis /i ras/, /i ras/, /i raf/, /i raf/, gwelir bod /r̥/ a /r/ y cyferbynnu'n arwyddocaol dan amodau'r treiglad meddal, hynny yw y mae'r cyfnewidiad ffonolegol rhwng /r̥/ a /r/ yn un o sylweddolion morffoffonemig y treiglad meddal.

Yn yr astudiaeth hon, felly, ystyrir bod /r̥/ yn ffonem annibynnol ar /r/. Ni ddigwydd /r/ yn rheolaidd na chyson yn llafar holl siaradwyr yr ardaloedd hyn, nodwedd a ystyrir ymhellach isod (tt. 46–50).

Y SAIN GRYCH ORFANNOL LEISIOL [r]

Cynenir y sain leisiol hon drwy godi blaen y tafod yn ysgafn yn erbyn y gorfant a pheri iddo daro rhyw ddwywaith neu dair yn gyflym yn erbyn y gorfant. Y mae'r tannau llais yn dirgrynu ac ni chynhyrchir unrhyw ffrithiad yn ystod cynaniad y sain. Digwydd y sain hon yn y safleoedd canlynol yn y gair:

Dechreuol: [raid, rev, rʊið]
Canol: [arjan, aráɫ, tɔri]
Diweddol [kar, ser, gwenɛr]

Weithiau, defnyddir sain gnithiedig, sef sain ag un trawiad sydyn byr mewn amrywiad rhydd â [r]. Fe'i ceir ar ddechrau gair yn deg ac yn yr ail safle mewn clwm o gytsain + 'r' ac mewn safle cynddiweddol o flaen cytsain arall, er enghraifft [ɾan, ɾɪp, bɾaud, gɾaig], [kɪɾχ, pɛɾt, pɛɾθ]. Fe'i rhannol ddileisir pan fo sain ffrithiol ddi-lais yn ei rhagflaenu, er enghraifft [fron, frɪnd].

Yn achlysurol ceir sain flaen-orfannol ddifrithiad barhaol leisiol yn amrywio'n rhydd â [r], sef [ɹ]. Digwydd mewn safle canol rhwng llafariaid yn achlysurol ond yn bur rheolaidd fel ail elfen clwm 't/d' + 'r' mewn safle dechreuol a chanol yn y gair; os rhagflaenir y sain gan [t], bydd yn ddi-lais, er enghraifft [baɹa, aɹos], [dɹug, pədɹi], [tɹʊm, tɹi, mentɹo].

2.3.6 Y Trwynolion [m, n, ŋ]

Yn ogystal â'r seiniau trwynol lleisiol hyn, ceir, dan amodau treiglo [p, t, k] yn drwynol, seiniau trwynol di-lais anadlog yn achlysurol yng Ngodre'r Epynt ac yn ardal Llanwrtyd ond nis codwyd yn Nefynnog. Trafodir y trwynolion di-lais isod, tt. 76–7.

Y SAIN DRWYNOL DDWY-WEFUSOL LEISIOL [m]

Cynenir y sain leisiol hon drwy ddod â'r gwefusau ynghyd, a gostwng y daflod feddal fel y bo'r anadl yn llifo drwy geudod y trwyn. Digwydd yn y safleoedd canlynol yn y gair:

Dechreuol: [mui, mɑs, menɪn]
Canol: [dəma, kəmɛnt, mamɛ]
Diweddol: [sɑm, mam, trʊm]

Y SAIN DRWYNOL ORFANNOL LEISIOL [n]

Cynenir y sain leisiol hon drwy godi blaen y tafod yn erbyn y
gorfant y tu ôl i'r dannedd uchaf, a gostwng y daflod feddal fel bo'r
anadl yn llifo drwy geudod y genau. Digwydd yn y safleoedd
canlynol yn y gair:
Dechreuol: [ni, nos, naur]
Canol: [dəna, kənta, kenol]
Diweddol: [tʃain, man, pɛn]
Fe'i dileisir yn rhannol pan fo sain ffrwydrol ddi-lais yn ei
rhagflaenu, er enghraifft [kn̥nivo, kn̥nɪθdɛr, kn̥niɛn]. Pan ddilynir
y sain drwynol gan y ffritholion deintiol [θ, °ð], fe'i cynenir yn
ddeintiol, hynny yw codir blaen y tafod yn erbyn y dannedd uchaf
yn barod ar gyfer y sain ddeintiol, er enghraifft [anθɛm,
*ɬanðilas], [oð e kɪn ðiɛd a χevɛn tɑn].

Y SAIN DRWYNOL FELAR LEISIOL [ŋ]

Cynenir y sain leisiol hon drwy godi cefn y tafod yn erbyn rhan
flaen y daflod feddal, a gostwng y daflod feddal ei hun fel y bo'r
anadl yn llifo drwy geudod y trwyn. Ni ddigwydd ond ar ddiwedd
sillaf ynghanol neu ar ddiwedd gair, ac eithrio dan amodau treiglo
pan ddigwydd yn ddechreuol, er enghraifft:
(i) ar ddiwedd sillaf yn unig:
    [ɬɔŋ, rʊŋ, sbrɪŋ]
    [bətɪŋo, təŋi, əŋ'ɪnt]
(ii) dan amodau treiglo pan yw'n cyfnewid â [k/g] dechreuol:
    [əŋ ŋi i]
    [əŋ ŋwaiθ i oð gɔtro]

2.3.7 Y Lledlafariaid [j, w]

O ran eu nodweddion seinegol, seiniau llafarog yw'r rhain a
pherthynant i ddosbarth o seiniau a elwir yn ddynesiadau gan rai
seinegwyr (er enghraifft Ladefoged, 1964: 25). Fe'u cynenir trwy i
un neu ragor o'r organau llafar ddynesu at y man cynanu gan greu

cyfyngiad yn y ceudod geneuol, ond nid cyfyngiad a bair ffrithiad; dylifa'r anadl ysgyfeiniol trwyddo tros ganol y tafod yn ddiffrithiad. Nodwedd seinegol amlwg arall arnynt yw eu byrder. Y symudiadau cynanol yw dynesu at y man cynanu a chilio oddi wrtho'n ddi-oed at y sain nesaf. Er gwaethaf eu nodweddion seinegol llafarog, i ddosbarth y cytseiniaid y perthyn y seiniau hyn yn ffonolegol am y rhesymau canlynol:

(i) Y maent yn cyfnewid yn helaeth â chytseiniaid eraill mewn safle dechreuol yn y gair, er enghraifft [jɑχ, bɑχ, sɑχ; jaun, ɫaun, maun], [wil, kil, sil, mil]. Hynny yw, gall [j] ymgyfnewid â [b, s, ɫ, m] a gall [w] gyfnewid â [k, s, m].

(ii) Ategir y swyddogaeth gytseiniol hon gan y ffaith mai'r ffurf ar y fannod a ddefnyddir gyda [j] a [w] yw'r ffurf forffoffonolegol sy'n digwydd o flaen cytseiniaid, er enghraifft [ə jaiθ; ə ja; ə wal].

Y LLEDLAFARIAD DAFLODOL [j]

Cynenir y sain leisiol hon trwy godi wyneb y tafod tuag at y daflod galed gan greu cyfyngiad rhyngddo a'r daflod galed, gydag ymylon y tafod yn cyffwrdd yn ysgafn â'r cilddannedd uchaf. Dylifa'r anadl ysgyfeiniol tros ganol y tafod yn ddiffrithiad. Digwydd ar ddechrau sillaf yn unig yn y gair: [ja, jaun, karjad, kɔvjo]. Mewn olyniadau o gytsain + cytsain daw yn y safle ôl-ddechreuol yn unig: [djaul, gjɑr, gjelɛn]. Dileisir y lledlafariad pan ragflaenir hi gan sain ffrwydrol ffortis: [pjano, tjeði]. Bydd ffurf y gwefusau
                                        °   °
wedi eu crynio ar gyfer y lledlafariad o flaen llafariaid â gwefus grynder: [jonor, jorʊg].

Y LLEDLAFARIAD WEFUS-FELAR [w]

Cynenir y sain leisiol hon trwy godi cefn y tafod tuag at y daflod feddal a chreu cyfyngiad rhyngddo a'r daflod feddal. Y mae llafn a blaen y tafod y tu ôl i'r dannedd isaf. Dylifa'r anadl yn ddiffrithiad tros ganol y tafod. Ar yr un pryd y mae'r gwefusau wedi eu crynio'n glòs. Digwydd ar ddechrau sillaf yn unig yn y gair: [wal, wɛŋki, ınwɛθ, pɛnwın]. Mewn olyniadau o gytsain + cytsain dechreuol, daw yn y safle ôl-ddechreuol yn unig: [gwɑs, switɛn]. Dileisir y lledlafariad pan ragflaenir hi gan sain ffrwydrol ffortis: [kwato, twındıʃ]; a chan y ffritholen lotal ddi-lais [h]: [hwiθ,
    °   °   °
hwɑr].
°

Yn y safle dechreuol yn deg yng Ngodre'r Epynt a Llanwrtyd,
ond nid yn Nefynnog, y mae [w] yn aml mewn amrywiad rhydd â'r
clwm cytseiniol [hw], clwm sy'n cyfateb i'r olyniad 'chw' yn yr
iaith safonol, a cheir llu o ddybledau megis: [warɛ, hwarɛ; wɑr,
hwɑr; weχ, hweχ; wiθ, hwiθ]. (Trafodwn yr olyniad [hw]
ymhellach isod, tt. 50–1.) Sylwer y mae'r olyniadau 'gwl-' a 'gwr-'
yn brin ym Mrycheiniog oherwydd y duedd gref i'w symleiddio yn
'gl-' a 'gr-', er enghraifft [glɑd, gliθ, graið, graig].

2.4 Statws /h/ a /r̥/ yn iaith lafar Brycheiniog

Fel y sylwyd eisoes, ni ddigwydd y ffonemau hyn yn gwbl gyson yn
llafar y siaradwyr a arnodwyd yn yr ardaloedd hyn. Er mwyn gallu
cymharu'n deg, gwrandawyd ar sampl o awr yr un o lafar deg o
siaradwyr o ardal Godre'r Epynt a deg o Lanwrtyd ac awr o lafar y
siaradwraig o Ddefynnog. Nodwyd pob enghraifft yn sampl pob
unigolyn o ddigwyddiad posibl /h/ a /r̥/ mewn safle dechreuol,
hynny yw pob eitem eiriol y gallai /h/ a /r̥/ ddigwydd ynddynt yn y
safle dechreuol yn ôl rheolau'r Gymraeg. Canfuwyd cyfanswm neu
sgôr ddigwyddiad /h/ a /r̥/ mewn canrannau yn llafar pob siarad-
wr trwy rannu cyfanswm digwyddiad /h/ a /r̥/ yn ei sampl â
chyfanswm y digwyddiadau posibl a'u lluosi â 100. Felly, er
enghraifft, os cyfanswm digwyddiadau posibl /h/ i siaradwr A oedd
40 a chyfanswm yr union ddigwyddiad oedd 15, ei sgôr fyddai 38 y
cant.

Ceir yn Nhabl 2.1 sgorau siaradwyr y tair ardal mewn canrannau
wedi eu rhestru o'r uchaf i'r isaf. A chraffu ar y rhestrau yn y tabl
hwn daw dwy ffactor i'r amlwg: (i) isel iawn yw digwyddiad /h/ yn
Nefynnog ac ni cheir /r̥/ o gwbl; (ii) y mae cynnydd yn ôl pob golwg
yn nigwyddiad /h/ a /r̥/ unwaith y deuir i ardal Godre'r Epynt, a
phery'r cynnydd hwnnw fel yr eir tua'r gogledd yn y parhawd
ieithyddol i Lanwrtyd.

Fodd bynnag, y mae tystiolaeth Defynnog yn broblem oherwydd
ein bod yn dibynnu ar un siaradwraig yma. Serch hynny ni
chofnodwyd /h/ na /r̥/ yn Nyffryn Wysg yn astudiaeth A. R.
Thomas ac y mae diffyg /h/ a /r̥/ yn un o nodweddion tafod-
ieithoedd de-ddwyrain Morgannwg (C. H. Thomas, 1975–6:
253–4), felly y mae tystiolaeth Defynnog yn unol â hyn. I geisio
darlun eglurach o'r sefyllfa, edrychwyd ar dystiolaeth siaradwyr o

Tabl 2.1: Sgôr ddigwyddiad /h/ a /r̥/

	/h/ %	/r̥/ %
Defynnog	13	0
Godre'r Epynt	70	69
	66	60
	61	55
	55	54
	52	36
	48	34
	44	30
	44	26
	43	24
	42	12
Llanwrtyd	90	75
	88	73
	82	72
	81	72
	77	60
	76	59
	70	55
	67	54
	54	48
	43	33

rannau o'r sir yn gyfagos i Ddefynnog ac i'r de o Ddefynnog i lawr at y ffin rhwng hen siroedd Brycheiniog a Morgannwg. Manteisiwyd ar archif tafodieithoedd yr Amgueddfa Werin, Sain Ffagan, lle y cafwyd sampl o hanner awr yr un o ddeg o siaradwyr o ardaloedd yn ne Brycheiniog ac yr oedd sampl o ddau siaradwr arall o ardaloedd eraill yn ne'r sir ar gael yn archif yr Uned Ymchwil Ieithyddol Gymraeg yn Adran y Gymraeg, Coleg y Brifysgol, Caerdydd. Cafwyd, felly, sampl o ddeuddeg o siaradwyr a'r rheini'n dod o'r gwahanol ardaloedd canlynol: Cefncoed-ycymer, Penderyn, Pontneddfechan, Pen-y-cae, Aber-craf, Dyffryn Wysg, Crai, Heolsenni, Ystradfellte a Phontsenni. Yr oedd yr holl siaradwyr hyn o'r un grŵp oedran â siaradwyr Defynnog, Godre'r

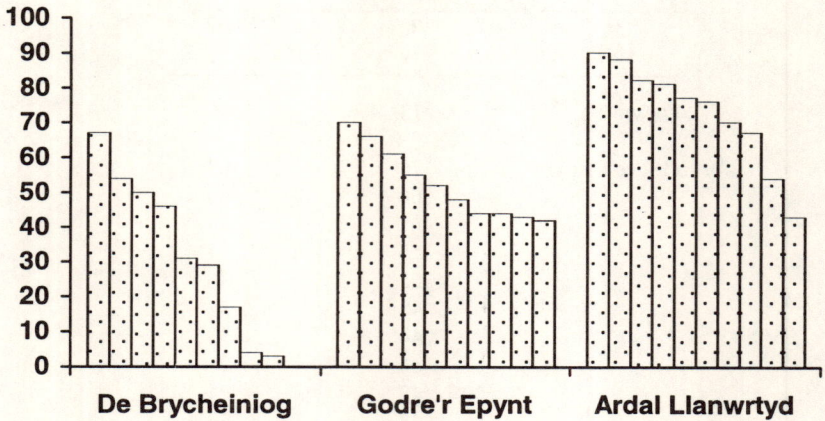

Ffigur 1: Sgorau digwyddiad /h/ ym Mrycheiniog (%)

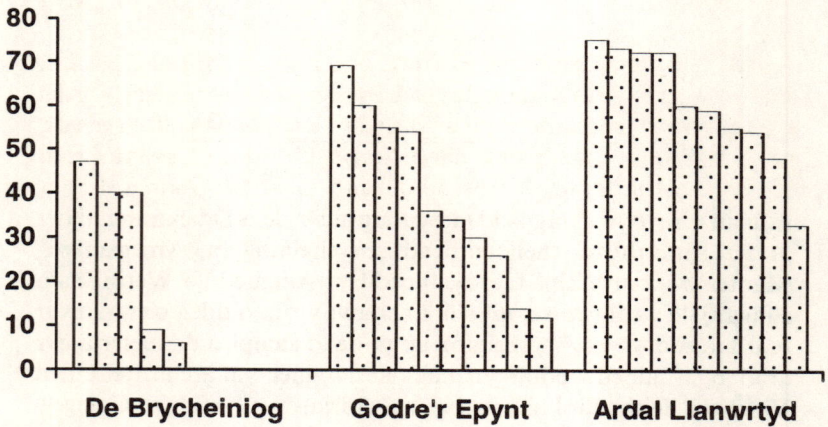

Ffigur 2: Sgorau digwyddiad /r̥/ ym Mrycheiniog (%)

Tabl 2.2: Sgôr ddigwyddiad /h/ a /r̥/ yn ne Brycheiniog

/h/ %	/r̥/ %
67	47
54	40
50	40
46	9
31	6
29	0
17	0
4	0
3	0
0	0
0	0
0	0

Epynt a Llanwrtyd, sef tros 60 oed, ac oll o'r un cefndir cyffredinol, sef cefndir amaethyddol.

Yn Nhabl 2.2, ceir sgorau digwyddiad /h/ a /r̥/ mewn canrannau yn sampl y siaradwyr o dde'r sir; fe'u rhestrir o'r uchaf i'r isaf. I gael y darlun yn ei grynswth nodwn y sgorau hyn yn ogystal â rhai Godre'r Epynt a Llanwrtyd ar ffurff graffau yn Ffigurau 2.1 a 2.2. Dengys y graffau ddarlun eglur o drawsnewid o system â diffyg /h/ a /r̥/ i system yn cynnwys /h/ a /r̥/ gyda'r newid amlycaf yn neau'r sir. Yno gwelir siaradwyr â chryn amrywiaeth yn eu sgorau: rhai â'u sgôr yn sero, eraill tros 50 y cant. O ardal Godre'r Epynt ymlaen i Lanwrtyd nid oes unrhyw siaradwr â'i sgôr cyn ised â 0 y cant ar gyfer /h/ na /r̥/. Fodd bynnag, y mae yma awgrym diddorol bod /h/ yn ymsefydlu cyn /r̥/ yn y system ffonolegol. Y mae elfen o gadarnhad i hyn yn nhystiolaeth Cyfeiliog lle y mae /h/ yn ôl pob golwg yn digwydd yn rheolaidd mewn safle dechreuol (gweler t. 50, isod) ond gall /r̥/ ddigwydd weithiau mewn safle dechreuol: 'r occurs rarely in absolute initial before vowels' medd Sommerfelt (1925: 37) a nodir y ffurf [rubeθ] ganddo a dau fenthycaid o'r Saesneg, [ruːm] 'room' a [rouio] 'to make a row'.

Y mae'r amrywio hwn rhwng siaradwyr unigol a welir yn neau'r sir yn nodweddiadol o ardal drawsnewid. Cyfeiriwyd uchod (t. 19) at dystiolaeth astudiaeth Beth Thomas o'r amrywio yn nigwyddiad

[a] a [ɛ] yn y sillaf olaf yn iaith lafar gogledd-ddwyrain Cymru.
Daw darlun tebyg o Loegr: dangosodd manylion a gyflwynwyd
gan Chambers a Trudgill (1980: 129–36, yn arbennig map 8.2) am y
trawsnewid rhwng [ʊ] ac [ʌ] yng nghynaniad geiriau megis 'shut,
but' ac yn y blaen yng ngogledd Lloegr yr un math o amrywio o
siaradwr i siaradwr gyda siaradwyr â sgôr o 0 y cant, 2 y cant, 3 y
cant ochr yn ochr â siaradwyr â'u sgorau yn 50 y cant, 64 y cant a
100 y cant. Rhydd y darlun cyson hwn o natur trawsnewid hyder
inni yn y darlun a gyflwynir gan dystiolaeth Brycheiniog

   Ac edrych ar y sefyllfa o dde i ogledd y sir, y mae'r modd y mae'r
newid o ddiffyg /h/ a /r̥/ i ddigwyddiad /h/ a /r̥/ trwy broses
dylediad geiregol yn eglur: ceir digwyddiad /h/ a /r̥/ yn y geiriau a
all eu cynnwys yn cynyddu nes yn y diwedd deuwn at sefyllfa lle bo
/h/ a /r̥/ yn digwydd ymhob gair y mae hynny'n bosibl ynddo. Yr
ydym bron â chyrraedd y sefyllfa honno yn Llanwrtyd yn achos y
siaradwr hwnnw a chanddo sgôr o 90 y cant ar gyfer /h/. Erbyn
cyrraedd Cyfeiliog y mae'n ymddangos yn ôl tystiolaeth Sommerfelt
fod /h/ wedi hen ymsefydlogi – ni nodir unrhyw ffurf ddi-/h/ ganddo
yn ei ddisgrifiad o'r sain (1925: 42) nac yn yr eirfa (tt. 99–101).

   Felly, o safbwynt manylion dosbarthiad daearyddol /h/ a /r̥/, y
mae'r hen sir Frycheiniog yn diriogaethol yn ardal o gryn
ddiddordeb oherwydd gwelir ein bod yn y sir hon yn graddol gefnu
ar dafodieithoedd di-/h/ a di-/r̥/ y De-ddwyrain.

   Trafodwyd uchod (t. 46) ychydig ar y clwm cytseiniol [hw].
Dylid nodi bod rhai ysgolheigion (Sommerfelt, 1925: 34; Thorne,
1976: 86–7) wedi trafod yr olyniad [h + w] yn uned unffonemig
gan ystyried mai sain ffrithiol wefus-felar ddi-lais a geir yma, sef
[ʍ]. Fodd bynnag, dilynir y dadansoddiad deuffonemig yn yr
astudiaeth hon am y rhesymau canlynol: (i) y mae'n fwy cynnil na'r
dadansoddiad unffonemig gan nad yw'n ychwanegu term newydd
at y ffonemau cytseiniol; (ii) y mae'n cyd-fynd â'r posibiliadau
ffonotactig gan fod clymiadau o gytsain + [w] i'w cael, er
enghraifft: [gwin, kwato, swai, twɪndɪs]; a (iii) y mae perthynas
agos iawn rhwng ymddangosiad [ʍ/hw] yn y sylwedd ffonig a
digwyddiad /h/ yn y system ffonolegol: yn y tafodieithoedd hynny y
mae /h/ yn brin ynddynt, er enghraifft Defynnog, neu'n absennol,
er enghraifft tafodieithoedd de-ddwyrain Morgannwg, ni cheir
[ʍ/hw]. Gwelsom eisoes fod /h/ yn graddol sefydlogi fel yr eir ar
draws y parhawd ieithyddol ym Mrycheiniog; ymhellach, codwyd
dwy enghraifft o'r clwm dechreuol [χw] yn ardal Llanwrtyd sy'n

ategu'r dadansoddiad deuffonemig /h/ + /w/ sef [χwɪlo] a [χwɑr] ochr yn ochr â [hwɪlo] a [hwɑr]. Dengys hyn fod tri sylweddoliad yn bosibl i'r clwm dechreuol 'chw-' yn ardal Llanwrtyd, sef [w-, hw-, χw-]. Fel yr eir tua'r gogledd gellir tybio bod y trydydd sylweddoliad yn cynyddu oherwydd, erbyn cyrraedd Cyfeiliog, dengys astudiaeth Sommerfelt (1925: 34–5) na cheir y sylweddoliad [w] (y lledlafariad wefus-felar, ddiffrithiad) i'r clwm o gwbl a'r dewis yw rhwng [hw] a [χw] (neu 'w̥' yn nhrawsgrifiad Sommer-felt (1925: 34)), a disgrifiodd hi fel ffurf ddi-lais ar y lledlafariad: 'the corresponding voiceless sound. It is strongly blown . . .' Yn yr eirfa a rydd Sommerfelt, nodir 7 enghraifft o [w̥] ddechreuol, er enghraifft [w̥aiθ, w̥eːχ, w̥in], a 17 enghraifft o 'χw', er enghraifft: [χwiːðo, χwiːs, χwin]. Mewn canrannau, rhydd hyn ddigwyddiad [w̥] (ein [hw] ni) yn 29 y cant a [χw] yn 71 y cant yng ngeirfa Sommerfelt. Gydag ymddangosiad /χw/ yn Llanwrtyd gwelir bod iaith lafar Brycheiniog yn cwmpasu'r trawsnewid o [w → hw → χw] yn y parhawd ieithyddol.

Gwelir bod tystiolaeth sylweddolion y clwm dechreuol 'chw-' yn Nefynnog, Godre'r Epynt a Llanwrtyd yn cwmpasu'r trawsnewid oddi wrth dafodieithoedd di-/h/ y De-ddwyrain. Unig sylweddoliad Defynnog i'r clwm 'chw' yw [w] a chyd-ddigwydd y nodwedd hon â mater amlder digwyddiad /h/ yn y system ffonolegol. Gwelir yn Nefynnog, felly, barhad y patrwm a geir yn nhafodieithoedd de-ddwyrain Morgannwg. O Odre'r Epynt ymlaen y mae'r sylwedd-oliad [w-] → [hw-] → [χw-] yn mynd rhagddo gyda thystiolaeth Llanwrtyd yn cydio'n daclus wrth yr hyn a ddisgrifiodd Sommer-felt ar gyfer Cyfeiliog ac yn cyfannu peth ar y bwlch yn ein gwy-bodaeth am dreigl nodweddion tafodieithol ar draws Maesyfed.

2.5 Hyd Llafariaid a Chytseiniaid

Y mae seiniau llafar yn amrywio'n helaeth o ran eu hyd seinegol absoliwt, ac weithiau defnyddir yr amrywiadau hyd hyn i ddibenion ffonolegol. Gellir, felly, wahaniaethu rhwng dau fath o hyd, sef hyd ffonolegol – hyd y mae iddo arwyddocâd yn y system ffonoleg – a hyd seinegol, sef hyd absoliwt seiniau. Yn system y ffonemau llafarog a chytseiniol nid oes i hyd arwyddocâd ffonolegol ond yn achos y llafariaid syml, hynny yw nid yw'n cynnwys y deuseiniaid.

2.5.1 Y Llafariaid

Y mae dwy radd o hyd ac iddo arwyddocâd ffonolegol yn system
ffonemau llafarog ac y mae'n system dra chytbwys yn cynnwys
pum pâr o ffonemau llafarog ynghyd â'r llafariad /ɒ/ a'r llafariad
/ə/. Y mae hyd yn nod wahaniaethol amlwg ar aelodau pob un o'r
pum pâr – y naill yn hir a'r llall yn fyr. Yn yr enghreifftiau canlynol
nodir hyd â [ː] a dilynir pob pâr gan enghreifftiau:

1. [iː, ɪ]   [gwiːn, gwɪn]
2. [eː, ɛ]   [gweːn, gwɛn]
3. [ɑː, a]   [tɑːn, tan]
4. [oː, ɔ]   [toːn, tɔn]
5. [uː, ʊ]   [tuːr, tʊr]

Gellir galw'r gyfres [i, e, ɑ, o, u] yn llafariaid hirion a'r gyfres [ɪ, ɛ,
a, ɔ, ʊ, ə] yn llafariaid byrion.

Llafariad hir yw [ɒ] ond, fel y sylwyd dan y disgrifiad ohoni
uchod (t. 9), mewn benthyciadau o'r Saesneg yn unig y digwydd ac
y mae'n ymylol i'r system. Llafariad fer yw [ə] ond y mae hyd
sylwadwy iddi mewn set fach o eitemau dan rai amodau mewn
ffurfiau unsill agored. Tair eitem yn unig yw'r cyfryw unsillafion,
sef y fannod [ə] 'y', a'r rhagenwau blaen genidol cyntaf ac ail
unigol [və] 'fy' a [də] 'dy'. Dan amodau dyfynnu'r ffurfiau hyn
neu eu pwysleisio, hwyheir y llafariaid: [əː, vəː, dəː].

Nid hyd, fodd bynnag, yw'r unig nod wahaniaethol rhwng y
gyfres hir a'r gyfres fer, ond ceir nodwedd ansawdd hefyd, gyda'r
llafariad hir ym mharau 1 a 2, a 4 a 5 yn fwy caeedig na'i chymar
fer. Yn achos pâr 3, y mae'r gwahaniaeth ansawdd yn llai amlwg: y
mae'r [a] ychydig yn fwy blaen na [ɑ] ond y gwahaniaeth hyd yw'r
nod wahaniaethol bwysicaf rhyngddynt.

Y mae'r cyferbyniad rhwng y llafariaid hir a byr yn arwyddocaol
yn y goben hefyd, fel y dengys parau megis: [tɑnɛ; tanɛ; tonɛ,
tɔnɛ]. Y mae'r cyferbyniad hwn yn nodwedd ddigon eglur yn
nhafodieithoedd de-ddwyrain Morgannwg fel y dangosodd C. H.
Thomas (1975/6: 350) ond y mae'n ymddangos bod newid ar droed
ym Mrycheiniog (trafodir arwyddocâd hyn isod) oherwydd, fel y
nodwyd yn y disgrifiad o'r ffonemau llafarog unigol (tt. 8–11,
uchod), y mae digwyddiad y llafariaid hir a'r llafariaid byr mewn
amrywiad rhydd. Enghreifftiau a godwyd yw: [benu, bɛnu; ɑnal,
anal; borɛ, bɔre; kudɪn, kʊdɪn].

O ran eu hyd absoliwt, y mae'r llafariaid hir yn fyrrach yn y goben nag yn y ffurfiau unsill; cymharer hyd y llafariaid hir yn y parau canlynol: [deg, degɛ; dɑs, dɑsɛ; og, ogɛd; sun, suno]. Ceir byrhau cyffelyb yn hyd y llafariaid hirion pan ddigwyddant yng ngoben ffurfiau lluosill o gyfluniad CLlLl(C), hynny yw yn y goben agored fel y dengys hyd y llafariaid hir ymhob un o'r parau canlynol: [di, dio; ɬe, ɬeol; po, poɛnt; ɬu, ɬuɛr].

2.5.2 Y Deuseiniaid

Nid oes arwyddocâd ffonolegol i hyd yn y deuseiniaid, hynny yw nid oes cyferbyniad arwyddocaol yn seiliedig ar hyd yn system y deuseiniaid. Y mae hyd sylwadwy yn gysylltiedig ag elfen gyntaf y ddeusain [ai] a'r ddeusain [ɒi] yn iaith lafar Brycheiniog fel y nodwyd uchod yn y disgrifiad o'r deuseiniaid; yr oedd siaradwraig Defynnog yn tueddu i roi hyd i elfen gyntaf y ddeusain [au]. Yn ardal Llanwrtyd cafwyd y deuseiniaid prin eu digwyddiad [oi, oɨ, ui, uɨ], oll ag elfen gyntaf o gryn hyd iddynt a chanddynt gryn arwyddocâd fel nodwedd trawsnewid yn y parhawd tafodieithol (gweler tt. 27–30, uchod).

Gall y cyd-destun seinegol ddylanwadu ar hyd absoliwt y seiniau llafarog. Dangosais mewn man arall fod sain ddi-lais yn dylanwadu'n drwm ar hyd y llafariad sy'n ei rhagflaenu yn y Gymraeg fel mewn ieithoedd eraill (G. E. Jones, 1971: 181). A nodi rhai enghreifftiau o iaith lafar Brycheiniog, y mae'r llafariaid yn y parau canlynol yn fyrrach pan fo sain ddi-lais yn eu dilyn na sain leisiol: [bið, biθ; ɬað, ɬaθ; beð, beθ; ol, oɬ; maið, maiθ].

Y mae'r gostyngiad yn yr hyd yn fwy sylwadwy yn achos y llafariaid hirion nag yn achos y llafariaid byrion, ond y mae'r gytsain ddi-lais yn peri lleihad yn hyd absoliwt y llafariaid byrion hwythau hefyd (gweler G. E. Jones, 1972: 125–6). Ceir yr un lleihad yn hyd y llafariaid yn yr enghreifftiau hyn o iaith lafar Brycheiniog [prɛs, glas, kʊt] a'r llafariaid cyfatebol yn [prɛn, glan, kʊb].

2.5.3 Y Cytseiniaid

Y mae cyfyngiadau ffonotactig yn y Gymraeg yn rheoli'r cyfuniadau o lafariaid a chytseiniaid a ganiateir. Yn ei dro, bydd hyd y cytseiniad yn ddibynnol ar ddosbarth ffonolegol y llafariad sy'n ei rhagflaenu, hynny yw p'run ai llafariad hir ai llafariad fer

ydyw. Mewn sillaf o gyfluniad CLlC y mae perthynas sefydlog a
chyson y gellir ei rhag-weld rhwng y llafariad a hyd y gytsain sy'n ei
dilyn: y rheol yw y dilynir llafariad hir gan gytsain sy'n seinegol fyr
a dilynir llafariad fer gan gytsain sy'n seinegol hir. Gwelir hyn yn
eglur yn y parau canlynol lle y nodir hyd y gytsain â [:]: [tan: tɑn;
glan: glɑn; tal: tɑl; mɔr: mor].

   Ymhob achos uchod, y mae hyd y gytsain pan yw'n dilyn y
llafariad fer yn hwy na phan yw'n dilyn y llafariad hir. Dengys y
parau hyn, felly, fod tuedd at gadw'r sillafau hyn yn gytbwys o ran
eu hyd ac, yn ffonolegol, gellir dehongli'r olyniad ynddynt yn
llafariad hir + cytsain sengl a llafariad fer + cytsain ddwbl, er
enghraifft: [tɑn, tann; tɑl, tall] (tân, tan; tâl, tal).[17]

   O safbwynt patrwm ffonotactig iaith lafar Brycheiniog, y darlun
yw bod rhai cytseiniaid yn tueddu i olynu'r llafariaid byrion yn y
cyfluniad unsill CLlC, ac eraill i olynu'r llafariaid hirion. O
ganlyniad, bydd rhai cytseiniaid fynychaf yn sengl mewn ffurfiau
unsill ac eraill fynychaf yn ddwbl, a chawn y patrwm canlynol:

   (i) Y mae [p, t, k, m, ŋ] yn olynu llafariaid byrion fynychaf, er
enghraifft [kɪp, krʊt, klʊk, ɬɪm, prɪŋ]. Fodd bynnag, oherwydd
ymyrraeth ieithyddol y benthyca o Saesneg, gall [p, t, k, m] olynu
llafariaid hirion hefyd, er enghraifft [ʃɑp, grɑt, brek, sɑm]. Felly,
[ŋ] yn unig sydd yn rheolaidd yn gytsain ddwbl.

   (ii) Y mae [b, d, g, f, v, θ, ð, s, ʃ, χ] yn olynu llafariaid hirion
fynychaf, er enghraifft [glib, prid, frud, kig, krɑf, kov, siθ, beð,
pis, koχ, miʃ]; ond y mae benthyciadau yn torri ar y patrwm hwn
hefyd, er enghraifft [kʊb, fɛg, pʊf, brʊʃ].

   (iii) Gall [l, n, r, tʃ, ðʒ] olynu llafariaid hirion a byrion, er
enghraifft [tɑl, tal; tɑn, tan; tur, tʊr; plitʃ, pɪtʃ; sadʒ, lɔdʒ].

   Erys un gystain y mae ei phatrwm ffonotactig yn amrywio yn y
parhawd tafodieithol, sef [ɬ]. Y mae tafodieithoedd y Gymraeg yn
ymrannu'n ddwy garfan yn ôl ai llafariaid byrion ai llafariaid
hirion sydd mewn unsillafion a gaeir gan [ɬ]. Y mae tuedd i
dafodieithoedd deheuol ddangos y patrwm llafariad hir + [ɬ] a
thafodieithoedd gogleddol lafariad fer + [ɬ] (gweler Awbery 1984:
66, 71). Gan nad oes gennym wybodaeth am ddosbarthiad manwl
yr ymraniad hwn yn y parhawd ieithyddol a chan nad yw pob
tafodiaith yn ymddwyn yn union â'r rhaniad hwn, er enghraifft
tafodiaith Nantgarw (gweler C. H. Thomas 1993: 1: 70), ni allwn
ond gwneud rhai gosodiadau cyffredinol.

   Ym Mrycheiniog, llafariaid hirion a ddewisir yn bennaf, er

Tabl 2.3: Sylweddoliad geiriau unsill a gaeir gan [ɬ] yn Y Rhigos
(R), Hirwaun (H), Merthyr Tudful (M) a Brycheiniog (B)

	R	H	M	B
call	kaɬ	kaɬ	kæɬ	kaɬ
cell	-	-	-	keɬ
coll	-	koɬ	koɬ	koɬ
cyll	kiɬ	kɪɬ	-	kiɬ
dall	daɬ	daɬ	dæɬ	daɬ
dryll	driɬ	drɪɬ	drɪɬ	driɬ/drɪɬ
dull	-	dɪɬ	-	dɪɬ
gwall	gwaɬ	-	-	-
gwaell	gwaɬ	-	gwæɬ	gwaɬ
gwell	gweɬ	gweɬ	gweɬ	gweɬ
holl	oɬ	oɬ	oɬ	(h)oɬ
hyll	ɪɬ	ɪɬ	ɪɬ	(h)ɪɬ
llall	-	ɬaɬ	-	ɬaɬ
nall	naɬ	naɬ	næɬ	naɬ
pall	paɬ	paɬ	pæɬ	-
pell	peɬ	peɬ	peɬ	peɬ
pwll	puɬ	puɬ/pʊɬ	puɬ	pʊɬ
toll	-	tɔɬ	tɔɬ	-
twll	tʊɬ	tʊɬ	tʊɬ	tʊɬ

enghraifft [kiɬ, gweɬ, kaɬ, koɬ], ond ni all [u] ragflaenu [ɬ] – ceir
[ʊ] yn unig, [pʊɬ, tʊɬ]. A chymharu tystiolaeth Brycheiniog â
thafodieithoedd y mae gennym ddisgrifiad ohonynt i'r de o
Frycheiniog, sef Y Rhigos, Hirwaun a Merthyr ym mlaenau
Morgannwg, gwelir eu bod i gyd yn clymu'n bur glos â'i gilydd. Yn
Nhabl 2.3, nodir ar y chwith yr enghreifftiau a gofnodwyd yn yr
astudiaethau hyn o eitemau unsill a gaeir gan [ɬ], a chyferbyn â phob
eitem union ffurf yr eitem. Cafwyd yr enghreifftiau o dafodieithoedd
blaeneudir Morgannwg o'r geirfâu yn astudiaethau L. Davies (1968
– Merthyr), G. Ruddock (1968 – Hirwaun) a O. M. Samuel (1970 –
Y Rhigos). Lle y bo bwlch nid yw'r eitem wedi ei nodi yn yr
astudiaethau hynny. Sylwer fel y mae'r cyfnewid o [u] → [ʊ] yn
'pwll' yn ei amlygu ei hun yn y ddybled [puɬ, pʊɬ] yn Hirwaun.
  A throi at dystiolaeth Cyfeiliog i weld beth sydd yn digwydd

wrth fynd tua'r gogledd ar draws y parhawd tafodieithol, cawn na nodir gan Sommerfelt ond llafariaid byrion mewn unsillafion a gaeir gan [ɫ]. Dyma'r enghreifftiau a godwyd o astudiaeth Sommerfelt (nodwn y sain ffrithiol ochrol â'r symbol [ɫ] yn hytrach na'r symbol a ddefnyddir gan Sommerfelt; sylwer hefyd fod llafariad heb nod hyd iddi yn fyr yn nisgrifiad Sommerfelt): [kiɫ, daɫ, gweɫ, tuɫ]. Y mae'n ymddangos felly fod y patrwm llafariad hir + [ɫ] wedi dirwyn i ben erbyn cyrraedd ardal Cyfeiliog ac ni allwn ond dyfalu mai yn nhiriogaeth Maesyfed y bu hynny.

Y mae un cyfyngiad ffonotactig pellach sy'n gyffredinol yn gwahaniaethu tafodieithoedd gogleddol a deheuol, sef digwyddiad llafariad hir mewn ffurfiau unsill a gaeir gan glwm cytseiniol yn cynnwys sain ffrithiol + cytsain (ceir trafodaeth ar y nodwedd hon yn Awbery 1984: 70–2). Yng Ngodre'r Epynt a Llanwrtyd codwyd enghreifftiau prin o set fechan o ddybledau o ffurfiau unsill a gaeir gan y clymiadau [ɫd, sd, sg] yn cynnwys llafariaid hirion weithiau, a'r rhai byrion cyfatebol dro arall, ond y llafariaid byrion a ddigwydd amlaf o ddigon. Dyma'r enghreifftiau a godwyd: [gwiɫd, gwɪɫd; klisd, klɪsd; gwaɫd, gwaɫd; gɑsd, gasd; *wisg, *wɪsg].

Nodwedd yw hon, unwaith eto, sydd yn mynd rhagddi yn y parhawd ieithyddol fel yr eir tua'r gogledd oherwydd erbyn cyrraedd ardal Cyfeiliog y mae'r patrwm â'r llafariaid hirion wedi trechu. Dyma rai enghreifftiau a godwyd o'r eirfa yn astudiaeth Sommerfelt (1925): [æːɫt, æːst, gwæːɫt, gweːɫt, hæːst, iːst, kliːst, koːsb, miːsg, meːɫt, pæːsg, swːɫt].

Ni ddigwydd y patrwm hwn yn Nefynnog o gwbl nac yn ardal gyffin Dyffryn Wysg, felly ymddengys mai yng Ngodre'r Epynt y mae'r nodwedd yn dechrau ymddangos yn y parhawd tafodieithol yn y rhan hon o Gymru wrth fynd tua'r gogledd; felly, y mae ffin ddeheuol y nodwedd yn y de-ddwyrain yn gorwedd, yn ôl pob golwg, rhwng ardal Defynnog a Godre'r Epynt.

2.6 Y Gair

Yn yr adran hon, ystyriwn nodweddion ffonolegol y gair yn iaith lafar Brycheiniog. Rhennir y drafodaeth yn ddwy ran gan ddisgrifio patrwm acennog y gair, ac yna ystyried nodweddion y gair yn ffrwd y llafar.

2.6.1 Patrwm acennog y gair

Y mae gan y gair ffurf a llun sy'n swm nodweddion ansawdd a hyd y ffonemau sydd ynddo. Ymhellach, y mae gan eiriau lluosill batrwm sy'n deillio o gyd-berthynas y sillafau sydd ynddynt. Er enghraifft, y mae gan eiriau megis *torri, meddwl, gofyn* ac yn y blaen, batrwm sy'n cynnwys olyniad o un sillaf, sef y sillaf gyntaf, sy'n eglur yn amlycach na'r ail sillaf: cyfeiriwn atynt am y tro yn sillaf gref + sillaf wan. Y mae gan eiriau megis *papurau, cadeiriau, bonheddig* ac yn y blaen, batrwm sy'n cynnwys sillaf wan + sillaf gref + sillaf wan. Hynny yw, y mae gan y geiriau hyn hunaniaeth sy'n codi o wahaniaethau yn seinfawredd y sillafau sydd ynddynt. Dywedir mai'r sillaf amlycaf yw'r sillaf acennog; sillaf yw honno sy'n dwyn yr acen. Y mae lleoliad yr acen yn y gair yn gaeth yn y Gymraeg ar y cyfan. Hynny yw, y mae ynghlwm wrth sillaf arbennig yn y gair. Gellir sefydlu tri dosbarth o eiriau yn ôl lleoliad y sillaf acennog hon:

Dosbarth A: â'r acen ar y sillaf obennol. I'r dosbarth hwn y perthyn y mwyafrif llethol o eiriau lluosill, er enghraifft ['tɔri, 'mɑru, tɛr'vənɛ, mam'ɔgjɛd].

Dosbarth B: â'r acen ar y sillaf olaf. Cynnwys y dosbarth hwn nifer o is-setiau megis arddodiaid cyfansawdd, er enghraifft [oð 'ar], rhagenwau dwbl, er enghraifft [ə'vi], a geiriau benthyg o'r Saesneg. Fe'u trafodir isod.

Dosbarth C: â'r acen ar y sillaf gyntaf. Dosbarth bychan yw hwn yn cynnwys geiriau benthyg diweddar o'r Saesneg a rhai enwau beiblaidd, er enghraifft ['wagɛnar, 'martikal,*'ɛksɔdɪs, *'lɑzarɪs].

Cyn trafod y patrymau hyn ymhellach, fodd bynnag, rhaid ystyried beth a olygir gan sillaf acennog neu, mewn geiriau eraill, beth yw elfennau'r acen. Y mae'r acen yn gynnyrch nifer o ffactorau:

(i) Pwyslais: O safbwynt cynanol, cynhyrchir sillaf bwysleisiedig trwy gynyddu grym dylif yr anadl ysgyfeiniol all-lifeiriol, a hynny trwy gyngwasgu rhagor ar gyhyrau cawell yr asennau nag wrth gynhyrchu sillaf ddibwyslais (Ladefoged, 1975: 97). Felly, y mae cryn ynni corfforol a chyhyrol ar waith wrth gynhyrchu sillaf bwysleisiedig. Yn glywiadol, gall hyn ei amlygu ei hun mewn dwy ffordd: yn gyntaf, gall y cynnydd yng ngrym yr anadl ysgyfeiniol beri tynhau'r tannau llais ymhellach ac o ganlyniad beri codiad yng nghywair y sillaf bwysleisiedig; yn ail, gall y sillaf bwysleisiedig fod

yn fwy seinfawr na'r sillafau dibwyslais oherwydd y cynnydd yn yr
amrywiadau ym mhwysedd yr aer a bair y cynaniad grymusach.

(ii) Arseinedd: Gydag arseinedd sain golygir ei hyglywedd o'i
chymharu â sain arall ac iddi'r un cywair, hyd a phwyslais. Y mae
rhai seiniau oherwydd eu hansawdd cynhenid yn naturiol yn fwy
hyglyw nag eraill. Er enghraifft, y mae llafariaid yn fwy hyglyw
na chytseiniaid, a llafariaid agored, yn eu tro, yn fwy hyglyw na
llafariaid caeedig (Ladefoged, 1975: 219). Fodd bynnag, gall
perthynas dosbarthiad llafariaid â'r acen fod o bwys yma,
oherwydd, mewn iaith y bo tuedd ynddi i rai llafariaid ddos-
barthu'n helaeth mewn safleoedd diacen, er enghraifft, ceir tuedd i
gysylltu'r llafariaid hynny â safleoedd diacen. Er enghraifft, mewn
Saesneg Derbyniedig tueddir i gysylltu [ɪ, ə, ʊ] â safleoedd diacen
gan na ddigwydd [ə] dan yr acen ac y mae amlder digwyddiad [ɪ,
ʊ] uchaf mewn sillafau diacen (gw. Gimson, 1962: 219). Yn y
Gymraeg, nid oes tuedd i gysylltu rhai ansoddau arbennig yn fwy
nag eraill â safleodd diacen/acennog. Gall yr holl ffonemau
llafarog, yn llafariaid hirion, byrion a deuseiniaid, ddigwydd dan yr
acen. Yn wir, o dan yr acen yn unig y mae'r cyferbyniad rhwng y
llafariaid ffonolegol hir a'r llafariaid ffonolegol byr cyfatebol yn
arwyddocaol. Gall yr holl lafariaid, hirion a byrion, ddigwydd
mewn safleodd diacen ac eithrio [ɑ] – ni all ddigwydd yn y
rhagoben na'r sillaf olaf ddiacen; a [e] – ni all ddigwydd yn y sillaf
olaf ddiacen.

(iii) Hyd: Y mae amrywiadau hyd yn dra effeithiol yn dynodi
seinfawredd ac amlygir perthynas agos iawn rhwng hyd a'r acen yn
achos y llafariaid hirion yn y Gymraeg. Y mae gan y llafariaid
hirion, fel y gwelsom, ddwy nodwedd wahaniaethol, sef eu
hansawdd a'u hyd, a'r gwahaniaethau rhwng hir a byr yw: hir =
+ansawdd +hyd; byr = +ansawdd –hyd. Y mae hyd absoliwt y
llafariaid hirion hwyaf dan yr acen, sef: (a) mewn ffurfiau unsill ac
yn y sillaf ôl-obennol acennog, er enghraifft [tri, keg, bɑd, gov,
gur, kʊm'rɑg, di'les]; a (b) yn y goben, er enghraifft ['trigɛn,
'kegɛ, 'bɑdɛ, 'govɪn, 'ɬudun].

Unwaith y deuir i safleodd diacen, fodd bynnag, sef yn y
rhagoben a'r sillaf olaf ddiacen, dilëir nodwedd *hyd*, a phan
ddigwydd y llafariaid hirion yn y safleoedd hyn, eu *hansawdd* yn
unig a gadwant. Yn iaith lafar Brycheiniog, digwydd [i, e, o, u]
yn rhagobennol, er enghraifft [ig'əinjɛ, ped'oli, og'edi, bud'ɛlog].
Cymharer hyd y llafariaid yn y sillaf obennol a rhagobennol

yn y geiriau hyn: ['kegin, keg'inɛ; 'govɪn: gov'ənon]. Sylwer, ni ddigwydd [ɑ] yn y rhagoben o gwbl, ond ceir y cyfnewid rheolaidd [ɑ ~ a] rhwng sillaf obennol a rhagobennol, er enghraifft [pɑdɛɫ ~ padɛɫi]. Yn y sillaf ôl-obennol, ni ddigwydd ond [i, o, u] o blith y llafariaid hirion a chymharer hyd y llafariaid hyn yn y sillaf acennog a'r sillaf ddiacen yn y geiriau canlynol: ['miði, 'kobo, 'buru].

Yn ychwanegol at golli eu hyd yn y sillaf ragobennol y mae tuedd gref i gyfnewid llafariaid hirion a byrion yn y safle hwn a cheir enghreifftiau lu o ddybledau'n cynnwys hir/byr ac o gyfnewid rhwng hir a byr, er enghraifft:

Dybledau:	[i/ɪ]	[kilogod/kɪlogod]
	[e/ɛ]	[kelɪnɛn/kɛlɪnɛn]
	[o/ɔ]	[govali/gɔvali]
	[u/ʊ]	[pudinɛ/pʊdinɛ]

Cyfnewid: golyga hyn gwtogi ar ddigwyddiad y llafariaid hirion yn y safle rhagobennol, er enghraifft:

	[i ~ ɪ]	[tiʃɛn ~ tɪʃɛnod]
	[e ~ ɛ]	[gwenɪn ~ gwɛnənɛn]
	[o ~ ɔ]	[goval ~ gɔvalɔn]

Y mae'r duedd at y cyfnewid hwn yn un gryf yn iaith lafar Brycheiniog a chan nad oes cyferbyniad rhwng y llafariaid hirion a byrion yn y safle rhagobennol nid oes unrhyw bwysau i'w cadw ar wahân yn y safle hwn.

Yn achos y cytseiniaid, y mae tuedd i estyn hyd y gytsain ar ddiwedd y sillaf acennog i gryfhau'r pwyslais: ['usːi, 'əvːrɪd, 'ɔχːrɛ, 'kəθːrɛl].

I grynhoi, y mae sillaf acennog y gair yn sillaf y mae gradd helaeth o amlygrwydd yn gysylltiedig â hi; hyhi yw'r sillaf bwysleisiedig ac y mae'n debygol o fod yn fwy seinfawr na'r sillafau o'i chwmpas ac, yn nhermau ei hyd absoliwt, yn hwy.

Manylwn yn awr ar y gwahanol ddosbarthiadau o eiriau a sefydlwyd gennym yn ôl eu patrwm acennog.

DOSBARTH A: Â'R ACEN AR Y SILLAF OBENNOL

Fel y sylwyd eisoes, i'r dosbarth hwn y perthyn y mwyafrif llethol o eiriau lluosill. A chymharu set o eiriau perthnasol yn amrywio o ran nifer eu sillafau, gwelir fel y saif yr acen yn sefydlog ar y goben, er enghraifft:

['pleθ, 'plɛθrɪsg, plɛθ'rɪsgo]
['dið, 'dəðjad, dəð'jadɛ, dəðjad'ɪron]
['prɔvjad, prɔv'jadɛ, prɔvɛd'igɛθ, prɔvɛdig'əiθɛ]

DOSBARTH B: Â'R ACEN AR Y SILLAF OLAF

Cynnwys y dosbarth hwn yr is-setiau canlynol:
(i) Rhai cyfuniadau ac ynddynt elfen broclitig nad yw'n arferol rhoddi pwyslais arni:
 (a) yr elfen arddodiadol yn yr adferfau: [əŋ'ɪnt, əŋ'id, əm'lɑn];
 (b) elfen gyntaf yr arddodiaid cyfansawdd: [o 'war, oð 'ar, o 'dan, o 'ruθ, drɔs 'bɛn, nɛs 'laur, nɛs 'lan];
 (c) elfen gyntaf y rhagenwau dwbl: [ə'vi, ə'ti, ə've, ə'(h)i, ə'ni, ə'χi, ə'nu];
 (ch) y rhagddodiad negyddol [di-], er enghraifft: [di'sdɔp, di'wəid, di'lʊk]; ac weithiau y rhagddodiad negyddol [an-], er enghraifft: [an'nɛg] – ond nid yn ['anvoð].
(ii) Geiriau benthyg: [ɔvər'ɒl, pol'is, sɔl'fɑ].
Sylwer, y mae set o eiriau y mae'r acen ynddynt hwythau hefyd, ar un wedd, ar y sillaf olaf, er enghraifft: [brɔχg'ai, frɔg'aid, glan'(h)ai]. Geiriau yw'r rhain, fodd bynnag, y mae'r sillaf obennol ac ôl-obennol wedi eu cywasgu ynddynt (gweler J. Morris Jones, 1913: 50). Yn yr achosion hyn, erys yr acen yn ffonolegol ar y sillaf obennol.
 Dylid sylwi, hefyd, fod potensial curiad neu bwyslais ar y sillaf gyntaf mewn gair o dair sillaf neu ragor ac ar sillaf obennol geiriau y disgyn yr acen yn arferol ar y sillaf olaf ynddynt. Cyfeirir at y curiad/pwyslais hwn weithiau fel 'rhagacen' (S. J. Williams, 1960: 5) neu 'ail-bwyslais' (J. Morris Jones, 1913: 54). Potensial yw hwn, fodd bynnag, a sylweddolir i ddibenion yr acen bwyslais i gyfleu pwyslais arbennig neu i ddynodi gwrthgyferbyniad. Trafodir yr acen hon ymhellach isod (t. 63).

DOSBARTH C: Â'R ACEN AR Y SILLAF GYNTAF

Fel y sylwyd eisoes, dosbarth bychan yw hwn yn cynnwys rhai enwau beiblaidd a rhai benthyciadau o'r Saesneg. Gweler uchod am enghreifftiau (t. 57).

Y CYFANSODDAIR

Erys un math o air nad ydys wedi ei ystyried, sef y cyfansoddair. Cyfuniad o ddau air yw'r cyfansoddair, ond gydag un elfen ynddo'n goleddfu'r llall. Hynny yw, y mae iddo gyfluniad cystrawennol. Yn draddodiadol gwahaniaethir rhwng dau fath o gyfansoddair:[18]

(i) Y cyfansoddair rhywiog: Yn y cyfansoddair hwn y mae trefn yr elfennau yn 'annormal'. Er enghraifft, un math cyffredin yw cyfuniad o ansoddair + enw, er enghraifft *glasfryn*; trefn arferol yr elfennau hyn yw enw + ansoddair – *bryn glas*. Yn y math hwn o gyfansoddair treiglir cytsain gysefin yr ail elfen bob amser yn feddal. Ar dir y patrwm acennog gwahaniaethir rhwng dau fath o gyfansoddair rhywiog: (a) y math y mae iddo un prif aceniad a hwnnw'n disgyn ar y sillaf obennol, er enghraifft 'glaswellt, mel'ynwallt – gelwir hwn yn gyfansoddair clwm; (b) y math y mae dau aceniad cyfartal ar y ddwy elfen ynddo, megis ar ddau air ar wahân, er enghraifft 'gau 'broffwyd – gelwir hwn yn gyfansoddair llac.

(ii) Y cyfansoddair afryw: Yr un drefn sydd i'r elfennau yn y math hwn o gyfansoddair ag a geir yn arferol yn yr olyniad enw + ansoddair, er enghraifft *gwrda*. Nid oes treiglad meddal i gysefin ail elfen y cyfansoddair hwn ond pan fyddo'r rheolau arferol yn gofyn hynny, er enghraifft treiglad meddal ansoddair ar ôl enw benywaidd unigol, megis *gwreigdda*. Gwahaniaethir rhwng dau fath yma eto yn ôl y patrwm acennog: (a) y math ag iddo un prif aceniad a hwnnw ar y goben, er enghraifft 'gwrda, 'pentan; (b) y math ag iddo un prif aceniad a hwnnw ar y sillaf olaf, er enghraifft pen'rhaith

Gwelir bod y dosbarthiad traddodiadol hwn ar y cyfansoddair yn seiliedig ar gymysgedd o griteria, sef patrwm acennu'r cyfansoddair a phatrwm cyfuno'r elfennau ynddo. Y mae'n amheus, fodd bynnag, a yw criterion patrwm cyfuno'r elfennau sydd ynddo yn ddigonol i gyfiawnhau ei ystyried yn air, oherwydd, gan fod iddo ddwy elfen rydd, tyr yn llwyr ar draws un o'r diffiniadau mwyaf poblogaidd o'r gair, sef diffiniad Bloomfield ohono'n ffurf rydd leiafaint na ellir ei rhannu yn ddwy neu ragor o ffurfiau rhydd pellach (Bloomfield, 1933: 178). Y mae [dɛrɪn 'di] yn rhannu'n amlwg yn {aderyn} + {du}, /'dʊrgi/ yn {dŵr} + {ci} a /kaus'lɛsdri/ yn {caws} + {llestri} ac yn y blaen. Rhaid felly wrth griteria amgenach os ydym am ei ystyried yn air. Un criterion digonol yw criterion y patrwm acennog. Gan mai un sillaf acennog yn unig sydd i'r gair yn y Gymraeg, gellir ystyried y cyfansoddeiriau hynny a chanddynt un prif aceniad yn ffonolegol yn eiriau. Nid felly y dosbarth traddodiadol o gyfansoddeiriau ac iddynt ddau aceniad cyfartal, megis dau air ar wahân, sef y cyfansoddeiriau rhywiog llac; ymadroddion, nid geiriau ydynt. Felly, ar sail criterion y patrwm acennog, gwahaniaethir rhwng dau ddosbarth o gyfansoddeiriau, sef y cyntaf â'r acen ar y goben ynddo, a'r ail â'r acen ar y sillaf olaf.

Dosbarth I, â'r acen ar y goben: Cynnwys y dosbarth hwn y cyfansoddair rhywiog clwm a'r cyfansoddair afryw (a) uchod, er enghraifft [kas'ɛuin, 'dɔikarn, 'ɪŋguis, 'ɬaulɪv, 'pɔmbrɛn, slap'ira].

Dosbarth II, â'r acen ar y sillaf olaf: Cynnwys y dosbarth hwn y cyfansoddair afryw (b) uchod. Y mae nifer helaeth o enwau lleoedd, enwau ffermydd ac enwau caeau, adar, blodau ac enwau dyddiau'r wythnos ac yn y blaen yn y dosbarth hwn: [blaud 'koχ, kɑ 'nos, kɑ 'pant, *kʊm 'ɬeχ, *kʊm 'di, *di 'ɬin, drɪu 'vɑχ, fʊrn 'wal, gaiŋ 'god, *ɬʊin 'kox, wəiŋ 'gaus].

Nid eu patrwm acennog yw'r unig nod wahaniaethol rhwng Dosbarth I a Dosbarth II ond hefyd y modd y lluosogir hwy. I luosogi cyfansoddeiriau Dosbarth I, y cyfansoddair yw'r bôn yr ychwanegir y forff luosogi ato, er enghraifft:

Unigol	Lluosog
[kambrɛn]	[kambrɛnɛ]
[pɔmbrɛn]	[pɔmbrɛnɛ]
[pɛnði]	[pɛnðion]
[dɔisʊɬd]	[dɔisəɬdɛ]

Yn achos cyfansoddeiriau Dosbarth II ar y llaw arall, yr elfen gyntaf yn eu cyfluniad sydd yn derbyn y forff luosogi, er enghraifft:

Unigol	Lluosog
[fʊrn 'wal]	[fərnɛ 'wal]
[kɑ 'nos]	[kiɛ 'nos]

Ond y mae eithriadau, sef:

Unigol *Lluosog*
[pɛl 'lin] [pɛl 'lɪnjɛ[
[*di 'sil] [*di 'sɪljɛ]
[*di 'sɑdun[[*di 'sadərnɛ]

Y mae enwau gweddill dyddiau'r wythnos yn lluosogi fel y mwyafrif o ffurfiau Dosbarth II, sef [*dəðjɛ 'ɬin, *dəðjɛ 'maurθ, *dəðjɛ 'mɛrχɛr, *dəðjɛ 'jɔi, *dəðjɛ 'gwenɛr]. Codwyd enghraifft yng Ngodre'r Epynt o luosogi dwy elfen y cyfansoddair, sef [wi 'klʊk, wiɛ 'klʊkod].

YR ACEN BWYSLAIS

Digwydd hon ar sillaf gyntaf gair lluosill o dair sillaf neu ragor ac ar sillaf obennol geiriau y disgyn y brif acen arnynt yn arferol ar y sillaf olaf, sef geiriau dosbarth B (gweler t. 60, uchod). Fel y sylwyd eisoes, y mae i'r acen hon ddwy swyddogaeth, sef cyfleu pwyslais arbennig a dynodi gwrthgyferbyniad. Oherwydd y swyddogaeth olaf hon, digwydd yn fynych iawn ar eiriau'n cynnwys y rhagddodiaid [an-, ail-, di, gɔr-], rhagddodiaid y mae elfen wrthgyferbyniol semantaidd yn gryf ynddynt. Dyma enghreifftiau a ddigwydd yn fynych yn iaith lafar Brycheiniog (nodwn yr acen bwyslais a'r brif acen â [']): ['an 'lʊkɪs, 'ail 'nəid, 'di 'warð, 'gɔr 'vɪta].

2.6.2 Y Gair yn Ffrwd y Llafar

Y mae nifer o ddylanwadau ar y gair yn ffrwd y llafar, a phair y dylanwadau hynny fod cryn wahaniaeth yn fynych rhwng ffurf ddyfynnol y gair a'i ffurf yn ffrwd y llafar. Y mae nifer o ffactorau, megis y cyd-destun seinegol, curiad, rhythm a phwyslais, a nodweddion megis cyflymder llefaru'r siaradwr a chywair yn cyfrif am y cyfnewidiadau hyn. Tueddir i gywasgu'r sillafau dibwyslais sydd rhwng y curiadau yn grwpiau cymharol gytbwys o ran eu hyd, felly ceir patrwm o unedau rhythmig, pob un yn cynnwys un sillaf a churiad arno + y sillafau dibwyslais cysylltiedig. O hyn ymlaen yn y drafodaeth hon, cyfeirir at sillaf yn dwyn pwyslais/curiad yn sillaf acennog a'r sillafau nad oes pwyslais arnynt yn sillafau diacen. Bydd nodweddion megis hyd ac ansawdd y sillafau oddi mewn i bob uned rhythmig – yn acennog a diacen, yn dibynnu llawer ar gyflymder llefaru'r siaradwr. Po gyflymaf y llefaru, mwyaf y cywasgu. O ganlyniad, bydd cryn newid hyd ac ansawdd a cholli seiniau.

Y mae i wahanol gyweiriau hefyd eu rhan yn y cyfnewidiadau hyn, gyda'r cywasgu a'r colli seiniau ar ei eithaf yn llafar mwyaf anffurfiol a rhydd y siaradwyr. Pan fydd siaradwr yn newid ei gywair trwy droi at iaith fwy ffurfiol, tuedda i leihau'r cywasgu, gyda gradd y lleihau yn dibynnu ar ffactorau megis pa gywasg-iadau sy'n dderbyniol yn y cywair hwnnw a gafael y siaradwr ar y cywair. Ni fyddai cywasgiadau cywair anffurfiol megis, er enghraifft, [ɬandlo 'van] (Llandeilo'r-fân), [ɬanaŋɛl] (Llan-fihangel), [buχ] (byddwch), [piuχ] (peidiwch) yn dderbyniol mewn cywair mwy ffurfiol. Dylid nodi bod rhai geiriau nad ydynt fel arfer yn dwyn pwyslais yn ffrwd y llafar. Y rhain yw'r geiriau gramadegol, geiriau megis rhagenwau, arddodiaid, cysyllteiriau a geirynnau rhagferfol ac yn y blaen. O ganlyniad, y mae cyfartaledd uchel o'r ffurfiau hyn yn dangos cyfnewidiadau yn ffrwd y llafar, ond nid yw'r cyfnewidiadau a restrir isod yn gyfyngedig i'r geiriau gramadegol hyn wrth gwrs.

A chraffu ar y math o gyfnewidiadau a welir yn ffurf y gair yn ffrwd y llafar yn iaith lafar yr ardaloedd dan sylw, gallwn eu dosbarthu fel y trafodir hwy yng ngweddill yr adran hon.

CYFNEWIDIADAU HYD AC ANSAWDD LLAFARIAID

Dilëir hyd y llafariaid hirion a bydd eu hansawdd yn fynych (ond nid o angenrheidrwydd) ychydig yn fwy agored yn y safleoedd dibwyslais. Y mae tuedd gref hefyd i gyfnewid y llafariad hir â'r fer gyfatebol ac, o ganlyniad, y mae cryn amrywio rhydd rhwng llafariaid hirion a byrion mewn safleoedd dibwyslais.

[i ~ ɪ] Er enghraifft: [hid ~ hɪd; bið ~ bɪð; prid ~ prɪd/prɪt]
[ma ve ɪd ɬe]
[man nuŋ gwəid bɪð raʃno kɪn *dɔlɪg]
[oð dɪm son prɪd əni]

[e ~ ɛ] Er enghraifft: [ne ~ nɛ; hen ~ hɛn; peθ ~ pɛθ]
[bɔiti dui nɛ dair bukedɛd]
[geɬun ər hɛn gi mas]
[oð ə pɛθ ivɛd əndo ve χwɛld]

[o ~ ɔ] Er enghraifft: [oð ~ ɔð; on ~ ɔn; bod ~ bɔd]
[ɔð iŋ gɔrfod mɪnd]
[ɔn nʊ ðɪm di rəsvio]
[gweduχ bɔd en tɔri sɛ raid ðo ve vɪnd]

[u ~ ʊ] Er enghraifft: [nu ~ nʊ; buχ ~ bʊχ]
[man nʊm mɪnd]
[buχ gavar wedɛn ni]

[ɑ ~ a] Ni all [ɑ] ddigwydd mewn safleoedd diacen, ond
cyfnewid yn rheolaidd ag [a], felly ceir llu o
enghreifftiau o'r cyfnewid hwn: [bɑχ ~ baχ; kɑl ~
kal; mɑ ~ ma; mɑn ~ man]
[oð e biti baχ ən hir]
[ðen kal i dɔrin ər hav]
[ma łe ðo ve]
[man nʊŋ gwəid bod e]

Nid yw'r cyfnewid hir a byr yn orfodol a cheir llu o enghreifftiau
o golli hyd y llafariaid hirion ond nid eu hansawdd, mewn
safleoedd diacen, er enghraifft:
[bɪsdɛχ ɪu in guru]
[dʊi vɔdveð ne dair]
[hen sbratɛn wedɛn i]
[oð iŋ gwəid]
[ɔn nu di danton lɑn]

Ceir sillgolli yn gyffredin iawn mewn safleoedd diacen ond, sylwer,
ni raid sillgolli yn y safle diacen; fodd bynnag, y ffurf lawn yn unig
a geir dan bwyslais. Yn yr enghreifftiau a roddwn isod, nodwn yn
gyntaf y ffurf lawn, yna'r ffurf sillgoll.
(i) Amrywiol ffurfiau'r ferf 'bod', er enghraifft:
[bəðuχ → buχ] [ɔs buχ χin fili łəŋki nɛ bɛθ vɛlni ma mel
ən ða]
[bəðɛχ → ðɛχ] [be ðɛχ χin galu gjar glʊk]
[bəsɛ → sɛ] [sɛ raiχ χi drɔin galɛd jaun i drɔi kəvɛr]
[tasɛ → sɛ] [sɛ din ən mɪnd rəund vəðɛ lɔt o waiθ
travili dag e]

[bəsɛχ → sɛχ]   [treni na sɛχ χi ma əŋ'ınt]
[taɛχ → sɛχ]   [sɛχ χin dodi dur or ar ə trınd oð en dod əŋ'ınt]
[bəsɛn → sɛn]   [vɛl sɛn niŋ gwəid ən ə wlad oð ə si di dod mas]
[tasɛn →sɛn]   [sɛn niŋ gubod vəðɛn ni ðım gweł eði]
[bəsun → sun]   [sun i ðim lıkɔ ve genta, te vɛl gɔlχın]

(ii) Arddodiaid, yn arbennig y ffurfiau rhediadol, er enghraifft:

[əndın → dın]   [ma rain səki pın dın nu]
[iðo → ðo]   [win sıur ðo nəid piʃın baχ dɔnjol am ə pɔsman]
[arno → no]   [dodi pım baχ o ður no ve wedın]
[arnon → non]   [vəsɛm wail non ni sɛ gwınt bob dið]
[urθın → θın]   [ve oð mınd rəund i wəid θın nu]
[urθɔχ → θɔχ]   [fɔrð gwedai θɔχ χi]
[gəda → da]   [os pɛnsıl da χi]
[wedi → di]   [ma ŋov i di mınd ən sobor o glaud]
[ar → r]   [oð en fəin rol kravir glasi ɔf]
[(ru)θ → θ]   Lle digwyddodd hyn cafwyd cymathu
    [d + θ] → [θ]
    [na vɛl wiŋ gwəiθ *pɛgi]
[ən → n]   [in niŋ gwəid namal jaun mar dail ən ımpo]

(iii) Cysyllteiriau, er enghraifft:

[ɔs → s]   [sna vəsɛ ɔil ar y batʃɛn oð sdrain i raveði ar ə kɛfıl]
[əs → s]   [mai e mas o ðet sgwedɛn nu]

(iv) Sillgollir yr amrywiol ffurfiau canlynol yn gyffredin hefyd:
  (a) rhai enwau megis:
    [rubɛθ → bɛθ]   [dɔi ne bɛθ vɛlni wiŋ kredi]
    [tıpın → pın]   [on nin gałi bıu pın tʃepaχ prıd əni]
    [kupul → kul]   [vałɛ vəsɛn nin dodi kul o fɛtanɛ mıun kɑ]
  (b) y berfenwau [gɔrfod] a [gałi] yn bur rheolaidd a rhai o ffurfiau rhediadol y ferf olaf:
    [gɔrfod → fɔd/fod]   [ɔχ χin fɔd mınd i *pɔnsɛni]
        [χin fod gwasgir maið mas]
    [gałi → łi]   [vałɛ vəðɛn ni ðım łi mınd oð na am viʃ]
    [gałuχ → łuχ]   [ma łəgad bəund kal praktıs kın łuχ χi vınd i hɛdʒın matʃ]

(c) rhai adferfau megis:

[dəma → ma]   [*ma* ve baχan]

[əma → ma]   [os dɪm ən təvi *man* ə gia]

[əna → na]   [oð rain dod biʃin o fɔrð *na*]

[nɛs → s]   [agor ə mɔχɪn lan bob kam *s*boχ χi lan ruŋ ə ðui gos vlan]

(ch) ffurf trydydd unigol berthynol y ferf 'bod', [si]:

[si → s]   [vaint o ða *s*da χi naur]

(d) ffurf trydydd unigol presennol y ferf 'bod', [os]:

[os → s]   [*s*dɪm luɛr o waiθ travili ar hid ə talar]

(dd) ffurf y fannod, [ər]:

[ər → r]   [wɛl *r*avi glas oð unu]

(e) y negydd, [ðɪm]:

[ðɪm → m]   [os da nu*m* rin sisdɛm a ni]

Sylwer bod is-set fechan o bum ffurf sillgoll, sef [vɪd, ni, na, no, to] 'hefyd, hynny, dyna, yno, eto' sy'n digwydd yn rheolaidd mewn safleoedd diacen. Fodd bynnag, y maent yn wahanol i'r ffurfiau sillgoll a restrwyd uchod oherwydd bod tuedd i'w defnyddio mewn safleoedd *acennog* yn ogystal â safleoedd diacen yn iaith lafar Brycheiniog. Yn wir, yn achos [vɪd, no, to], yn anaml y digwydd y ffurfiau llawn yn y cywair anffurfiol bellach, er enghraifft:

[(h)evɪd → vɪd]   [welɛs i en para mui *vɪd*]

[əno → no]   [na beθ əin nun nəid *no*, dið fair, kətəno a gwiʃon]

[ɛto → to]   [dodi piʃin mlan arno ve *to*]

[(h)əni → ni]   [win lɪkor bɛrθ *ni* vɪd]

[əna →na]   [*n*ar gair vəðɛn nin ɪuzo]

Yn yr achos olaf y mae cyfnewid [a] am [a] wedi digwydd dan yr acen; [na] yw'r ffurf sillgoll ddiacen, er enghraifft: [oð *na* in sdɑt bɛrχɛn ar ru dair ne bedɛr farm].

SEINGOLLI

Y mae'r nodwedd hon yn ei hamlygu ei hun yn y duedd i symleiddio olyniadau CC a CCC yn ddechreuol, canol a diweddol yn y gair trwy golli un o'r cytseiniaid, hynny yw y mae olyniadau CC → C ac olyniadau CCC → CC, fel y gwelir yn yr enghreifftiau isod.

OLYNIADAU CC

(i) Dechreuol: Collir y gytsain ôl-ddechreuol; nodwyd sawl
enghraifft o'r canlynol:

    [sd → s] [sdarto → sarto]   [ɔin i dʒəs weχ ən *sarto* ən
                                      rəsgol]

            [sdɔkan → sɔkan]   [χin dodi ɬavir mɛun *sɔkan*]

            [sdɔri → sɔri]   [gluɛs nuŋ gwəid *sɔri* bɛrt am
                                      lað mɔχɪn]

            [sdɛðvod →sɛðvod] [nɪɬoð e rjod ən *sɛðvod* ni]

(ii) Canol: (a) Collir y gytsain gyntaf yn yr olyniad; nodwyd yr
                  enghreifftiau canlynol:

    [rn → n]   [arnɪn → anɪn]   [mai en ɛfəiθjo dɪpɪn *anon*
                                      ni]

    [rɬ → ɬ]   [arɬus → aɬus]   [on in *aɬus* ə ɬaθ ir trɪnd ɪn]

    [rd → d]   [ardaloð → adaloð] [ma fɛrmɪð a nant ənɪn nu ən
                                      radaloð ɪn]

    [vn → n]   [ɔvnadu → ɔnadu]   [on in nəid kwɪlts pɛrt *ɔnadu*]

          (b) Collir yr ail gytsain yn yr olyniad; ni nodwyd ond
              un enghraifft:

    [χr → χ] [dəχrənɬɪd → dəχənɬɪd] [ma ɛulɪð *dəχənɬɪd* na]

(iii) Diweddol: Collir y gytsain ôl-ddiweddol:

    [ld → l]   [χwɛld → χwɛl]   [fɛrm vaχ oð da ni *χwɛl*]

    [rθ → r]   [trafɛrθ → trafɛr]   [dɪu e ðɪm in *trafɛr*]

    [rð → r]   [kʊrð → kʊr]   [oð in dod ir *kʊr* ə *ðið sil ar
                                  ol ni]

    [rn → r]   [ɛsgɪrn → ɛsgɪr]   [ɔi kal ovan tru ber i *ɛsgɪr*]

    [fd → f]   [lɔfd → lɔf]   [ɔin niŋ kal te ən ə *lɔf* ən
                                  *babɛɬ]

OLYNIADAU CCC

(i) Dechreuol: Collir yr ail gytsain yn y clwm. Symleiddir y
clymiadau [gwl-] → [gl-] a [gwr-] → [gr-] yn rheolaidd ym
Mrycheiniog (gweler hefyd t. 46, uchod), er enghraifft:

    [gwl → gl] [gliθo]   [tʊli dwr in niŋ gweid pin bo in
                                  gliθo]

    [gwr → gr] [graig]   [ma *graig* *berθ ði ən wɑr iði
                                  hi]

Enghreifftiau pellach o symleiddio trwy golli'r ail gytsain yw:

    [sdr → sr] [sdrəit → srəit]   [χin mɪnd ən *srəit* ən əχ blan i
                                  *ɬanviaŋɛl]

[sgw → sw] [sgwɑr → swɑr]   [ɔin niŋ kɔdi rai *swar*
                                        vɪd]
(ii) Canol: Collir yr ail gytsain; nodwyd y ddwy enghraifft
ganlynol:
[sdr → sr]   [sgulmɪsdri → sgulmɪsri] [ɔin ɔn *sgulmɪsri*,
                                        fɪradon ɑ frɛgɛθwɪrs]
[sdl → sl]   [əsdlɪs → əslɪs]   [ɔin niŋ ɔŋan ar *əslɪs*
                                        ən gəvan ən ə to]

CYMATHU

Cyfnewidiadau cynanol yw cymathu a ddigwydd ar ffiniau geiriau
yn ffrwd y llafar. Canlyniad ydyw i effaith seiniau olynol ar ei
gilydd. Y mae dau fath, sef (i) *cymathu blaen* sy'n digwydd pan fo'r
ail sain mewn olyniad yn cymathu â'r sain a'i rhagflaena, hynny
yw, A + B → A + A; (ii) *cymathu ôl* sy'n digwydd pan fo'r sain
gyntaf mewn olyniad yn cymathu â'r sain sydd yn ei dilyn, hynny
yw, achubir y blaen, sef A + B → B + B. Gellir cymathu un ai dull y
cynanu neu fan y cynanu, neu ddull *a* man y cynanu. Pan na
chymethir ond un ai dull y cynanu neu fan y cynanu, cymathu
rhannol ydyw. Pan gymethir dull a man y cynanu, y mae'n
gymathu llwyr. Pair yr holl gymathiadau a restrir isod gyf-
newidiadau ffonemig. Gwelir oddi wrth yr enghreifftiau hyn mai, o
holl seiniau'r iaith, y ffrwydrolen orfannol lenis [d] sydd fwyaf
tueddol i gymathu.

CYMATHU BLAEN
Nid yw'r math hwn o gymathu yn gyffredin yn iaith lafar
Brycheiniog. Codwyd tair enghraifft o gymathu blaen rhannol yn
unig, dwy yn gymathu dull y cynanu ac un yn gymathu man y
cynanu, sef:
[l + n] →[l + l]   [dɔi dɪpad ne rʊbɛθ *vɛlli* vəðɛn ni wəid]
[n + d] → [n + n]   [χin *niɬ*]
                         [mar ton div*ɛ*rin *n*jogɛl heði]
                         [aun i ðɪm ən *n*ɪʃgʊl ʃʊb beθ]
[i + s] → [i + ʃ]   [ə nɔswɛθ ni *ʃ*un in ðɔdi e dan ə wɪnʃ]
Cafwyd enghraifft o gymathu blaen wedi ei estyn dros ddwy sain
olynol yn [ɬɔnn *n*ʊrn], hynny yw A + B + B → A + A + A, sef
[n + d + d] → [n + n + n].

CYMATHU ÔL

Hwn yw'r math o gymathu a ddigwydd amlaf o ddigon yn iaith lafar Brycheiniog.

Cymathu ôl llwyr

(i) Man a dull y cynanu:

[b + k] → [k + k]	[i ɑθ bo*k k*am]
[d + b] → [b + b]	[wi nəi*b b*ɑχ o bɛd əm brɛkfasd]
[d + k] → [k + k]	[oð ə blau*k k*oχ ma dʒəs vɛl pɪl oð rəund ir gwɛnɪθɛn]
[d + p] → [p + p]	[wiŋ gnəi*p p*eθ knivo]
[d + χ] → [χ+χ]	[ɔn iŋ kredi bo*χ χ*i]
[d + θ] → [θ + θ]	[aɫaim a gwəi*θ θ*ɔχ χi]
[d + v] → [v + v]	[gwed bo*v v*i mɔin e]
[d + m] → [m + m]	[man nuŋ gwəid bo*m m*el ən ða jaun]
[m + v] → [v + v]	[oð e a*v v*ɪnd meðe ve]
[n + v] → [v + v]	[oð in ən *ɫa*vv*ɛr]

Cymathu ôl rhannol

(i) Man y cynanu:

[d + g] → [g + g]	[ə peθ χin nəi*g g*ənta ɪu sgɪmor ɫɑθ]
[s + i/j] → [ʃ + i/j]	[man nəi*ʃ j*aun]
	[welɛ*ʃ i* nɑd ən nəid e]
[θ + s] → [s + s]	[rin pe*s s*ɛχ χi tɪnir bukul naur]
[n + m/b/p]→[m + m]	[*χ*i*m m*ɪnd; ɪkɛ*m m*ɪnɪd]
	[oð e kɪ*m b*od ə rəindʒ]
	[ər i*m p*eθ]
[n + k/g] → [ŋ + k/g]	[mai mɔi*ŋ k*al i χlaði ən *abɛr'krɑv]
	[dodux e mɛu*ŋ k*udɪn]

(ii) Dull y cynanu:

[d + t]→ [t + t]	[aɫe*t* veðul bo*t t*i ðeg mlənɛð nenaχ na vi]
[d + h] → [t + h]	[ə brau*t h*ena]
[d + l] → [l + l]	[oð in do*l l*aur man ɪn]
[d + r] → [r + r]	[oð vanz ən do*r r*əund ir tai]
[d + n] → [n + n]	[nɛuið ðo*n n*ol mai e]

Cafwyd enghraifft neu ddwy o gymathu ôl yn ymestyn tros ddwy sain olynol, hynny yw A + A + B → B + B + B:

[n + d + b] → [m + b + b]   [ɔmb bod en ðɪgon or ən tɔvɛ]
[n + d + k] → [ŋ + k + k]   [ɔŋk kɔvjʊχ χi]
Weithiau nid oes fodd penderfynu pa un ai cymathu ôl, ynteu cymathu blaen sy'n gyfrifol am y cyfnewid: er enghraifft [ɔnn naur] – gall fod yn gynnyrch cymathu ôl neu flaen, gyda'r [d] yn [ɔnd] wedi cymathu â'r [n] a'i rhagflaena, sef cymathu blaen, neu wedi cymathu â'r [n] a'i dilyn, sef cymathu ôl.

CYMATHU BLAEN AC ÔL
Y mae un math o gymathu cyffredin iawn iawn yn iaith lafar Brycheiniog sy'n ganlyniad cymathu ôl rhannol (man y cynanu) ac yna gymathu blaen rhannol (dull y cynanu) sef:
[n + k/g] → [ŋ + ŋ]   [mai en ʃarad əŋ ŋret]
                      [raid ði vod ən ɔvalɪs beθ main vɪta, χiŋ
                      ŋwɛl]
                      [əŋ ŋənta vəseχ χin dodi e ar əχ əsgwɪð]
                      [on niŋ ŋɔtro dʊi ne dair ag ən nəid
                      menɪn]
                      [main təuli dur əŋ ŋrand]
                      [mai eŋ ŋwidi ɛs bod en trigo]
                      [oχ χiŋ ŋal en ə ʃɔp]
                      [oð iŋ ŋalɛd na]
                      [rɔi dʊi vaunɛn əŋ ŋros]
                      [vɛl bov viŋ ŋałer kəreð o bob oχor]

GEIRGOLLI

Fel y gellir disgwyl, geirgollir cyfartaledd uchel o eiriau gramadegol, ond nid canlyniad ydyw i'r ffaith eu bod yn digwydd mor aml mewn safleoedd diacen yn unig, ond hefyd i gyflymder llefaru'r siaradwr: po gyflymaf y llefaru, cryfaf y duedd i eirgolli. Y mae geirgolli felly'n nodwedd sy'n amrywio cryn dipyn o sefyllfa i sefyllfa ac o siaradwr i siaradwr. Nodwn rai enghreifftiau yn unig gan ddynodi lle y geirgollir â #:
(i) y rhagenwau blaen:
3ydd un. b. [i]   [ma pɔpɛθ ən jaun ɔnd # bod in timlon
                  vlɪnedɪg]
3ydd un. g. [i]   [on nʊn # rɔlo ve lan wedɪn ar ə framɪn]
3ydd llu. [i]   [man nʊn # dala nʊ, a pɔtʃan ɪu əni ən tɔvɛ]

(ii) yr arddodiad [i]:
   [oð ə furn ən dod ən dʊim # nəid ə bara]
(iii) y geiryn [ən] yn ei wahanol swyddogaethau:
   [ən] + berfenw   [χin fidor sgibɛ mɛun a oð ə łavɪr # dod
                          mɑs ir kədɛ]
   [ən]+ ansoddair   [ɔin niŋ kəməsgi # ða vɛlni]
   [ən] + enw   [mai e # vaχan fəin jaun]
(iv) y fannod [ə]:

                          [sgɪmor həvɛn bant o tɔp # łɑθ]

2.7 Calediad

Y calediad a olygir yma yw'r cyfnewid [b ~ p, d ~ t, g ~ k] yng
ngoben geiriau lluosill a ystyrir yn un o brif nodweddion tafod-
ieithoedd Morgannwg (am drafodaeth fanwl ar y nodwedd yn un o
dafodieithoedd Morgannwg, gweler C. H. Thomas, 1993: 103–9).
Y mae dosbarthiad daearyddol y nodwedd hon yn y parhawd
ieithyddol yn ymestyn, fodd bynnag, y tu hwnt i ffiniau
Morgannwg i'r hen sir Gaerfyrddin yn y gorllewin (gw. C. H.
Thomas, 1975/6: 360; Thorne, 1976: 91–100) a thua'r gogledd i
Frycheiniog. Serch hynny, nid yw'n nodwedd eang ym Mrychein-
iog a dengys y manylion mai nodwedd ar drai ydyw. Cyfeiriwyd
eisoes (t. 19, uchod) at y modd y mae newid ieithyddol yn mynd
rhagddo trwy broses dylediad geiregol, a'r hyn a welir yn yr ardal
rhwng Defynnog a Llanwrtyd yw nifer y geiriau sy'n dangos caledu
yn prinhau a'r siaradwyr weithiau'n caledu, weithiau'n hepgor
caledu yn y geiriau hynny, hynny yw ceir dybledau.
   Patrwm calediad yn ei gyflawnder ym Morgannwg yw cyfnewid
[b, d, g] â [p, t, k] ar ddiwedd y sillaf obennol yn y cyd-destunau
seinegol canlynol: (i) rhwng llafariaid, sef yn y cyd-destun Ll + C +
Ll, sef enghreifftiau 1–4, isod; a (ii) rhwng llafariad a chytsain leisiol,
sef yn y cyd-destun Ll + C + C, sef enghreifftiau 5–15, isod. Dyma'r
enghreifftiau o'r gwahanol gyd-destunau a godwyd ym Mrycheiniog:

1. Ll + [p]+ Ll
   Defynnog   [kupʊl/kubʊl, napɔd/nabɔd, gupɔd/gubɔd,
                         rupɛθ/rubɛθ]
   Godre'r Epynt   [trʊpul/trubul, rupɛθ/rubɛθ]
   Ardal Llanwrtyd   Ni chodwyd enghraifft.

2. Ll + [t] + Ll

Defynnog	[gwitu/gwidu, katʊs/kadʊs, wetʊs/wedʊs, səfɛti]
Godre'r Epynt	[səfɛti]
Ardal Llanwrtyd	[ɬɛdwɛti/ɬɛdwɛdi]

3. Ll + [k] + Ll

Defynnog	[trɪkɛn/trigɛn, ɪkɛn/igɛn, dɪkon/digon]
Godre'r Epynt	[ɪkɛn/igɛn, trɪkɛn/trigɛn, bɪðikol]
Ardal Llanwrtyd	[ɪkɛn/igɛn]

4. Ll + [tʃ] + Ll

Defynnog	[kɪtʃɔ, sgɪtʃa]
Godre'r Epynt	[kɪtʃo/kɪdjo]
Ardal Llanwrtyd	[kɪtʃo/kidjo]

Sylwer mai canlyniad i gymathiad [d+j] → [dʒ] ac yna galediad [dʒ] yn [tʃ] yw'r eitemau yn y cyd-destun hwn (gweler t. 36, uchod)

5. Ll + [p + r]

Defynnog	[ɛprɪɬ/ɛbrɪɬ, rʊprɪd/rʊbrɪd, ɛprʊn, dɪprɪʃ]
Godre'r Epynt	[ɛprɪɬ/ɛbrɪɬ, rʊprɪd/rʊbrɪd, dɪprɪs, pɪprʊn]
Ardal Llanwrtyd	[rʊprɪd/rʊbrɪd]

6. Ll + [p + l]

Defynnog	[kʊpla, daplaχ/dablaχ]
Godre'r Epynt	[kʊpla, daplaχ/dablaχ]
Ardal Llanwrtyd	[kʊpla/kʊbla]

7. Ll+ [t + r]

Defynnog	[atrɔð, gɔtrɔ, ɛtrɪχ, ɬuitrɛu, mɔtrɪb, ɔitran/ɔidran, ətrɛ/ədrɛ]
Godre'r Epynt	[ɛtrɪχ/ɛdrɪχ, gɔtrʊ/gɔdro, hətrɛ/hədrɛ, ɬuitrɛu/ɬuidrɛu, mɔtrɪb/mɔdrɪb, ɔitran/ɔidran, plɛtrɛn/plɛdrɛn, pətri/pədri]
Ardal Llanwrtyd	[gɔtro/gɔdro, ɬuitrɛu/ɬuidrɛu, mɔtrɪb/mɔdrɪb, ɔitran/ɔidran]

8. Ll+ [t + l]

Defynnog	[atlɛð, atlɛs/adlɛs]
Godre'r Epynt	[atlɛð/adlɛð, atlɛsd/adlɛsd, bʊtlɪn/bʊdlɪn, ratlon/radlon]
Ardal Llanwrtyd	Ni chodwyd enghraifft.

9. Ll+ [t + n]

Defynnog yn unig	[atnɔd]

10. Ll+ [t + v]
Defynnog [ɛtvan]
Godre'r Epynt [ɛtvaχ/ɛdvaχ]
Ardal Llanwrtyd Ni chodwyd enghraifft.
11. Ll+[t + w]
Defynnog [dətwi/dədwi, gwɪtwar, ɬɛtwad]
Godre'r Epynt [klɪtwɛr/klɪdwɛr, dətwi/dədwi, gwɪtwɛr, ɬɛtwad]
Ardal Llanwrtyd Ni chodwyd enghraifft.
12. Ll+ [k + l]
Defynnog [ɛklʊs/ɛglʊs]
Godre'r Epynt [ɛklus/ɛglus]
Llanwrtyd Ni chodwyd enghraifft.
13. Ll+ [k + n]
Defynnog yn unig [sɪkno]
14. Ll+ [k + w]
Defynnog yn unig [dɪkwɪd/dəgwɪd]
15. Ll+ [k + j]
Defynnog yn unig [dɪkjo]

A chymharu'r tair ardal, gwelir:
(i) Gostyngiad yn nifer yr eitemau sy'n arddangos calediad. Yn Nefynnog y mae'r nodwedd gryfaf: codwyd 37 o eitemau yno a hynny yn llafar un siaradwraig yn unig. Codwyd 31 o eitemau yng Ngodre'r Epynt a hynny oddi ar recordiad o lafar 17 o siaradwyr, ac yn Llanwrtyd ni chodwyd ond 9 eitem a hynny oddi ar recordiad o lafar 16 o siaradwyr.
(ii) Gostyngiad yn nifer y cyd-destunau y digwydd calediad ynddo. Yn Nefynnog, codwyd enghreifftiau o galediad ymhob un o'r 15 cyd-destun y digwydd ynddo ym Mrycheiniog; gostwng hwn i 10 cyd-destun yng Ngodre'r Epynt ac i 6 yn unig yn ardal Llanwrtyd. Y mae'r gostyngiad hwn yn nigwyddiad calediad yn y cyd-destunau posibl hefyd yn arwydd sicr o ddiflaniad y nodwedd yn y parhawd ieithyddol. Gwelir hefyd mai yn Nefynnog yn unig y codwyd enghreifftiau o galediad mewn pedwar o'r cyd-destunau, sef rhifau 9, 13, 14, 15.
Nid yw'n syndod mai yn Nefynnog y mae calediad amlycaf oherwydd dyma'r ardal sydd agosaf yn diriogaethol i Forgannwg. Crebachu a wna'r nodwedd fel yr eir ar draws Brycheiniog tua'r gogledd.

2.8 Y Treigladau

Cyfnewidiadau ffonolegol sydd yn digwydd mewn cyd-destunau penodol yw'r treigladau. Yn draddodiadol, dywedir bod tri math, sef, a rhoddi iddynt eu henwau traddodiadol, y treiglad meddal, y treiglad trwynol, y treiglad llaes. Y mae'r tri threiglad yn effeithio ar eiriau'n dechrau ag un o'r naw cytsain canlynol: [p, t, k, b, d, g, m, ɬ, r̥]. Dyma'r modd y sylweddolir y treigladau hyn yn ôl y disgrifiad traddodiadol:

(i) *Y Treiglad Meddal.* Cyfnewid:

Ffrwydrolion di-lais â ffrwydrolion lleisiol: /p → b; t → d; k → g/
Ffrwydrolion lleisiol â ffritholion lleisiol/ø: /b → v; d → ð; g → ø/
Trwynolen ddwy-wefusol leisiol â ffritholen wefus-ddeintiol leisiol: /m → v/
Ochrolen ffrithiol ddi-lais ag ochrolen ddiffrithiad leisiol: /ɬ → l/
Sain grych ddi-lais â sain grych leisiol: /r̥ → r/

(ii) *Y Treiglad Trwynol.* Cyfnewid:

Ffrwydrolion di-lais â thrwynolion di-lais: /p → m̥; t → n̥; k → ŋ̊ /
Ffrwydrolion lleisiol â thrwynolion lleisiol: /b → m; d → n; g → ŋ/

(iii) *Y Treiglad Llaes.* Cyfnewid:

Ffrwydrolion di-lais â ffritholion di-lais: /p → f; t → θ; k → χ/

Ym Mrycheiniog ceir yr un cyfnewidiadau ag a nodir dan y tri threiglad uchod ond y mae dwy wedd arnynt yn galw am sylw, sef treiglad meddal /r̥/ a threiglad trwynol y ffrwydrolion di-lais. Yn ogystal, y mae angen ychwanegu rhagddodi [h] o flaen y gytsain drwynol ddwy-wefusol leisiol [m] gan ei bod yn nodwedd sydd, fel treiglo, yn effeithio ar gytsain gysefin.

2.8.1 Treiglad meddal /r̥/

Y mae treiglad meddal y ffonem hon yn ansefydlog ym Mrycheiniog oherwydd bod posibilrwydd y cyfnewidiad yn ddibynnol ar bresenoldeb y sain yn y system ffonolegol, a graddol sefydlu yn y system ffonolegol y mae /r̥/ fel y gwelsom uchod (t. 50). Nid yw'r treiglad hwn yn digwydd yn Nefynnog ac y mae'n anwadal yng Ngodre'r Epynt ac ardal Llanwrtyd. Yr hyn a ddigwydd felly yw bod siaradwyr yn y ddwy ardal olaf weithiau'n treiglo weithiau'n peidio, fel yn y ddwy enghraifft hyn:

[on in i *rɔi* i, ə fɪlet am ə kɔsɪn]
[oχ χin i *r̥ɔi* i ar ə brɔis ɪn i galedi]

2.8.2 Y Treiglad Trwynol

Pan fo'r ffrwydrolion lleisiol yn gysefin, cynrychiolir y treiglad
trwynol gan y cyfnewidiadau [b → m, d → n, g → ŋ] ond pan fo'r
gyfres ddi-lais yn gysefin, fe'i cynrychiolir yng Ngodre'r Epynt ac
ardal Llanwrtyd, ond nid yn Nefynnog, gan un ai [p → m̥, t → n̥,
k → ŋ̊] neu [p → m̥, t → n̥, k → ŋ̊] – y trwynolion 'di-lais'. Ni
chodwyd ond ychydig iawn iawn o enghreifftiau o'r trwynolion di-
lais hyn a hynny yn dilyn y rhagenw blaen cyntaf unigol [ən] yn
unig, er enghraifft:

> [i gluɛs ən n̥ad ən son am gɔgərnɛ]
> [gʊmpɔð ə b̥em brɔn ar əm m̥ɛn i]
> [oð əŋ ŋ̊ɔt i di kidjon ə kart]

Fynychaf y trwynolion lleisiol a ddigwydd yn y cyd-destun hwn,
er enghraifft:

> [in o *epɪnt oð ən nad a mam vɪd]
> [aθ əŋ ŋnɪθdɛr i wasnəiθi i ɔχrɛ *bɪlθ]

Nid seiniau trwynol di-lais yn syml yw [m̥, n̥, ŋ̊] ond olyniadau
ydynt o elfen drwynol + elfen anadlog. Y mae'r union olyniad yn
dibynnu ar y dull o gynanu gyda siaradwyr y Gymraeg yn dewis o
blith dau fodd (gweler Scully, 1973), sef un ai: (i) peidio â lleisio *cyn*
gollwng caead geneuol y drwynolen a chodi'r daflod feddal, hynny
yw cynanu olyniad o sain drwynol leisiol a sain drwynol ddi-lais,
yna gollwng y caead geneuol a chodi'r daflod feddal a chyn-
hyrchu'r elfen anadlog ddi-lais, felly ceir [mm̥h, nn̥h, ŋŋ̊h]; neu (ii)
gollwng y caead geneuol gyntaf, yna gwahanu'r tannau llais (hynny
yw peidio â lleisio) a chodi'r daflod feddal ar y cyd gan gynhyrchu
elfen anadlog drwynol yn y broses; dilynir yr anadliad trwynol gan
anadliad geneuol, felly ceir [m̥ʰh, n̥ʰh, ŋ̊ʰh].

A chymharu tystiolaeth Defynnog â thystiolaeth ardaloedd
Godre'r Epynt a Llanwrtyd, gwelir ein bod yn ardal Godre'r Epynt
ar gyrion dewis rhwng dwy system o drwynolion o dri therm yr un,
un ar gyfer cyfnewid â'r ffrwydrolion lleisiol, a'r llall ar gyfer
cyfnewid â'r ffrwydrolion di-lais. Fodd bynnag, dyma'r unig fan yn
y system y deuir ar draws y trwynolion cymhleth hyn sy'n cyfnewid
â'r ffrwydrolion di-lais. Fe'u dadansoddwyd gan Hamp yn
olyniadau deuffonemig o'r ffonemau trwynol /m, n, ŋ/ + y sain
ffrithiol lotal /h/ (Hamp, 1951: 233). Nid yw'r dadansoddiad hwn
yn dderbyniol oherwydd tyr yn llwyr ar draws patrwm arferol
treiglo a sylweddolir trwy gyfnewid ffonem am ffonem. Golyga

dadansoddiad Hamp gyfnewid dwy ffonem am un. Y mae'n fwy cyson a chydnaws â phatrwm treiglo i'w dehongli'n unedau unffonemig, sef yn drwynolion anadlog (rhannol leisiol weithiau, yn ôl y dull o gynanu); dyna'r dadansoddiad a ddewisir yn yr astudiaeth hon a rhoddwn i'r ffonemau hyn y symbolau /m̥, n̥, ŋ̊/. Rhaid cofio, fodd bynnag, mai cyfres o dair ffonem ydynt a chanddynt swyddogaeth forffoffonolegol yn unig; nid ydynt ar yr un tir yn hollol â thermau y system ffonolegol a sefydlwyd yn ôl criteria dosbarthiad a swyddogaeth wrthgyferbyniol – 'Ffonemau ymylol yw'r elfennau llafar a gynrychiolir gan <mh, nh, ngh>' (P. W. Thomas, 1996: 758). Nid yw ffonemau a chanddynt swyddogaeth forffofonolegol yn unig yn ddieithr yn yr ieithoedd Celtaidd; cyfeiria E. Ternes yn ei astudiaeth o Aeleg swydd Ross at gyfres o ffrwydrolion lleisiol /b, d, g/ a chanddynt y cyfryw swyddogaeth (Ternes, 1973: 11–17).

2.8.3 Rhagddodi [h]

Y mae digwyddiad y nodwedd hon eto yn ddibynnol ar bresenoldeb y ffonem /h/ yn y system ffonolegol. Ni chodwyd ond dwy enghraifft o ragddodi [h] o flaen [m], un yng Ngodre'r Epynt ac un yn Llanwrtyd, sef ar ôl y rhagenw trydydd unigol benywaidd [i] yng Ngodre'r Epynt – [oð mam wedi kal i *hmagi* ən ə kapɛl] – ac yn Llanwrtyd, ar ôl y rhagenw trydydd unigol benywaidd [i] – [mai θɑd ai *hmam* bɪun ə farm nɛsa].

Ni ellais i farnu a oedd sylweddoliad yr olyniad ffonolegol /h + m/ yn ddim gwahanol yn seinegol i'r olyniad sy'n sylweddoi'r sain drwynol ddi-lais yn nhreiglad trwynol /p/ a drafodwyd uchod. Fodd bynnag, y mae'n dra gwahanol yn ffonolegol i'r treiglad trwynol. Fel y nodwyd eisoes, y mae'r rhagddodi hwn yn ddibynnol ar ddigwyddiad y sain /h/ yn y system ieithyddol: lle na phrin ddigwydd /h/, fel y dengys y dystiolaeth o Ddefynnog, ni cheir y rhagddodi hwn.

*   *   *

Felly, ac ystyried y tair nodwedd hon ar y treigladau ym Mrycheiniog, gwelir eu bod ynghlwm wrth bresenoldeb/absenoldeb /h/ a /r̥/ yn y system ffonolegol. Gan mai prin iawn yw /h/ yn Nefynnog ac na cheir /r̥/ yno, ni chodwyd y tair nodwedd dan sylw yn Nefynnog. Fodd bynnag, y mae prinder digwyddiad rhagddodi

/h/ ac anamlder digwyddiad /m̥, n̥, ŋ̊/ ynghyd â'r ffaith na
ddigwyddant ond yn ddybledau, yn dangos mai ar gyrion eu
dosbarthiad yn y parhawd tafodieithol ydym yng Ngodre'r Epynt
ac ardal Llanwrtyd fel ei gilydd. Y mae tystiolaeth ategol Dyffryn
Wysg (A. R. Thomas, 1958) dros brinder/absenoldeb /h/ a /r/ yn ne
Brycheiniog – a dyma'r sefyllfa yn nhafodieithoedd de-ddwyrain
Morgannwg wrth gwrs (gweler C. H. Thomas 1975/6: 353–5) – yn
awgrymu bod ffin eu dosbarthiad yn y rhan hon o Gymru yn
gorwedd rhwng ardal Defynnog a Godre'r Epynt. Yn achos y
ffrwydrolion di-lais, gallwn dybio bod amlder eu digwyddiad yn
cynyddu fel yr eir tua'r gogledd oherwydd yn ôl tystiolaeth
Sommerfelt am Gyfeiliog (1925: 64), cyfnewid /p, t, k/ â /m̥, n̥, ŋ̊/
yn unig, hynny yw, y mae'r tair ffonem drwynol ddi-lais wedi llwyr
sefydlogi yn y system ieithyddol.

3

MORFFOLEG

3.1 Y Forffem

Y forffem yw'r uned ramadegol leiafaint (Robins, 1964: 203) ac fe'i sefydlir trwy gymharu olyniadau o lafar i ddarganfod y rhannau ad-ddigwyddiadol sydd yn ramadegol arwyddocaol. Y rhain yw'r morffemau. Er enghraifft, o gymharu'r gyfres ganlynol: 'twyll, twyllo, twyllwr, twyllwyr', gellir sefydlu pedair morffem (a nodir gennym yn ôl confensiwn rhwng y bachau {}), sef : {twyll}, {o}, {wr}, {wyr}.

Gelwir cynrychiolad ffonolegol morffem yn forff ac os bydd gan forffem ragor nag un cynrychiolad ffonolegol, fe'u gelwir yn allforffau. Er enghraifft, sylwer ar yr enghreifftiau canlynol o'r forffem luosogi enwau: [teθ, tɛθɛ; bigɛl, bɪgiljɛd; hɛul, hɛulɪð; kapɛl, kapɛli; gwɑð, gwɑðod; pɛɬdɛr, pɛɬdɛroð; karjad, karjadon; trap, traps]. Yr un swyddogaeth ramadegol sydd gan [-ɛ, -ɛd, -ɪð, -i, -od, -oð, -on, -s], sef sylweddoli categori rhif; felly, un forffem sydd yma ond bod ganddi nifer o gynrychioladau ffonolegol neu allforffau. I'r gwrthwyneb, ceir sefyllfaoedd y mae un forffem ynddynt yn cynrychioli nifer o gategorïau. Er enghraifft, sylwer ar y ffurf [gweloð]. Yma, ceir morffem y bôn, sef {gwel} + {oð} sydd yn forffem ymdoddol yn sylweddoli categorïau rhif (unigol), person (trydydd) ac amser (Gorffennol).

Gall morffem fod yn rhydd neu'n glymedig. Morffem rydd yw morffem a all weithredu fel gair ar ei phen ei hun. Morffem glymedig yw morffem na all weithredu yn y cyfryw fodd ond sydd bob amser ymghlwm wrth un forffem arall neu ragor. Er enghraifft, yn {glasaid} a {goryfed}, morffemau rhydd yw {glas} a {yfed} ond morffemau clymedig yw {aid} a {gor}.

Gellir rhannu morffemau ymhellach yn wreiddiau ac yn ddodiaid. Diffiniad hwylus o wreiddyn yw y rhan o air sydd yn weddill wedi dileu pob dodiad (Robins, 1964: 206); y gwreiddyn hefyd yw'r elfen mewn gair o un forffem neu ragor sydd yn y safle ag iddo'r potensial cyfnewid helaethaf (gweler J. E. Buse 1969:

189). Er enghraifft, yn y gair 'pethau' sydd yn olyniad o ddwy forffem, sef {peth} a {au}, gellir cyfnewid {peth} â nifer mawr o eiriau unigol, ond â set gyfyngedig o forffemau yn unig y gellir cyfnewid {au}; y mae'n dilyn mai'r diffiniad o ddodiad yw morffem glymedig â photensial cyfnewid cyfyngedig ganddi.

Ychwanegir dodiaid at wreiddiau i ffurfio geiriau. Gelwir gwreiddyn yr ychwanegir dodiaid ato yn fôn. Yn fynych iawn yr un fydd y gwreiddyn a'r bôn. Er enghraifft, yn y gair {peli}, y mae {pel} yn wreiddyn ac yn fôn. Dro arall, ceir elfennau bôn-ffurfiol yn rhan o gyfluniad y bôn, hynny yw ychwanegir rhyw elfen ddibynnol at y gwreiddyn i ffurfio'r bôn pan ychwanegir dodiad ato. Er enghraifft, yn y gair {rhacanu}, y gwreiddyn yw {rhaca}, ond ffurfir y bôn drwy ychwanegu yr elfen fôn-ffurfiol {-n-} ato ac felly'r bôn yw {rhacan-}. Cymharer hefyd y gair {brawychu}: y gwreiddyn yw {braw}, ffurfir y bôn trwy ychwanegu yr elfen fôn-ffurfiol {-ych-} ato i greu'r bôn {brawych-}.

3.2 Prosesau Morffolegol

Gwelir dwy broses forffolegol y Gymraeg yn iaith lafar Brycheiniog, sef dodi a chymhwyso. Ym mhroses dodi, ychwanegir elfennau neu ddodiaid at fonau. Sefydlir dau is-ddosbarth o ddodiaid yn ôl eu safle mewn perthynas â'r bôn, sef: (i) ôl-ddodiaid – dodiaid sy'n dod ar ôl y gwreiddyn, er enghraifft y dodiaid [-i, -ɛ, -o] yn [ɬɔsgi, tɪɬɛ, ato]; a (ii) rhagddodiaid – dodiaid sy'n rhagflaenu'r gwreiddyn, er enghraifft y dodiaid [an-, di-, ɛt-] yn [anwar, di'rɑn, ɛtvaχ].

Ym mhroses cymhwyso, gellir peri cymhwyso *rhannol* i'r gwreiddyn trwy gyfnewid llafariaid oddi mewn i'r un cyd-destun ffonolegol. Ffurfir lluosog rhai enwau ac ansoddeiriau drwy'r dull hwn, er enghraifft gyda'r enwau unigol 'tŷ', [ti] ac 'oen' [on], i ffurfio'r lluosog fe'u cymhwysir yn rhannol trwy gyfnewid y llafariaid i roi [tai] a [ʊin]; a'r ansoddeiriau unigol 'arall' [araɬ] ac 'ifanc' [ivaŋk] a gymhwysir i roi [erɪɬ] a [ivɪŋk]. Trwy'r un broses o gymhwyso rhannol y sylweddolir categori cenedl ansoddeiriau hefyd, er enghraifft [gwɪn, gwɛn], [kriv, krev]. Gall y cymhwyso fod yn *gyflawn*, sef peri cyfnewid drwy ddefnyddio ffurfiau hollol wahanol yn y broses. Gwelir hyn wrth ffurfio graddau cymharu ansoddeiriau afreolaidd, er enghraifft cymharer ffurfiau cysefin a chyfartal yr ansoddeiriau 'agos' a 'buan': ffurfiau'r cysefin yw [ɑgos] a [bian]; ffurfiau'r cyfartal yw [nesɛd] a [kəntɛd].

Trown yn awr at ddisgrifio cyfluniad morffolegol yr elfennau canlynol yn iaith lafar Brycheiniog: y ferf gan gynnwys y berfenw; y geiryn rhagferfol; yr ansoddair; y rhifolion; y trefnolion a'r lluosogion; y rhagenwau; yr arddodiaid rhediadol; lluosogi enwau; ôl-ddodiaid enwol; ôl-ddodiaid ansoddeiriol; rhagddodiaid.

3.3 Y Ferf

3.3.1 Y Berfenw

Gellir dosbarthu'r berfenw yn ddau brif ddosbarth yn ôl ei gyfluniad morffolegol:
(i) y berfenw di-olddodiad. Yn y dosbarth hwn yr un yw ffurf y berfenw a'r bôn berfol. Ychwanegir y dodiaid berfol yn uniongyrchol at y bôn, er enghraifft:
    [dangos, daŋos-ɛs]
    [nɛuɪd, nɛuɪd-us]
    [ʃarad, ʃarad-oð]
(ii) y berfenw sy'n cynnwys bôn + ôl-ddodiad berfenwol.
Codwyd y dodiaid berfenwol canlynol:
    [-an] [brua, kluida, ɛrvɛna]
    [-aχ] [boðraχ, mɔχaχ]
    [-ad] [drɪŋad, gwiχad, əmgrinad]
    [-an] [ɬəməitan, ʃublaχan, roχan]
    [-ɛd] [ivɛd, bɪlɔŋɛd, savjɛd]
    [-ɛg] [redɛg]
    [-ɛl] [gadɛl, əmadɛl]
    [-ɛn] [ədɛn]
    [-ɪd] [fəilɪd, mɔilɪd, mənɪd]
    [-ɪg] [aredɪg]
    [-ɪɬ] [sevɪɬ]
    [-ɪn] [snorɪn]
    [-i] [blasi, kɔɬi, dodi]
    [-o] [aðo, kalχo, ɬuido]
    [-u] [buru]
    [-k] [diaŋk]
    [-d] [gwɛld]

Dylid sylwi bod rhaid trafod y berfenw [χwɛrθɪn] fel berfenw di-olddodiad yn nhafodiaith Brycheiniog oherwydd y mae'n ymddwyn fel bôn yr ychwanegir dodiaid ato, er enghraifft [wɛrθənɛs i pɪn gwɛtsoχ χi ni]. Yn yr iaith safonol {chwardd} yw'r bôn, a cheir y ffurf [χwɛrθ-] arno mewn rhai tafodieithoedd, er enghraifft ceir [χwɛrθis, χwɛrθuχ] yn ardal Bangor (gweler Fynes-Clinton, 1913: 331). Sylwer hefyd mai'r dodiaid a ddigwydd amlaf yw [-o] ac [-i]. Y dodiad [-o] a ychwanegir at fonau benthyg, er enghraifft [dʒamo, pɔsdo, stretno].

Gellir rhannu'r berfenwau o gyfluniad bôn + ôl-ddodiad yn ddau ddosbarth yn ôl cyfluniad morffolegol y bôn, sef: (i) berfenwau â'r bôn yn cynnwys un gwreiddyn, ac ato ef yr ychwanegir y dodiad yn uniongyrchol, er enghraifft [sgreχ-an], [iv-ɛd], [kaus-o]; a (ii) berfenwau â'r bôn yn cynnwys gwreiddyn + elfen fôn-ffurfiol ddibynnol; y mae pump o'r elfennau bôn-ffurfiol hyn, sef [-j-, -(h)a-, -n-, -əχ, -əg-], er enghraifft [brau-əχ-i], [gwɪθ-əg-i], [rub-j-an], [raka-n-i], [rɪð-(h)-ai].

Ceir argoelion bod yr elfen fôn-ffurfiol [-j-] ar gynnydd fel yr eir o ardal Defynnog i ardal Llanwrtyd; codwyd yr amrywiol ffurfiau hyn:

Defynnog	*Godre'r Epynt*	*Llanwrtyd*
[ɔŋan	hɔŋan/hɔŋjan	hɔŋjan]
[tɪpo	tɪpo	tɪpo/tɪpjo]
[nidɔ	nido	nəidjo]
[fɪndo	fɪndo	fɪndo/fɪndjo]
[knivo	knivo	knəivjo]
[gwiθo	gwiθo/gwiθjo	gwiθo/gwiθjo]
[sdɪko	sdɪko	sdɪko/sdɪkjo]

Ceir dybledau i rai berfenwau, sef:
(i) yr un bôn yn dewis dau ôl-ddodiad gwahanol, er enghraifft [kluido, kluida], [sɛtlo, sɛtlan], [kləmi, kləmɪd].

Cafwyd un achos o ddewis tri ôl-ddodiad, sef [nəθa, nəθi, nəθo]. Hyd y gellir barnu nid oes gwahaniaeth ystyr i'r dybledau ac eithrio:
[gwɪlad]: 'gweinyddu wrth wely angau'
[gwɪljo]: 'cadw golwg ar, edrych ar'
(ii) ffurf ddi-olddodiad ochr yn ochr â ffurf ag ôl-ddodiad: [kəmɪsg, kəməsgi], [meðul, mɛðəli].

3.3.2 Y Ferf Rediadol

Gellir rhannu'r ferf rediadol yn ddau brif ddosbarth yn ôl patrwm morffolegol y bôn, sef: (i) y ferf reolaidd – dewis hon yr un bôn drwy gydol ei rhediad; a (ii) y ferf afreolaidd – dewis hon ragor nag un bôn yn ei rhediad; y mae dau is-ddosbarth o ferfau yma, sef (a) y pedair berf [mɪnd, dod, g(n)əid, kɑl] a (b) y ddwy ferf [bod, gʊbod].

Rhaid hefyd ystyried:

(a) Moddau'r ferf. Y mae tri modd i'r ferf rediadol, sef Mynegol, Gorchmynnol a Dibynnol. Olion prin a geir yn unig o'r Dibynnol ym Mrycheiniog.

(b) Person a rhif. Y mae ffurfiau personol ac amhersonol i'r ferf ond amrywiadau amser yn unig sydd i'r amhersonol. Ceir dau rif i'r ffurfiau personol, sef unigol a lluosog, a thri pherson i bob rhif, sef cyntaf, ail a thrydydd.

(c) Amserau'r ferf rediadol reolaidd. Y mae tri amser i'r ferf hon, sef y Dyfodol, yr Amherffaith a'r Gorffennol Penodol.

Sylweddolir yr Amherffaith gan ffurfiau a gyfetyb i'r Amherffaith a'r Gorberffaith yn yr iaith lenyddol, hynny yw y mae ffurfiau'r ddau amser hyn yn disgyn ynghyd yn y tafodieithoedd hyn fel mewn tafodieithoedd eraill yn y Gymraeg (gweler C. H. Thomas, 1973/4: 272), a chawn ffurfiau'r ddau amser yn amrywio â'i gilydd, er enghraifft:

[dɔi *weden* nʊn dəvɛ]
[dəna *wɛtsɛn* nʊ]
[*liken* i gluɛd peθ]
[*lɪksɛn* i vɪnd]

Cafwyd yr argraff mai ffurfiau'r Gorberffaith a ddewisid amlaf gan y siaradwraig o Ddefynnog, er enghraifft:

[*tɔrsɛ* neb e]
[*dəlsɛ* ve rɔi nɔtɪs]
[*vəiðsɛ* neb ʃarad ag e]

Tra bo'r sefyllfa'n fwy cymysg ymhlith siaradwyr Godre'r Epynt a Llanwrtyd, weithiau ffurfiau'r Gorberffaith, weithiau'r Amherffaith, er enghraifft:

Godre'r Epynt:

[ve *dɔrsɛχ* lɔt mɛun dʊrnod]
[*kʊnsɛ* ve ðɪm trur dið]
[ve *rɛtsɛr* kɛfɪl ɔf]

[*dɪlənɛr* wiɛd am bəiti vɪɬdɪr]
[os ʃɪglɛχ χi wi a kɪu əndo ve ve *drige*]
Llanwrtyd:
[*galsɛχ* χi gɑl ɪnrɪu beθ ən *ɬanʊrtɪd]
[*lɪksun* i wɛld mʊi]
[ve *sdartɛ* vaɬɛ abɔiti nau]
[*dəlɛt* ti vod əŋ gʊbod əna]
Ystyriwn yn awr ffurfiau'r ferf yn y gwahanol foddau yn fwy manwl.

Y MODD MYNEGOL

Y FERF REOLAIDD

Cyflwynir yn Ffigur 3.1 sgema'r dodiaid. Lle bo amrywiadau i'w canfod o ardal i ardal rhagflaenir y ffurfiau perthnasol gan D = Defynnog, GE = Godre'r Epynt a Ll = ardal Llanwrtyd. A chraffu ar y sgema hwn, gwelir bod rhai gwahaniaethau.

*Gwahaniaethau yn rhannu Defynnog oddi wrth Godre'r Epynt a
Llanwrtyd*
(a) Y Dyfodol, trydydd unigol:
Yn Nefynnog, y dodiad [-ɪf] yn unig a godwyd, er enghraifft [*dalɪf* ʊn trun os i win dɪʃgul], [i *wedɪf* i ʊθɔ ve vɪd]. Gan na chofnodwyd ond [-ɪf] yn Nyffryn Wysg hefyd (gweler A. R. Thomas, 1958: 252), y mae'n ymddangos y gellir casglu na ddigwyddd [ɪθ] yn neau Brycheiniog. Yng Ngodre'r Epynt a Llanwrtyd ceir [-ɪf] ac [-ɪθ], ond yn anaml y digwydd yr olaf, er enghraifft:
Godre'r Epynt:
[*vɪtɪf* ə wað rʊbɛθ χwɛl]
[*smədɪf* e ðɪm ɛs boχ χɪŋ gwəid ʊθɔ ve]
[*rɔiɪθ* i e naur]
Llanwrtyd:
[*dalɪf* hʊn hanɛr kan pʊis]
[*prənɪf* *mɪsdə dʒons e naur]
[i *gnɔiɪθ* i blan kənfon i on ɔf]
Sylwer, ni chodwyd [-ɪθ] gyda'r ferf afreolaidd yng Ngodre'r Epynt ond fe'i ceir yn ardal Llanwrtyd, sef yn ffurf trydydd unigol y ddwy ferf [mɪnd] a [gnəid], sef [əiθ] a [nəiθ] (gweler isod). Erbyn cyrraedd ardal Cyfeiliog, ymddengys fod [-ɪθ] wedi llwyr ddisodli

Ffigur 3.1: Sgema o Ddodiaid y Ferf Reolaidd

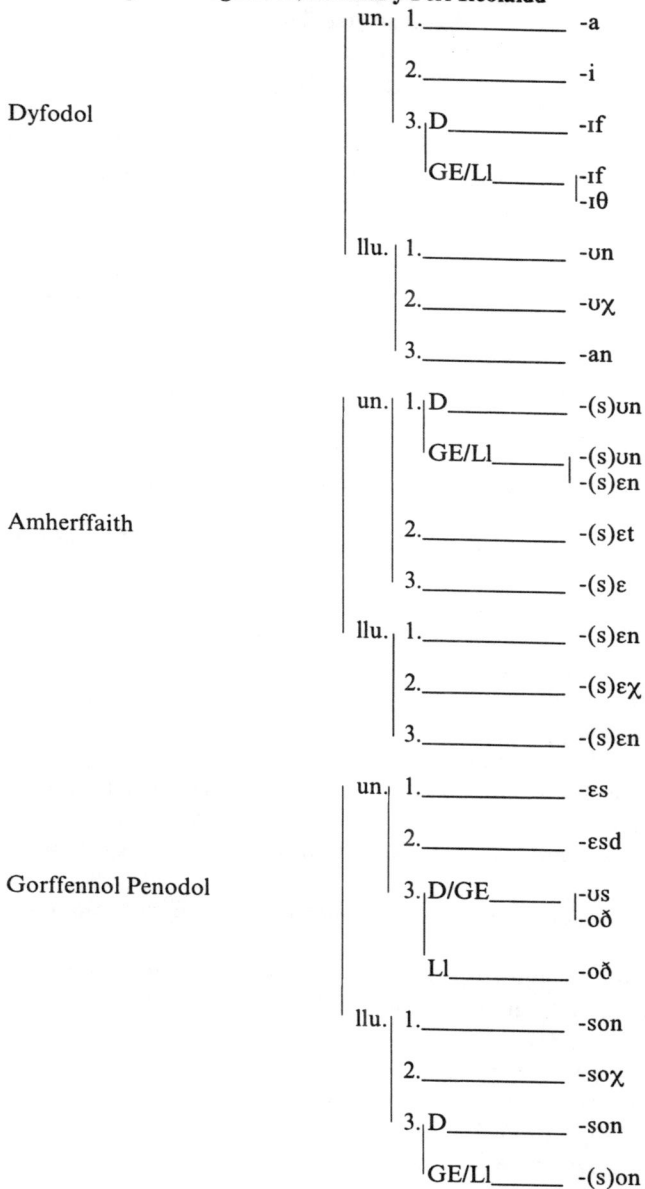

Dyfodol

un. 1._____ -a

2._____ -i

3. D_____ -ɪf

GE/Ll_____ ⌐-ɪf
⌐-ɪθ

llu. 1._____ -ʊn

2._____ -ʊχ

3._____ -an

Amherffaith

un. 1. D_____ -(s)ʊn

GE/Ll_____ ⌐-(s)ʊn
-(s)ɛn

2._____ -(s)ɛt

3._____ -(s)ɛ

llu. 1._____ -(s)ɛn

2._____ -(s)ɛχ

3._____ -(s)ɛn

Gorffennol Penodol

un. 1._____ -ɛs

2._____ -ɛsd

3. D/GE_____ ⌐-us
-oð

Ll_____ -oð

llu. 1._____ -son

2._____ -soχ

3. D_____ -son

GE/Ll_____ -(s)on

[-ɪf], oherwydd [-ɪθ] yn unig a nodir gan Sommerfelt (1925: 77, 79) yn rhediad y ferf reolaidd ac afreolaidd.

(b) Yr Amherffaith, cyntaf unigol:

Yn Nefynnog y ffurf [-(s)ʊn] yn unig a geir – ac felly hefyd yn Nyffryn Wysg (A. R. Thomas, 1958: 253), ond ceir [-(s)ʊn] a [-(s)ɛn] yng Ngodre'r Epynt a Llanwrtyd, er enghraifft, o Odre'r Epynt, [wedi tɔri *wɛtsun* i], [dɔinau *wedɛn* in inan].

(c) Y Gorffennol Penodol, trydydd lluosog:

Yn Nefynnog [-sɔn] yw ffurf y dodiad yn gyson, er enghraifft [*gnɔksɔn* ʊθ ə drus], [*tənsɔn* nʊ di *mɪs arɪs laur], [*kɔmandɪrsɔn* nʊr aɬwɛθ]. Yng Ngodre'r Epynt a Llanwrtyd, gellir hepgor yr [-s-], er enghraifft:

Godre'r Epynt:
    [ve briodus a ve *smədon* nʊ laur i *tir glʊid]
    [*gɔdon* nʊ vəŋglo iði]
Llanwrtyd:
    [*səmɪdon* nʊ o *gɛɬi velɛn i *lɔft wɛn]
    [*klaðon* nu i vam pan oð eŋ grʊt baχ].

Ond y ffurf [-son] ar y dodiad a ddigwydd fynychaf, er enghraifft:

Godre'r Epynt:
    [*brənson* ə farm ɪn naur]
    [*səmədson* lan i *ɬandəilor vɑn a vion mani am ʊiθ mlənɛð]
Llanwrtyd:
    [*dɪlɪnson* nʊ nɑd]
    [*mənson* nʊ in or fɔsdə məðəz ɪn]

Gan na nodir ond y dodiad â [-s-] yn Nyffryn Wysg (gweler A. R. Thomas, 1958: 153) gallwn gasglu nad yw hepgor yr [-s-] yn rhan o batrwm yr ardal y gorwedd Defynnog a Dyffryn Wysg ynddi.

Gwahaniaeth yn rhannu Defynnog a Godre'r Epynt oddi wrth ardal Llanwrtyd

Yn y Gorffennol Penodol, trydydd unigol, ceir y dodiad [-us] a [-oð] yn Nefynnog a Godre'r Epynt, er enghraifft:

Defynnog:
    [*magʊs* mam rəini]
    [i *wadʊs* mɑs ɑ mənɪð]
    [*ʃlat-ʃɔtoð* e χim bod]
    [*triɔð* nat'ki dɔrir bemɛn na]

Godre'r Epynt:

[*swipus* ə lɔt laur da ve]

[i *wedus* ə frɪnd]

[*sbɔiloð* ə kubul oð ma]

[*briodoð* e vɛrχ *nant ə bəinon]

Yn ardal Llanwrtyd [-oð] yn unig a godwyd, er enghraifft:

[*bɛdəðjoð* er tri]

[*pasoð* ə dɔktər əχwɛld]

[*prənoð* en tʃep]

Yn nhafodieithoedd de-ddwyrain Morgannwg, o'r blaeneudir (gweler, er enghraifft, O. M. Samuel, 1970) i'r Fro (gweler, er enghraifft, V. H. Phillips, 1955), [-ʊs] yn unig a nodir, felly y mae'n ymddangos mai yn ne'r hen sir Frycheiniog y mae [-oð] yn dechrau ymddangos a chasglwn fod rhan o ffin [-ʊs] yn y parhawd tafodieithol fel yr eir tua'r gogledd o Forgannwg yn gorwedd rhwng ardaloedd Godre'r Epynt a Llanwrtyd.

Y FERF AFREOLAIDD

Y Pedair Berf [mɪnd, dod, (g)nəid, kal]

Dosberthir y pedair berf hyn ynghyd oherwydd i ffurfio eu bonau, ar wahân i rai eithriadau, y maent yn dilyn patrwm [mɪnd], a sylweddoliad cytsain ddechreuol y bôn yn unig sydd yn eu gwahaniaethu oddi wrth ffurfiau'r ferf honno. Ychwanegir y dodiaid rhediadol yn uniongyrchol at y bôn ac y mae gan y berfau hyn yr un tri amser â'r ferf reolaidd a'r un dodiaid sydd iddynt ac eithrio yn y Gorffennol Penodol. Fodd bynnag, cafwyd bod cryn amrywiaeth rhwng eu ffurfiau o ardal i ardal ac felly fe'u trafodwn fesul amser.

(a) Y Dyfodol:

Gan fod y ferf [dod] yn dewis bôn gwahanol mewn rhai personau i'r tair berf arall, trafodwn [mɪnd, (g)nəid, kal] yn gyntaf, ac yna [dod].

Ceir yn Ffigur 3.2 sgema [mɪnd, (g)nəid, kal] ar gyfer yr Amser Dyfodol. Gwelir mai un gwahaniaeth sydd, sef bod y dodiaid [-ɪf] ac [-ɪθ] yn digwydd yn ardal Llanwrtyd. Serch hynny, ni ddigwydd yn aml yn Llanwrtyd: ni chodwyd ond dwy enghraifft, un yn ffurf y trydydd unigol ar gyfer y ferf [mɪnd]: [əiθ] a'r llall yn ffurf y trydydd unigol ar gyfer [(g)nəid]: [nəiθ], er enghraifft [ve *əiθ* ə ma'ʃin lɛktrɪk truiðo ve] a [*nəiθ* pob davad ðɪm mam ða]; a cheir y dybledau [əiθ/əif] a [nəiθ/nəif] wɪth gwrs. Gwelsom eisoes fod

Ffigur 3.2: Sgema [mɪnd, (g)nəid, kɑl] Amser Dyfodol

Bôn:

[ø/(g)n-/k-] _____ │ un. │ 1._____ -ɑ
                          │   │ 2._____ -əi
                          │   │ 3. D/GE_____ -əif
                          │   │   Ll _____ ┌-əif
                          │   │   └-əiθ
                          │
                          │ llu. │ 1._____ -ɛun
                          │   │ 2._____ -ɛuχ
                          │   │ 3._____ -ɑn

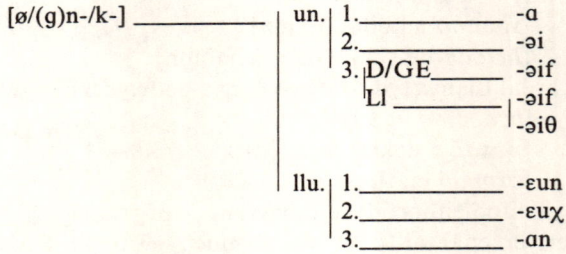

Ffigur 3.3: Sgema [dod] Amser Dyfodol

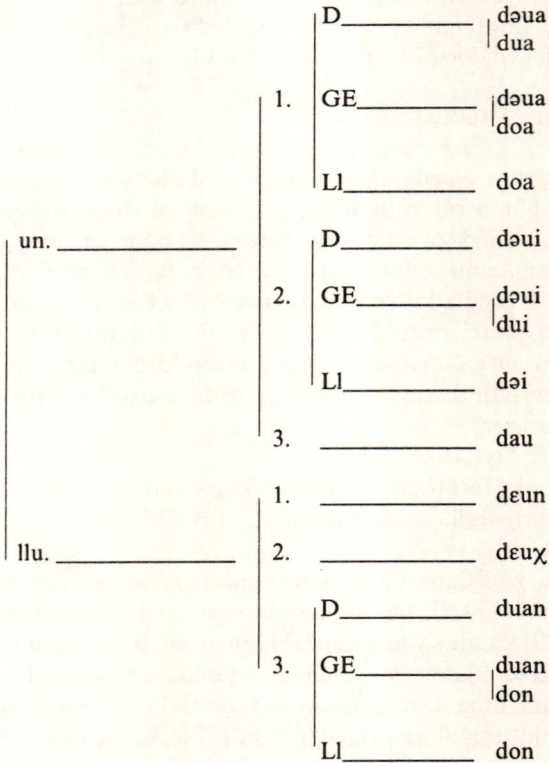

```
                                          ┌ D_____  ┌dəua
                                          │              └dua
                                          │
                                    1.    │ GE_____  ┌dəua
                                          │              └doa
                                          │
                                          └ Ll_____   doa

                    un. _____         ┌ D_____  dəui
                                          │
                                    2.    │ GE_____  ┌dəui
                                          │              └dui
                                          │
                                          └ Ll_____  dəi

                                    3.      _____  dau

                                    1.      _____  dɛun

                    llu. _____  2.      _____  dɛuχ

                                          ┌ D_____  duan
                                          │
                                    3.    │ GE_____  ┌duan
                                          │              └don
                                          │
                                          └ Ll_____  don
```

Ffigur 3.4: Sgema [mɪnd, dod, (g)nəid, kɑl] Amser Amherffaith

Bôn:
[ø/(g)n-/d-/k-]

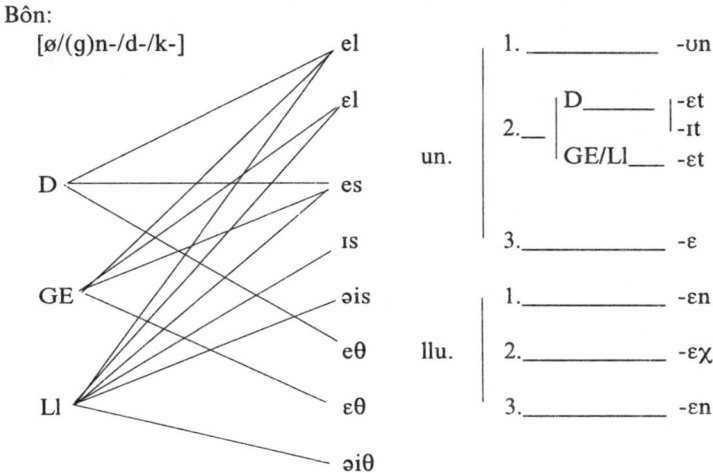

	1. _____	-ʊn
	2._	D_____	-ɛt / -ɪt
un.		GE/Ll___ -ɛt
	3. _____	-ɛ
	1. _____	-ɛn
llu.	2. _____	-ɛχ
	3. _____	-ɛn

[-ɪθ] yng Ngodre'r Epynt yn ogystal ag yn ardal Llanwrtyd yn ffurf trydydd unigol y ferf reolaidd, ond yn ardal Llanwrtyd yn unig y codwyd ef gyda'r ferf afreolaidd; hynny yw, y mae digwyddiad [-ɪθ] ar gynnydd fel yr eir tua'r gogledd o Odre'r Epynt i Lanwrtyd ac yn ymledu i gynnwys y ferf afreolaidd yn ogystal â'r ferf reolaidd.

Yn Ffigur 3.3, ceir sgema [dod] Amser Dyfodol. Gwelir bod cyfluniad morffolegol bôn [dod] fel a ganlyn: (i) ar gyfer y cyntaf a'r ail unigol a'r trydydd lluosog, dewisir yr amrywiol ffurfiau [dəu-/du-/do-]; (ii) ar gyfer y cyntaf a'r ail lluosog, dilynir patrwm [mɪnd]: [dɛun; dɛuχ]; (iii) ar gyfer y trydydd unigol, dewisir y ffurf ddi-olddodiad [dau].

A chymharu ffurfiau'r tair ardal, gwelir bod safle *dolennol* diddorol i Odre'r Epynt rhwng dewis Defynnog a Llanwrtyd yn y cyntaf unigol a'r trydydd lluosog, gyda Godre'r Epynt yn pontio ffurfiau Defynnog a Llanwrtyd:

1af unigol   D: [dəua/dua] → GE: [dəua/doa] → Ll: [do(a)]
3ydd lluosog D: [duan]   → GE [duan/don] → Ll: [don].

Am enghreifftiau pellach o'r dolennu hwn, gweler t. 97, isod.

(b) Yr Amherffaith:

Yn Ffigur 3.4, ceir sgema [mɪnd, (g)nəid, dod, kɑl] ar gyfer y tair

ardal. Gwelir bod dewis rhwng tri bôn yma, sef bôn yn diweddu yn
[-l], bôn yn diweddu yn [-s] a bôn yn diweddu yn [-θ], ond hynod
o gyfyng yw'r olaf. Y mae'r dewisiadau fel a ganlyn:

(i) Fel gyda'r ferf reolaidd a'r ferf [bod], gwelir yr un amrywio
rhydd rhwng bôn yn [-l] a bôn yn [-s] yn ffurfiau Amherffaith y
pedair berf hyn, er enghraifft:

Defynnog:
　　　　[nelɛ ve ðɪm ʃub beθ]
　　　　[nesɛ ve sun iŋ govɪn iðo ve]
　　　　[elɛ turkɪz ə'meł]
Godre'r Epynt:
　　　　[elɛr wiɛd ameł waiθ lan gɪdar avon]
　　　　[esɛr bladɪr ən blənt əχwɛld dɪm auχ əndi]
　　　　[gnesɛn, gnesɛn. in niŋ gwəid łuibro]
Llanwrtyd:
　　　　[oχ χiŋ gubod amkan delɛr ło]
　　　　[vəsɛr viuχ ən ʃɪŋko kɪn desɛr ło]
　　　　[oð ə tʃainz ən tənir ma'ʃin lan uθ kɔlɛr ə kɛfɪl ne ɪsɛr
　　　　ma'ʃin ðɪm]
　　　　[sar kod wɛrθes i gɪda vi eði, nesɛm miloð mui]
　　　　[on in sdarto bɪgilan guɪr pan ɛlun i dros ə fin i
　　　　*trausnant]
(ii) yn achos y bôn yn [-θ] fe'i dewisir fel a ganlyn:
　　　　Defynnog:　　　　 1af unigol [(g)nəid]: [gneθun]
　　　　Godrer'r Epynt: 1af unigol [mɪnd]: [ɛθun]
　　　　　　　　　　　　　 1af unigol [(g)nəid]: [neθun]
　　　　Llanwrtyd:　　　　 3ydd unigol [(g)nəid]: [nəiθɛ]

A chymharu'r tair ardal, gwelir mai yn newis Defynnog y mae'r
drefn symlaf yn y bonau, sef [-el, -es, -eθ]. Tra thebyg yw trefn
Godre'r Epynt ond dewisir rhai ansoddau llafarog mwy agored
yma: [-el/ɛl, -ɛθ]. Y mae patrwm ardal Llanwrtyd ychydig yn fwy
cymhleth: deil patrwm Godre'r Epynt a Defynnog ei dir yn y
bonau yn [-l] ac yn [-s], ond gwelir tuedd i gael deusain yn
llafariad y bôn yn [-əis] ac [-əiθ] – nodwedd y deuwn ar ei thraws
eto yn y Gorffennol Penodol.

(c) Y Gorffennol Penodol:
Y mae cyfluniad morffolegol cyntaf unigol ac ail unigol y pedair
berf yn yr amser hwn yn wahanol yn ardal Llanwrtyd i'r hyn ydyw
yn Nefynnog a Godre'r Epynt, er bod hedyn y gwahaniaeth i'w
ganfod yng Ngodre'r Epynt. Er hwylustod, trafodir y mannau y

Ffigur 3.5: Sgema [mɪnd, dod, (g)nəid] a [kɑl] Amser Gorffennol Penodol

Bôn:
(i) [mɪnd: ø; dod: d-; (g)nəid: (g)n-]

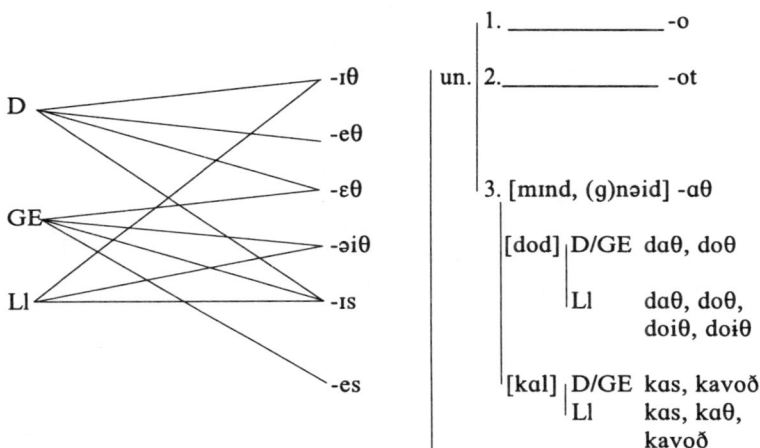

un.
1. _____ -o
2. _____ -ot

3. [mɪnd, (g)nəid] -ɑθ

[dod] D/GE dɑθ, doθ
L1 dɑθ, doθ, doiθ, doɨθ

[kɑl] D/GE kɑs, kavoð
L1 kɑs, kɑθ, kavoð

(ii) [kɑl: k-]

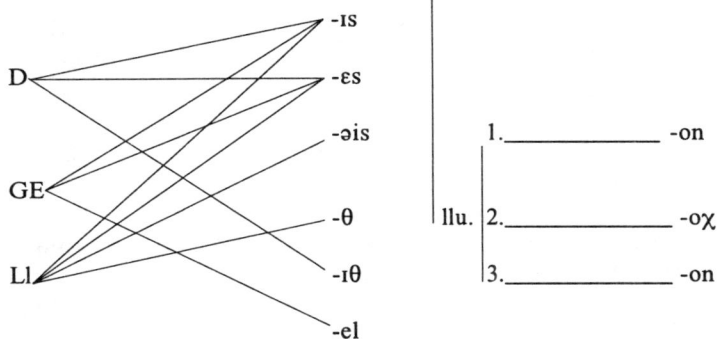

llu.
1. _____ -on
2. _____ -oχ
3. _____ -on

gwahaniaetha Godre'r Epynt a Llanwrtyd ynddynt ar wahân i'r gweddill.

Gan fod bôn [kɑl] yn wahanol i fonau'r tair berf arall y mae'n hwylus eu dosbarthu yn (i) [mɪnd, dod, (g)nəid] a (ii) [kɑl]. Gwelir yn Ffigur 3.5 sgema [mɪnd, dod, (g)nəid] a [kɑl] Amser

Gorffennol Penodol. Ar gyfer [mɪnd, dod, (g)nəid] gellir dewis bôn yn [-θ] neu yn [-s], hynny yw ceir dybledau, er enghraifft:
Defynnog:
[pan *dɪsɔn* nʊ lan ma]
[*dɪθɔn* nʊ ag e nol wedɪn]
Godre'r Epynt:
[*neθo* i rjod gaus a ɬaθ gavar]
[*niso* i ðɪm o ni]
Llanwrtyd:
[i ɛθ*on* lɔt ɔnɪn nʊ]
[*ison* ag e nol i *kəio]
[ve *əison* ni wedɪn i *ɬɛχərva]
[*eson* nʊ ðɪm i *ɬanavan]
Ond ffurfiau â'r bôn yn [-θ] a ddigwydd fynychaf, er enghraifft:
Defynnog:
[ɛθ*ɔ* mas]
[*dɛθon* ar ki ər oɬ fɔrð o *pɔn sɛni]
Godre'r Epynt:
[*dɛθo* nol i sdɔk]
[*nɛθo* ɔkʃun wedɪn]
Llanwrtyd:
[*dɪθon* ni laur gədar gwɪmp]
Sylwer bod cryn amrywiaeth yn ffurfiau trydydd unigol [dod] yn Llanwrtyd: [daθ, doθ, doiθ, doɬθ] (ar arwyddocâd yr amrywiadau â deusain, gweler tt. 27–31,uchod).
Yn achos [kɑl], ceir dewis o dair ffurf i'r bôn, sef bôn yn [-s], yn [-θ] ac yn [-l], ond prin eithriadol yw'r ddau olaf. Cafwyd [θ]:
(i) 1af unigol   [kɪθɔ]   Defynnog[19]
(ii) 3ydd unigol   [kɑθ]   Llanwrtyd.
Ni chodwyd enghraifft yn [-θ] yng Ngodre'r Epynt, ond yno'n unig y cafwyd y cyntaf lluosog [kelon].
Er mai'r patrwm helaethaf o ddigon yw bôn yn [-θ] i [mɪnd, dod, (g)nəid] a bôn yn [-s] i [kɑl], dengys yr ychydig enghreifftiau o fonau yn [-s] sydd gan [mɪnd, dod, (g)nəid] ddechreuad proses i adffurfio bonau'r tair berf hyn yn [-s], proses sydd yn gyflawn erbyn cyrraedd ardal Cyfeiliog, oherwydd, yn ôl tystiolaeth Sommerfelt (1925: 78–80), bonau yn [-s] yn unig sydd i'r pedair berf hyn yn yr ardal honno, er enghraifft ceir y ffurfiau cyntaf lluosog canlynol yng Nghyfeiliog:

[mɪnd] :   [*eison*]
[dod] :   [*dɒison*]
[(g)nəid] :   [*gneison*]
[kɑl] :   [*keison/kison*]

Fel y nodwyd ar ddechrau'r ymdriniaeth hon â ffurfiau'r Gorffennol Penodol, y mae ardal Llanwrtyd yn gwahaniaethu ychydig oddi wrth Godre'r Epynt a Llanwrtyd yn y cyntaf unigol a'r ail unigol. Dyma'r ffurfiau yn ardal Llanwrtyd:

[ø-, d-, (g)n-, k-]   1af unigol   [-es]
                      2il unigol   [-esd/-ɛsd]

Er enghraifft:

[*es* i gadrɛ am ðui vlənɛð a wedɪn *es* i lan i *pɛn bɔnt]
[i *es* i əsgol *ɬanvɛr]
[*ɛsd* di i *lanavan o *brula]
[*ðes* i nol fɔr hɪn i ɛlpi nɑd]
[*kes* i ɔpərəiʃən maur a pɛdwar dwrnod on nun rɔi i vi vru]
[biɛs in əsgɔl *abɛrgwesɪn a χes im aur o *gumrag]

Gwelir yma ddewis [-e/ɛ-] yn y bôn yn Llanwrtyd ar gyfer y pedair berf yn y cyntaf ac yn yr ail unigol, ac at y bôn hwn yr ychwanegir y dodiaid cyntaf unigol [-es] ac ail unigol [-esd/ɛsd]. Nid yw'r toriad rhwng Llanwrtyd a gweddill yr ardaloedd i'r de yn ddisymwth, fodd bynnag, oherwydd digwydd [kes] ac [es] yng Ngodre'r Epynt ochr yn ochr â [kɪso] ac [ɪθo] yn y berfau [kɑl] a [mɪnd]. Serch hynny, y mae'r ffaith na chodwyd enghreifftiau o'r bôn hwn yn rhediad y berfau [dod] a [(g)nəid] yng Ngodre'r Epynt ac na chodwyd un o'r ffurfiau hyn yn Nefynnog ychwaith yn dangos mai prin yw ei ddigwyddiad yn gyffredinol ym Mrycheiniog. Fodd bynnag, nodir y ffurf ail unigol [gnɛsd] yn Nyffryn Wysg [ʃu briʃ *gɛsdi* amdeni] (A. R. Thomas, 1958: Geirfa, 29), ffaith sy'n dangos bod y bôn hwn weithiau'n codi ei ben yn ne'r sir.

Y Ferf [bod] a'r Ferf [gubod]

(a) Y Ferf [bod]:

Y mae i ffurfiau cryno'r ferf hon chwe amser, sef: Presennol, Gorffennol Parhaol, Dyfodol, Amherffaith Amodol, Gorffennol Arferiadol a Gorffennol Penodol. Y mae dau ddosbarth o fonau yn ei rhediad, sef bonau yn [b-] yn y Dyfodol, yr Amherffaith Amodol, y Gorffennol Arferiadol a'r Gorffennol Penodol, a bonau heb [b-] yn y Presennol a'r Gorffennol Parhaol.

Sylwer bod dwy ffurf ar y bôn yn yr Amherffaith Amodol a'r
Gorffennol Arferiadol, sef [bəð-] a [bəs-]: cyfetyb y naill i'r
Amherffaith Arferiadol yn yr iaith safonol a'r llall i'r Gorberffaith.
Y mae tuedd bendant ym Mrycheiniog i ddefnyddio ffurfiau'r
Amherffaith i ddynodi'r Gorffennol Arferiadol, a ffurfiau'r
Gorberffaith i gyfleu'r Amodol, er enghraifft:

Ffurfiau'r Amherffaith yn dynodi'r Gorffennol Arferiadol:

[oð iθa ɬəθdi a wedɪn *bəðɛ* fenɛs vɛl wəiər mɛʃ; *bəðɛ* ən in
pɛn ir ɬəθdi be *ðɛn* nin arvɛð galu baiŋk – *vəðɛ* hɔno ran
vənəχa dan ə fenɛsd i gal air]

[beθ *vəðɛn* nin nəid oð gadɛl nʊ ɔiri]

[*bəðɛn* nin trɔi igɛn bɪm kəvɛr ar igɛn]

[*vəðɛn* nin trɔilo dəχrɔinos wiθɛ]

Ffurfiau'r Gorberffaith yn cyfleu'r Amodol:

[vəɬɛ *bəsɛm* mraud ən warɛ pɪm baχ]

[ɔs na *vəsɛχ* χin ɔvalɪs ve *vəsɛχ* wedi tulin gros]

[*vəsɛn* niŋ gwəid rɛuɛ o datus]

[i wedʊs *vəsɛ* ven rɔi krɛdɪt]

[*bɪsʊn* iŋ kal rɛntir ɬe ɔs ɔin i mɔin]

[*bəsɛ* luɛr gweɬ iðin nʊ pido rɔi e mɔr rad]

Codwyd llawer o enghreifftiau o ffurfiau'r ferf heb y bôn yn [b-]
â'r elfen [d-] wedi ei rhagddodi iddynt, fel arfer ar ôl y cysylltair
[ɔs]:

[wɛl ɔs *diχ* χin mɪnd at ə *mɛθədɪsd win dod gəda
χi məðɛ ve]

[ɔs *dʊin* kovjon jaun]

[ɔin niŋ kal tɪpɪn o gaus rənto ɔs *dɔin* nin mɔin]

[ɔs *doχ* χi iʃɛ dur am ə dwərnod – grɔt amdano ve]

[ɔs *dos* glau gɔ'lɛu da χi]

Sylwer, yn yr enghraifft ganlynol ceir ffurf â [d-] heb [ɔs] yn rhag-
flaenu: [*doð* rai ən buru ɛvəɬon ar id ə minið ɔnd go anamal oð e].

Ceir sgema'r ferf [bod] yn Ffigur 3.6; lle y bo gwhaniaethau wedi
codi o ardal i ardal nodir hynny gyda D = Defynnog, GE =
Godre'r Epynt a Ll = ardal Llanwrtyd. O graffu ar y sgema, gwelir
mai mân wahaniaethu'n unig sydd o ardal i ardal sef:

(i) Y ffurfiau [weðan, wen] cyntaf lluosog, Gorffennol Parhaol a
godwyd yn Nefynnog yn unig:

[*wen* nin arvɛð kluɛd nʊn kani]

[*win* kɔvjo frɪnd i mam *weðan* nin arvɛð mɪnd atɪn nʊ]

Ystyrir ffurfiau megis [weð, wes] ac yn y blaen yn nodwedd ar

Ffigur 3.6: Sgema'r ferf [bod]

Presennol	un.____	1._____	u
		2._____	ʋit
		3._____	ma(i), ɪu, os
	llu.____	1._____	in
		2._____	iχ
		3._____	mɑn, in
Gorffennol Parhaol	un.____	1._____	əun, on, ɔin
		2._____	ɔit
		3._____	oð
	llu.____	1.__	D____ ɔin, weðan, wen
			GE__ ɔin, on
			Ll__ on
		2.__	D/GE ɔiχ, ɔðɛχ
			Ll__ oχ, ɔðɛχ
		3.__	D____ ɔin
			GE__ ɔin, ɔðɛn
			Ll__ ɔin, ɔðɛn, on
Dyfodol Bôn: [bəð-]	un.____	1.__	-a
		2.__	-i
		3.__	D ø,-ɪf
			GE/Ll ø
	llu.____	1._____	-ʋn
		2._____	-ʋχ
		3._____	-an

parhad . . .

Ffigur 3.6: Sgema'r ferf [bod] (parhad)

Amherffaith Amodol/Gorffennol Arferiadol
Bôn: [bəð-, bəs-, bɪs-]

```
un.___ 1._____ -ʊn

       2._____ -ɛt

       3._____ -ɛ

llu.___ 1._____ -ɛn

        2._____ -ɛx

        3._____ -ɛn
```

Gorffennol Penodol
Bôn: [bi-]

```
un.__ 1.__ D_____ -ɛs,-o

            GE/Ll_____ -ɛs

      2._____ -ɛsd

      3.__ D_____ ø, -o, -ʊs

            GE_____ ø, -ʊs, -oð

            Ll_____ -oð

llu.__ 1.__ D/Ll_____ -on

            GE_____ -(s)on

       2.__ D/Ll_____ -oχ

            GE_____ -(s)oχ

       3.__ D/Ll_____ -on

            GE_____ -(s)on
```

dafodieithoedd y de-orllewin – rhannau o Benfro'n arbennig (Beth Thomas a P. W. Thomas, 1989: 44). Nis codwyd yn Nyffryn Wysg yn astudiaeth A. R. Thomas (1958). Fodd bynnag, codwyd eng-hreifftiau o eiriau a ystyrir yn nodweddiadol o ogledd Penfro yn A. R. Thomas (1973: Ffig. 56) ac yn G. E. Jones ac Ann Jones (1996: 10). Hyd oni cheir darlun mwy cyflawn o'r tafodieithoedd i gyfeiriad y de-orllewin ni ellir deall arwyddocâd lleoliad y ffurfiau hyn ym Mrycheiniog.

(ii) Dengys siaradwraig Defynnog rhyw duedd i dynnu dodiaid y ferf reolaidd at ffurfiau di-olddodiad [bod]; codwyd enghreifftiau o hyn yn:

y ffurf 3ydd unigol, Dyfodol [bəðɪf]:
[gwidu mɑn nʊŋ galur vɛnɪu pan bəðɪf i wedi klaði i gur]
y ffurf 1af unigol, Gorffennol Penodol yn [-o] yn ogystal ag yn [-ɛs]:
[vies ən *pɔnsɛni dar nərs ðo]
[vio i wɛrθɪn am əni ʊθ əm ɪnan]
a cheir [-o] yn y ffurf [bio] 3ydd unigol, Gorffennol Penodol:
[bio i biɔnd ʊθo i ar ol mam]
Ond y ffurfiau [bi, bius] a geir fynychaf o ddigon yn llafar siaradwraig Defynnog.

(iii) Yn y trydydd unigol Amser Gorffennol Penodol, digwydd y ffurf [bioð] yn rheolaidd yng Ngodre'r Epynt ac yn ardal Llanwrtyd. [bi/bius] oedd amlaf yn Nefynnog, a dyna hefyd y sefyllfa yn Nyffryn Wysg (A. R. Thomas, 1958: 260). Ni chodwyd y ffurf [bius] na'r ffurf ddi-olddodiad [bi] yn Llanwrtyd. Rhagdybir y cam hwn yng Ngodre'r Epynt lle y mae [bi] yn brin iawn a [bius/biodd] yn cystadlu â'i gilydd. Dyma enghraifft arall o natur ddolennog Godre'r Epynt yn y parhawd tafodieithol yn pontio trawsnewid ar draws Brycheiniog o Ddefynnog i ardal Llanwrtyd (gweler t. 89 uchod am enghraifft bellach), sef yn yr achos hwn:

Defynnog	Godre'r Epynt	Llanwrtyd
[bi/ bius] →	[bi/ bius/ bioð] →	[bioð]

(b) Y Ferf [gʊbod]
Nid oes ond dau amser i rediad y ferf hon, sef y Presennol a'r Amherffaith a ddangosir yn Ffigur 3.7. Y mae'r ferf hon yn unffurf trwy'r tair ardal dan sylw.

Ffigur 3.7: Sgema'r ferf [gʊbod]

Presennol   un.__   1._____ gʊn

                                    2._____ gʊðot

                                    3._____ gʊir

                     llu.__   1._____ gʊðon

                                    2._____ gʊðoχ

                                    3._____ gʊðon

Amherffaith   un.__   1._____ gwiðun

                                    2._____ gwiðɛt

                                    3._____ gwiðɛ

                     llu.__   1._____ gwiðɛn

                                    2._____ gwiðɛχ

                                    3._____ gwiðɛn

Y MODD GORCHMYNNOL

Nid oes ffurfiau Gorchmynnol ond i ail ac i drydydd unigol a lluosog y ferf, fel y gwelir yn Ffigur 3.8. Gwelir oddi wrth y sgema hwn fod dau ddull o lunio'r ail unigol, a gellir rhannu berfau yn ddau brif ddosbarth yn ôl pa un o'r dulliau hyn a ddewisant:

(1) Dosbarth A. Dewis berfau'r dosbarth hwn ddull ail unigol (i), sef ffurf ddi-olddodiad. Y mae dau is-raniad yma:

(i) y berfau y mae iddynt ferfenw di-olddodiad (gweler t. 81, uchod). Gweithreda'r berfenw yn swyddogaeth yr ail unigol Gorchmynnol hefyd, er enghraifft [səmɪd, datod, nɛuid, dilɪn];

(ii) set o ferfenwau y mae eu berfenw yn cynnwys bôn + dodiad, ond hepgorir y dodiad yn y Gorchmynnol; hynny yw, y mae'r bôn yn gweithredu fel ffurf y Gorchmynnol, er enghraifft [rɔi: ro; bɪta: bɪt; dodi: dod; dəsgi: dɪsg; redɛg: red].

Ffigur 3.8: Sgema Ffurfiau'r Gorchmynnol

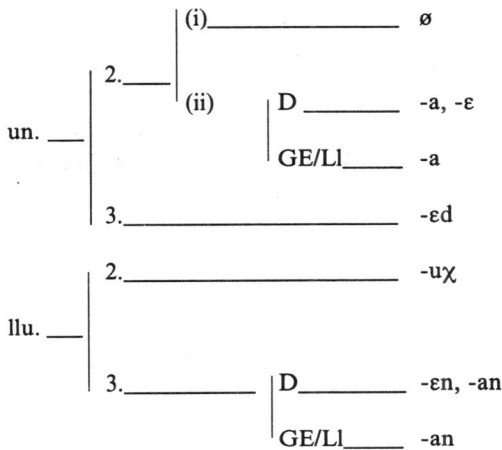

```
                        (i)_____  ø
              2.___
                        (ii)      D_____  -a, -ɛ
     un.___
                                  GE/Ll_____  -a

              3._____  -ɛd


              2._____  -uχ
     llu.___
              3._____  D_____  -ɛn, -an

                           GE/Ll_____  -an
```

(2) Dosbarth B. Dewis berfau'r dosbarth hwn ddull ail unigol
(ii), sef ychwanegu'r dodiad [-a/-ɛ] at fôn y ferf. Perthyn yr holl
ferfenwau o gyfluniad bôn + dodiad i'r dosbarth hwn ac eithrio'r
rheini sydd yn nosbarth A (ii) uchod, er enghraifft [karko: karka;
rivɔ: riva; altro: altra; puʃo: puʃa; hɔɬdi: hɔɬda]. Y mae tuedd gref
i ddull Dosbarth B o lunio'r Gorchmynnol ail unigol dynnu berfau
a berthynai yn yr iaith safonol i ddosbarth A, er enghraifft [kəsga,
ɬɔsga, kɑna, ʃarada]. Gallwn ychwanegu enghreifftiau a godwyd
yn Nyffryn Wysg gan A. R. Thomas (1958: 253–4): [gaɬa, gweda,
paɬa, rɔia]. Ceir llu o enghreifftiau o ddewis y ddau ddull, er engh-
raifft [siχ/səχa; tɪn/təna; klɪm/kləma; kʊn/kʊna; prɪn/prəna].
Sylwer, yn Nefynnog codwyd y terfyniad [-ɛ] yn ogystal â [-a], er
enghraifft: [*galwɛ* di ar ə ki naur], [*gesɛ* di i bʊisa ven rəit], [*kier*
drus na vɛrx]. Codwyd enghraifft gan A. R. Thomas yn Nyffryn
Wysg hefyd (A. R. Thomas, 1958: 58): [*kəmmɛ* di bʊiɬ naur].
Gallwn dybio, felly, fod ffurfiau yn [ɛ] yn nodwedd yn ne
Brycheiniog.

I lunio'r trydydd unigol a'r ail a'r trydydd lluosog, ychwanegir y
dodiaid yn uniongyrchol at fôn y ferf, er enghraifft:

3ydd unigol   [*kered* e i inan]
               [*məned* hi ve]

2il lluosog [gɔsɔduχ əχ bag ar ə vɔrd]
 [arɔsuχ i de da ni]
3ydd lluosog [gɔvalɛn nʊ am əni]
 [*doden* nʊ en rəit tɛ wedɛs i]
Codwyd enghraifft brin o'r ffurf trydydd lluosog [-an] yn Nefynnog: [*gwedan* nu beth vənon nʊ].

Negyddir y Gorchmynnol â'r ferf [pido a], er enghraifft:
 [paid a mɪnd]
 [pidɛd e a govɪn i vi]
 [piduχ vɛnɪu]
 [piden nʊ a mɛntro gɔrmoð]

Felly, ac eithrio digwyddiad [-ɛ] a [-an] fel ffurf ar y dodiad yn yr ail unigol ac yn y trydydd lluosog yn Nefynnog y mae ffurfiau'r Gorchmynnol yn unffurf ym Mrycheiniog.

Y MODD DIBYNNOL

Olion prin yn unig o'r modd hwn a geir ym Mrycheiniog. Codwyd y ffurfiau canlynol ar y ferf [bod] yn dilyn y cysyllteiriau [pan/pɪn, nɛs]:

3ydd unigol:	[bo]
1af lluosog:	[bon]
2il lluosog:	[boχ]
3ydd lluosog:	[bon]

Er enghraifft:
 [pɪn *bo* i amsɛr *dɔlɪg]
 [vəðɛn niŋ kuɛn nɛs *bo* i weχ or gloχ ə bɔrɛ]
 [pɪn *bon* nin nəid riχ]
 [pan *bo* i fəin ən ər hɑv]
Cafwyd y ffurfiau [delo] a [hɛlpo] mewn ymadroddion ebych-iadol: [dɔid a *ðelo*], [*dru ai *hɛlpo*].

3.4 Y Geiryn Rhagferfol

Er y dybiaeth gyffredinol bod mwy o duedd yn yr iaith lafar nag yn yr iaith safonol i ddefnyddio geirynnau rhagferfol, patrwm cyffredin Brycheiniog, fel mewn tafodieithoedd eraill (gweler sylw Beth Thomas a P. W. Thomas, 1989: 75), yw defnyddio'r ferf yn foel ar ddechrau'r frawddeg, er enghraifft:

THOMAS
Dr Ceinwen Hannah

Hunodd yn dawel ar ol cystudd hir, yn 96 mlwydd oed, ar Ddydd Mercher Ionawr 30, yng nghartref Valley View Care Home, Hengoed, gynt o Heol Cae Delyn, yr Eglwys Newydd, Chyfarwyddwraig Uned Ymchwil yr Iaith Gymraeg yng Ngholeg y Brifysgol, Caerdydd, merch annwyl y diweddar Catherine Margretta ac Evan, chwaer a chwaer-yng-nghyfraith y diweddar Gwyn a Betty, bydd Janet a Glynis, a'u gwyr Alan a Robert yn gweld colled ar ei hol.

Cynhelir y gwasanaeth yng Nghapel Tonyfelin, Caerffili, ar Chwefror 7 am 2.15 y prynhawn, ac i ddilyn yng Nghapel y Wenallt, y Ddraenen Wen, Caerdydd am 3.30 o'r gloch.

Blodau'r teulu yn unig, rhoddion os dymunir tuag at brosiect arbennig sy'n cydnabod cyfraniadau Ceinwen a Margretta tuag at y Etifeddiaeth Gymraeg, Sain Ffagan, rhoddion yng nghofal Gwasanaeth Angladdol Caerffili, Parc Ave, Caerphilly CF83 3AZ.

Ffon 029 20862100.

1. Telephone 0
2. Online at ww
3. In person. Call ir

Media Wales Ltd, Thomson H

2 & 3 Blue Street, Carmarthe

Our advertising terms and conditions can be viewed on the 'bo

s12

[*agorud* in ən *hɛrmon wɛlz]
[*bies* in lʊkɪs jaun]
[*kaθ* e i ɛni ən plʊi *ɬanavan ən *blɑn gwɛnʊsd]
[*kies* ə drus nol]
[*klues* i nɑd a mam əŋ gwəid ni luɛr gwaiθ]
[*kiʃon* nʊ viʃ ne rʊbɛθ vɛlni]
[*kləuson* ni naur ʊsnoθ dwɛθa]
[*es* i gadrɛ am dʊi vlənɛð wedin *es* i lan i *pɛn bɔnt,
*abergwɛsɪn]
[*gadeues* ir əsgol əm miʃ *mauθ]
[*ganɛd* nad əno a *smədon* nʊ pan oð e bəiti dʊivlʊið]
[*neuɪtson* nir pləg]
[*prənoð* *ɬɪs dinam ər əs'det]

Defnyddir cryn amrywiaeth o wahanol eirynnau rhagferfol yn
iaith lafar Brycheiniog ac er hwylustod, gallwn eu dosbarthu yn
ddau grŵp, sef (i) geirynnau ag elfen 'i' ynddynt – codwyd y
gwahanol ffurfiau canlynol [i, hi, vi, mi]; a (ii) geirynnau ag elfen
'e' ynddynt – codwyd y gwahanol ffurfiau canlynol [e, ve, me].

Gwelir bod [mi] yn eu plith, geiryn a geir yn nhafodieithoedd y
De yn ogystal ag yn y Gogledd – yn groes i'r dybiaeth gyffredin mai
geiryn a berthyn i dafodieithoedd gogleddol ydyw (gweler Beth
Thomas a P. W. Thomas, 1989: 75). Sylwer hefyd, na ddefnyddir
geiryn rhagferfol o flaen ffurfiau presennol y ferf 'bod' ym
Mrycheiniog, hynny yw ni cheir y cyffelyb i [mi dwi; mi ədan ni] a
glywir mewn tafodieithoedd gogleddol. Codwyd enghreifftiau o'r
gwahanol eirynnau hyn fel a ganlyn:

Defynnog: codwyd [i] a [ve], ond [i] a ddigwydd amlaf o
ddigon.

[i]   [*i* wedɪf i ʊθɔ ve]
        [*i* gaun ni dʊɪð fəin]
        [*i* vɛntra i]
[ve]   [*ve* ɛθo i no]
        [*ve* gʊmpɛs ar ən ɬau]
        [*ve* brənʊs nu da *rɔser ən *abɛrɔnði]
        [*ve* vənsɛ tai ve oð ən rəit]

Godre'r Epynt: codwyd [i, hi, vi, mi] a [e, ve]. Y geiryn [ve] a ddigwydd amlaf o ddigon a llai cyffredin yw'r ffurfiau [hi, vi, mi, e].

[ve]   [*ve* brənson *nant ər ɔnɛn]
       [*ve* brodus a *ve* smədon laur i *tirglʊid]
       [*ve* wedoð e pərni]

[e]   [*e* ðaθ ə gur bɔnɛðɪg hɪn]

[i]   [*i* ðaθ ə bəindəz a fɛθɛ mas]
       [*i* alsɛ din hɔin glaud jaun χiŋ gwɛld]
       [*i* wedus bod e wedi kal rɔlɪn]

[hi]   [*hi* ðaθ i ðəsgi *kəmrag]

[vi]   [*vi* eson ən anlʊkɪs ɔvnadu]

[mi]   [*mi* ðaθ karbarəndan χwɛl]

Ardal Llanwrtyd: codwyd [i, vi, mi] a [e, ve, me]. Fel yng Ngodre'r Epynt, [ve] a ddigwydd amlaf o ddigon hefyd. Sylwer ar y ffurf [me]: gwnaed yr awgrym diddorol mai ymdoddiad o [mi] o [ve] ydyw (Beth Thomas a P. W. Thomas, 1989: 75), er enghraifft:

[i]   [*i* wedai θɔχ χɪ oð lɔt o bɔrθmɪn mɪnd laur i
       gaban *tʊm baχ]]
       [*i* gɔdon nʊ manʃən]
       [*i* ðaθ ə bəindər a fɛθɛ]

[vi]   [*vi* vəsɛ ven tɔi]
       [*vi* oð i]
       [*vi* aθ pɛθɛ ar i ol i]

[mi]   [*mi* vioð *mɛθɔdɪsd na]
       [*mi* ges i in baχ i rəvɛði]
       [*mi* ges i hɛlp i vɪnd drɔs ə bɔnt]

[e]   [*e* drɔison nol]
       [*e* ðaθ ə gwas ma]

[ve]   [*ve* briodoð iθa *sɪsnɛs]
       [*ve* basoð ən ivaŋk]
       [*ve* wɛdsɛ ruɪn θɔχ χi]

[me]   [*me* gnɔka i nʊ mɛun]
       [*me* ðɛχrioð gadu gwasanɛθ no]
       [*me* welɔð rʊin ən i ðɪlɪn a *me* redoð am i
       vəuɪd]

Patrwm cyffredin, lle na cheir geiryn, yw treiglo cytsain ddechreuol yn feddal:

[ðes i nol fɔr ɪn]
[glues i mam əŋ gwəid bot hi di kɑl gwaith no]
[vioð e vɑrun ðin ivaŋk]
[ðaθ en sdorom ru nɔswɛθ a i swipus ə lɔt]
[wedus ruɪn pu ðwərnod]

3.5 Yr Ansoddair

3.5.1 Rhif a Chenedl

Y mae dau gategori gramadegol ynghlwm wrth ffurfiant yr ansoddair, sef rhif a chenedl.

RHIF

Y mae unigol a lluosog i'r categori hwn. I lunio'r lluosog, defnyddir prosesau morffolegol cymhwyso a dodi. Digwydd y cymhwyso drwy gyfnewid llafariaid mewnol. Y mae tri chyfnewid, sef:

    [a ~ ɪ] [arał: ɛrɪł]
    [a ~ ɛ] [ivaŋk: ivɛŋk]
    [ɛ ~ ɪ] [kalɛd: kɛlɪd]

Ym mhroses dodi, ychwanegir y dodiad [-on] at y ffurf unigol, er enghraifft [di: dion; koχ: koχon; kriv: krəvjon].

CENEDL

Y mae dau derm i'r categori hwn, sef gwrywaidd (g.) a benywaidd (b.). Ffurfir y benywaidd trwy broses cymhwyso, sef cyfnewid llafariaid mewnol. Digwydd tri chyfnewid:

    [ɪ ~ ɛ] g. [gwɪn]
              b. [gwɛn]
    [ʊ ~ ɔ] g. [kʊta]
              b. [kɔta]
    [i ~ e] g. [kriv]
              b. [krev]

IS-DDOSBARTHIADAU

Yn ôl y dystiolaeth a godwyd ym Mrycheiniog, gellir trefnu system yr ansoddair yn bedwar is-ddosbarth yn ôl a ddewisir categorïau rhif a chenedl ai peidio.

IS-DDOSBARTH 1

Ansoddeiriau nad oes iddynt na ffurf luosog na ffurf fenywaidd. I'r dosbarth hwn y perthyn y mwyafrif llethol o'r ansoddeiriau, er enghraifft [baχ, bɪr, blin, krig, ɬʋid, main, maur, or, rəund, tʋim, tenɛ].

IS-DDOSBARTH 2

Ansoddeiriau a chanddynt ffurf fenywaidd ond nid lluosog. Tair enghraifft yn unig a godwyd, sef [kʋta: kɔta; ɬɪm: ɬɛm; melɪn: melɛn], er enghraifft:

> [oð da vi gasɛg *velɛn*]
> [mar ðavad *gɔta* ən rardal ɪn vɪd]
> [gelon nu brovɛdigɛθ *lɛm*]

IS-DDOSBARTH 3

Ansoddeiriau a chanddynt ffurfiau unigol a lluosog ond nid benywaidd. Yn enwol yn unig y defnyddir rhai o ffurfiau lluosog yr is-ddosbarth hwn, er enghraifft [kləivjon, dəiɬjon], ond codwyd yr enghreifftiau canlynol yn goleddfu enwau lluosog yn y tafodieithoedd hyn:

[araɬ: ɛrɪɬ]	[seti *ɛrɪɬ*]
[kalɛd: kɛlɪd]	[sdolɛ *kɛlɪd*]
[koχ: koχon]	[kərɛns *koχon*]
[kros: krɔison]	[kod *krɔison*]
[di: dion]	[kərɛns *dion*]
[glɑs: gliʃon]	[arjan *gliʃon*]
[glib: gləbjon]	[dɪɬad *gləbjon*]
[gwɪɬd: gwɪɬdon]	[poniz *gwɪɬdon*]
[hɛsb: hɛsbon]	[da *hɛsbon*]
[ivaŋk: ivɛŋk]	[dənon *ivɛŋk*]
[tɛu: tɛujon]	[ʋin *tɛujon*]
[trʋm: trəmjon]	[ɬʋiθi *trəmjon*]

Fodd bynnag, ac eithrio ambell ansoddair fel [ɛrɪɬ] a [ivɛŋk], ni *raid* dewis ffurfiau lluosog yr ansoddeiriau uchod gydag enwau lluosog a chafwyd enghreifftiau ddigon o ffurfiau unigol yr ansoddeiriau yn goleddfu enwau lluosog: [dənon di], [kaʋodɛ trʋm], [blɔdɛ koχ], [gwaɬdɛ gwɪn], [hɑvɛ glib].

Sylwer bod ystyr penodol i rai cyfuniadau fel: [ɬəgɛd dion] 'llygaid du eu lliw' a [ɬəgɛd di] 'llygad â chlais du o'i hamgylch'; [arjan gliʃon] darnau sylltau, chwechau a deusylltau yn yr hen arian.

IS-DDOSBARTH 4

Ansoddeiriau a chanddynt ffurfiau unigol a lluosog a ffurf fenywaidd. Dwy enghraifft yn unig a godwyd:

  (i) [gwɪn, gwɛn, gwənon]
     [krɪsɛ *gwənon*]
     [gwaɬd *gwɪn*]
     [hat *wɛn*]
  (ii) [kriv, krev, krəvjon]
     [krutɪn *kriv*]
     [mɛnɪu *grev*]
     [sgɪdjɛ *krəvjon*]

3.5.2 Cymharu Ansoddeiriau

Y mae pedair gradd cymharu, sef cysefin, cyfartal, cymharol ac eithaf. Gellir rhannu'r ansoddeiriau'n dri dosbarth yn ôl eu dull o ffurfio'r graddau cymharu hyn, sef y dosbarth rheolaidd, y dosbarth afreolaidd a'r dosbarth periffrastig.

Yn y dosbarth hwn dewisir yr un ffurf yn fôn drwy'r pedair gradd. Ffurf y radd gysefin yw'r bôn ac ychwanegir dodiaid ato i ffurfio'r graddau eraill, sef [-ɛd] ar gyfer y radd gyfartal, [-aχ] ar gyfer y radd gymharol, a [-a] ar gyfer y radd eithaf. Os diwedda'r gysefin yn [-b/-d/-g], fe'u cyfnewidir â [-p/-t/-k] yn y graddau eraill, fel yn y tabl isod.

Cysefin	Cyfartal	Cymharol	Eithaf
[kalɛd	kletɛd	klɛtaχ	klɛta]
[klaud	klɔtɛd	klɔtaχ	klɔta]
[kriv	krəved	krəvaχ	krəva]
[di	died	diaχ	dia]
[glib	gləpɛd	gləpaχ	gləpa]
[(h)en	(h)enɛd	h)enaχ	(h)ena]

Mewn cymhariaeth, rhagflaenir y radd gyfartal gan [mɔr] (sy'n peri treiglad meddal) a'i dilyn gan [a] (sy'n peri treiglad meddal a threiglad llaes) o flaen cytsain a [ag] o flaen llafariad; rhagflaenir y radd gymharol gan [ən] (sy'n peri treiglad meddal) a'i dilyn gan [na] (sy'n peri treiglad meddal a threiglad llaes) o flaen cytsain a chan [nag] o flaen llafariad, er enghraifft:

[oð mɔtrɪb ən enaχ na mam]
[on nu mɔr ðied a χevɛn tɑn]
[vəsɛ ven drəmaχ nag on bluɪð]

Y DOSBARTH AFREOLAIDD

Dewisir amrywiol fonau a dulliau i ffurfio graddau cymharu yn y dosbarth hwn. Gellir dewis yr un bôn mewn tair neu lai o'r graddau cymharu ond nid yn y pedair. Ffurfir y pedair gradd fel a ganlyn:

Y radd gysefin a'r radd gymharol: ffurfiau di-olddodiad a ddewisir i ffurfio'r rhain.

Y radd gyfartal: y mae dau ddull o lunio'r radd hon: (a) bôn + y dodiad [-ɛd]; (b) y rhagddodiaid [kən-, kə(v)] + bôn. Mewn cymhariaeth, rhagflaenir ansoddeiriau sydd yn dewis dull (a) gan [mɔr] (sy'n peri treiglad meddal), ond nid oes dim yn rhagflaenu'r ansoddeiriau sydd yn dewis dull (b).

Y radd eithaf: ffurfir y radd hon trwy ychwanegu y dodiad [-a] at y bôn bob amser.

Enghreifftiau:

Cysefin	Cyfartal	Cymharol	Eithaf
[agos	nesɛd	nes	nesa]
[bian	kəntɛd	kɪnt	kənta]
[drug	kəndrug	gwɑθ	gwiθa]
[maur	kəmɛnt	mʊi	mʊia]

[mar ðavad gʊmrag kəndrug ar *tʃɛvjot am grʊidro]
[ma ambeł i hʊrð ən gałi redɛg mɔr gɪntɛd a χi naur]

Y mae tuedd ym Mrycheiniog i redeg rhai ansoddeiriau yn rheolaidd ac yn afreolaidd, er enghraifft: [hir], cafwyd y ffurfiau [kɪ'id, hʊi, huia] yn ogystal â [hirɛd, hiraχ, hira]. Y mae rhai ansoddeiriau heb eu tynnu'n llwyr i mewn i'r rheolaidd a cheir dybledau yn rhai o'r graddau. Codwyd yr enghreifftiau canlynol:

Cysefin	Cyfartal	Cymharol	Eithaf
[ɪχel	kɪuχ/iχɛd	ɪuχ	ɪuχa/iχɛla]
[iʃɛl	iʃɛlɛd	iʃ/ɪʃɛlaχ	ɪʃɛla]
[(h)auð	(h)ausɛd	(h)ausaχ/	(h)ausa/
		(h)auðaχ	(h)auða]

Ffurfir y graddau cymharu yn y dosbarth hwn trwy ragflaenu'r ffurf gysefin gan [mɔr] (sy'n peri treiglad meddal) yn y radd gyfartal a'i dilyn gan [a] (sy'n peri treiglad llaes i [p, t, k]) a [ag] o flaen llafariaid, a ffurfiau cymaredig yr ansoddair [maur], sef [mui] yn y radd gymharol (a ddilynir gan [na] sy'n peri treiglad llaes i [p, t, k] a [nag] o flaen llafariaid), a [muia] yn y radd eithaf. Hwn yw'r dull a ddewisir gan yr ansoddeiriau tarddiadol fel arfer, er enghraifft:

Cysefin	Cyfartal	Cymharol	Eithaf
[anlukɪs	mɔr anlukɪs	mui anlukɪs	muia anlukɪs]
[plɛntəneð	mɔr blɛntəneð	mui plɛntəneð	muia plɛntəneð]

Y mae tuedd ym Mrycheiniog i ddefnyddio'r dull periffrastig i lunio graddau cymharol ac eithaf ansoddeiriau yr ychwanegid terfyniadau atynt yn yr iaith safonol, er enghraifft:
[oð en *vui koχ* nag ɪu e naur]
[oð *dɛvənog ən łe *mui puisɪg* nag ɪu e eði]
[oð ə kan *vui pir* vlənəðɛ nol na naur]
[ʃɔp ə gov in nin wəid *mɔr amal a* dɪm ɛvɪd]
[dɪu i ðɪm *mɔr ða* ai braud ən ə pɔsd i gɔvjo]
Y mae rhai ansoddeiriau diffygiol, sef, ansoddeiriau'n meddu ar rai ffurfiau cymaredig yn unig, er enghraifft [dwɛθa, pɛna, ɛlwaχ], oll yn ansoddeiriau o enwau.

3.6 Y Rhifolion

Dull ugeiniol yn ei hanfod yw dull traddodiadol y Gymraeg o rifo, hynny yw rhifir mewn unedau o ugain. Nodir pob un o'r unedau hyn o ugain gan rifol y rhoddwn iddo'r enw *gwahanrif*. Y cyntaf o'r gwahanrifau yw [igɛn], yr ail yw [dɔigɛn], y trydydd yw [trigɛn] a'r pedwerydd yw [pɛdwar igɛn]. Y gwahanrif nesaf yw [kant], ond wrth rifo tros y cant a'r fil ac yn y blaen y mae'r drefn yn newid ychydig a'r gwahanrifau a ddefnyddir yw [kant, mil, mɪljun], neu gyfansoddeiriau ohonynt megis [dɔigant, pɪm mil] ac yn y blaen. Tuedd siaradwyr Brycheiniog, fodd bynnag, yw defnyddio rhifolion y Saesneg, yn arbennig i ddynodi symiau mawr cymhleth. Defnyddiant y rhifolion Cymraeg amlaf pan fônt yn ymwneud â symiau llai na'r cant.

Y mae'r uned ugeiniol gyntaf, sef 1–20, a'r drydedd uned ugeiniol, sef 40–60, wedi eu his-rannu: rhennir yr uned olaf yn ddwy uned o ddeg a nodir y rhaniad gan y gwahanrif [hanɛr kant]; rhennir yr uned 1–20, gan y gwahanrif [deg]. Rhannwyd y rhifolion rhwng [deg] ac [igɛn] ymhellach yn ddwy a dynodir y rhaniad gan y gwahanrif [pəmθɛg]. Llenwir y 'bwlch' megis, rhwng y gwahanrifau gan gyfres o rifolion *ychwanegiadol* a gyfunir yn eu tro â'r gwahanrifau i ffurfio rhifolion cyfansawdd eu cyfluniad. Felly, yn ôl y modd yr adeiledir y rhifolion yn y system rifo hon, gallwn sefydlu dau ddosbarth o rifolion, sef Rhifolion Syml a Rhifolion Cyfansawdd.

3.6.1 Y Rhifolion Syml

Y mae gan y rhain ddwy swyddogaeth, sef yn gyntaf, gweithredu yn rhifolion annibynnol ac yn ail, sylweddoli yr elfennau Y (rhifol ychwanegiadol) neu S (seilrif) yng nghyfluniad y rhifolion cyfansawdd. Y mae dau ddosbarth o rifolion syml: (a) y naw rhifol 1–9 [in, dɔi, tri, pɛdwar, pɪmp, weχ, saith, ʊiθ, nau]; (b) pob gwahanrif, sef [deg, pəmθɛg, igɛn, dɔigɛn, (h)anɛr kant, trigɛn, pɛdwar igɛn, kant, mil, mɪljun].

O ran eu cyfluniad morffolegol, ymranna'r rhifolion syml yn dri dosbarth: (a) rhifolion â chyfluniad morffolegol syml o un gwreiddyn, sef [in, dɔi, tri, pɛdwar, pɪmp, weχ, saiθ, ʊiθ, nau, deg, igɛn, kant, mil]; (b) rhifolion â chyfluniad morffolegol cymhleth yn cynnwys: (i) morffem rydd + morffem rydd, sef [pəmθɛg, dɔigɛn, trigɛn, pɛdwar igɛn, dɔinau]; neu (ii) morffem rydd + morffem glymedig, sef [mɪljun]. Sylwer mai cyfluniad cystrawennol sydd i [hanɛr kant], sef goleddfydd + pen.

Y mae tri rhifol yn dangos categori cenedl a hynny drwy broses

Ffigur 3.9: Sgema system y seilrif (S)

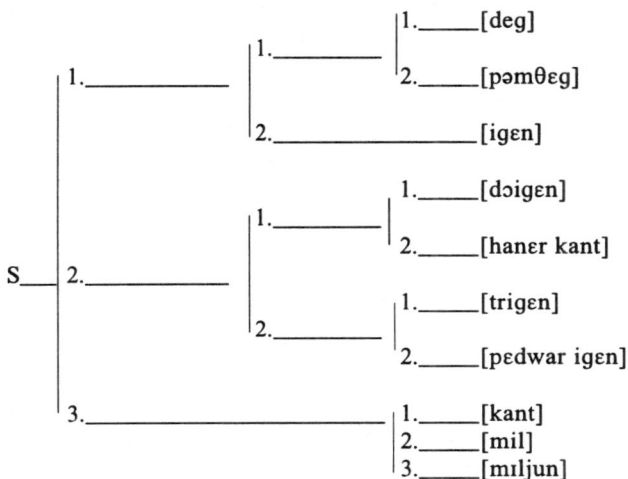

```
                                            ┌1.____[deg]
                         ┌1._____        │
            ┌1._____ │                  └2.____[pəmθɛg]
            │            │
            │            └2._____[igɛn]
            │
            │                        ┌1.____[dɔigɛn]
            │            ┌1._____  │
S__ ┤2._____        │            └2.____[hanɛr kant]
            │            │
            │            │            ┌1.____[trigɛn]
            │            └2._____  │
            │                         └2.____[pɛdwar igɛn]
            │
            └3._____ ┌1.____[kant]
                                           │2.____[mil]
                                           └3.____[mɪljun]
```

cymhwyso, sef y ffurfiau gwrywaidd [dɔi, tri, pɛdwar] a'r ffurfiau benywaidd cyfatebol [dʊi, tair, pedɛr], er enghraifft:

> [oð *dʊi* wɑr ag in braud da vi]
> [ɔin nin *dair* wɑr gadrɛ brɪt əni]
> [viɛs na ɑm *bedɛr* bləneð]

3.6.2 Y Rhifolion Cyfansawdd

Cyfuniad yw rhifol cyfansawdd o ddau rifol syml, un yn gweithredu yn seilrif (S) a'r llall yn rhifol ychwanegiadol (Y) a ychwanegir at y seilrif. Fe'u cyplysir ynghyd ag elfen gysylltiol (C), felly y mae tair elfen yn ei gyfluniad: Y + C + S.

Y mae system S yn cynnwys y deg gwahanrif a nodwyd uchod ac, er hwylustod egluro y modd y maent yn cyfuno ag elfennau C a Y, gellir eu dosbarthu yn ôl y sgema yn Ffigur 3.9.

Y mae system C yn cynnwys dau derm, sef [ar] sy'n peri treiglad meddal a [a(g)], gyda'r ffurf [a] yn rhagflaenu cytseiniaid ac yn peri treiglad llaes a'r ffurf [ag] yn rhagflaenu llafariaid. Yr elfen [ar] sy'n clymu â thermau S1 a'r elfen [a(g)] sy'n clymu â thermau S2 a S3.

Y mae system Y yn cynnwys y canlynol: (i) y naw rhifol syml [in–nau] a'r gwahanrif [deg]; (ii) y rhifolion cyfansawdd canlynol o gyfluniad YCS. Gan mai o blith termau S1 uchod y daw'r elfennau sydd yn Y, yr elfen [ar] sy'n eu cyplysu: [in ar ðeg], [tri ar ðeg], [pɛdwar ar ðeg], [in ar bəmθɛg], [dɔi ar bəmθɛg], [pɛdwar ar bəmθɛg]; (iii) y tri rhifol [dəiðɛg], [pəmθɛg] a [dɔinau].

Ar yr wyneb, ymdebyga [dəiðɛg] a [pəmθɛg] i rifolion fel [dəigɛn] a [trigɛn] o ran eu cyfluniad, ond lluosi a wna'r ddau rifol olaf, hynny yw 2 x 20 a 3 x 20, tra bo [dəiðɛg] a [pəmθɛg] yn ychwanegu, hynny yw 2 + 10 a 5 + 10. Felly, y mae'r ddau olaf yn dra gwahanol yn waelodol i'r ddau flaenorol. Ar yr un pryd, er mai ychwanegu a wna [dəiðɛg] a [pəmθɛg] nid oes elfen gyplysol yn eu cyfluniad, felly ffurfiant is-grŵp ar eu pennau eu hunain. Yn achos [dɔinau], lluosi a geir, sef 2 x 9, yn yr un dull â [trigɛn; dɔigɛn] ac yn y blaen.

I nodi dyddiadau, rhifau ac oedran rhoddir y rhifol yn unig:

[ɔin in *in ar bəmθɛg* ən mɪnd ar əŋ ŋəvlog gənta]
[oð in gwəid tai *pɪmp a dɔigɛn* oð i prət əni]

Ar gyfer rhifo gwrthrychau ac yn y blaen gellir rhoi enw unigol yn syth ar ôl y rhifol cyntaf:

[win kadw bəti *tri on ar ðeg* nol]
[viɛs na bəti *bim mis ar igɛn*]

neu dilynir y rhifol gan yr arddodiad [o] + ffurf luosog enw'r gwrthrych a rifir:

[oð da i *in ar ðeg o blant*]
[əun i wasdod ən dodi gjar i ɪsdɛ ar *dri ar ðeg o wiɛ*]
[bəti anɛr *kant a weχ o gəvəiri* oð ən fɛrm ni]

3.7 Y Trefnolion

Y mae perthynas agos rhwng y trefnolion a'r rhifolion yn y Gymraeg oherwydd, ac eithrio'r trefnolion [kənta] a [ail], cyfuniadau yw'r gweddill o rifol + dodiad. Gellir dosbarthu'r trefnolion yn dri dosbarth yn ôl eu cyfluniad morffolegol, sef:

(i) *Y Trefnolion Syml.* Cyfluniad y rhain yw bôn + dodiad a gellir eu rhannu'n ôl y dodiad a ddefnyddir, sef:

(a) [-ɪð] [-ɛð] a ychwanegir at y forffem glymedig [trəd-] i roi [trədɪð], ffurf wrywaidd, a [trədɛð], ffurf fenywaidd, ac at y forffem rydd [pɛdwar] i roi'r ffurf [pɛdwarɪð]. Gwelir bod y cyntaf o'r ddau drefnol hyn yn dangos categori cenedl ond yn anaml iawn y defnyddir y ffurf fenywaidd, er enghraifft: [nar drədɛð in i vi rɔi]. Nodir cenedl yn arferol trwy dreiglo'r trefnol yn feddal ar ôl y fannod a bydd y trefnol ei hun yn peri treiglad meddal i enw benywaidd, er enghraifft: [*bʊlχ maur oð ə drədɪð farm i nad], [ə bɛdwarɪð waiθ].

(b) [-(v)ɛd] a ychwanegir at rifol i ffurfio'r gweddill o'r trefnolion, er enghraifft: [ɪnvɛd, pɪmɛd, wɛχvɛd, dəiðɛgvɛd, dɔinauvɛd, ɪgəinvɛd, dəigɛnvɛd, kanvɛd].

(ii) *Trefnol di-olddodiad*. Un trefnol sydd yn y dosbarth hwn, sef [ail].

(iii) *Trefnolion Cyfansawdd*. Y mae'r rhain yn cynnwys tair elfen, sef un o'r trefnolion syml + elfen gysylltiol [ar] + seilrif, sef un o'r rhifolion. Er enghraifft:

[ər ɪnvɛd ar bəmθɛg]
[ər ail ar ikɛn]
[ə trədɪð ar igɛn]
[ə wɛχvɛd ar igɛn]

Pan fo'r trefnolion yn goleddfu enw, y mae'r trefnolion syml, ac eithrio [kənta], yn rhagflaenu'r enw, er enghraifft [ər ail di], [ə pɪmɛd ka], [ə bəmθɛgvɛd ʊθnos]; ond daw [kənta] ar ôl yr enw, er enghraifft:

[ə tro kənta i vi wɛld e oð ən *ɬanvɛr]
[ə ɬaθ kənta wedi ir vɪuχ vuru ɬo oð ə gɔrɛ]

Sylwer, i ddynodi'r dyddiad ni roddir ond y trefnol:

[ər ɪnved ar ðeg ɪu i eði]
[ə dəiðɛgvɛd]
[main bɪmɛd ar igɛn]
[ə dɛgvɛd oð i ðo]
[priodoð mam a nad ar ər ail ar igɛn]

3.8 Y Lluosogion

Cyfuniad yw'r lluosogion o ddau wreiddyn rhydd, sef rhifol + {gwaith}. Yn fynych sylweddolir yr ail elfen fel [-ɛθ], megis yn [ɪnwaiθ/ɪnwɛθ, dʊiwaiθ, ta(i)rgwaiθ, kanwaiθ/kanwɛθ]; er enghraifft:

Ffigur 3.10: Rhagenwau Annibynnol

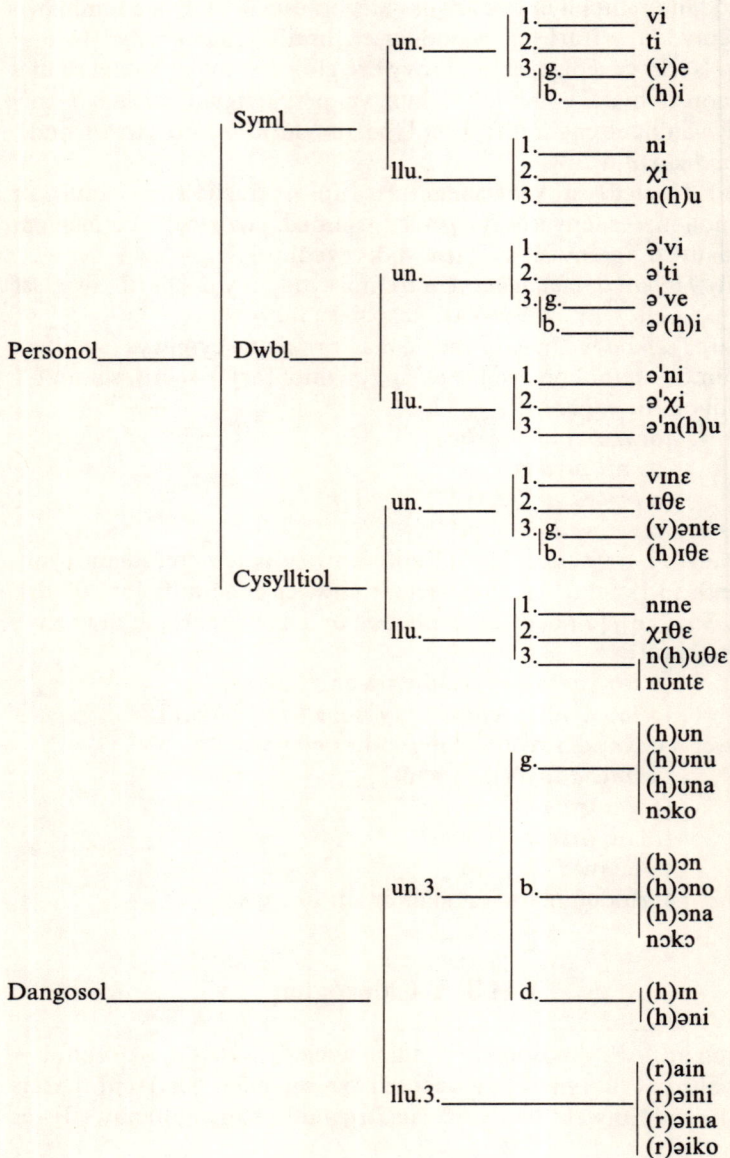

```
                                                    ┌ 1._____ vi
                                          un._____  │ 2._____ ti
                                                    │ 3.┌g._____ (v)e
                              Syml_____             └  └b._____ (h)i

                                                    ┌ 1._____ ni
                                          llu._____  │ 2._____ χi
                                                    └ 3._____ n(h)u

                                                    ┌ 1._____ ə'vi
                                          un._____  │ 2._____ ə'ti
                                                    │ 3.┌g._____ ə've
                              Dwbl_____             └  └b._____ ə'(h)i
  Personol_____                                  ┌ 1._____ ə'ni
                                          llu._____  │ 2._____ ə'χi
                                                    └ 3._____ ə'n(h)u

                                                    ┌ 1._____ vɪnɛ
                                          un._____  │ 2._____ tɪθɛ
                                                    │ 3.┌g._____ (v)əntɛ
                              Cysylltiol___          └  └b._____ (h)ɪθɛ
                                                    ┌ 1._____ nɪnɛ
                                          llu._____  │ 2._____ χɪθɛ
                                                    └ 3._____ n(h)ʊθɛ
                                                              nʊntɛ

                                                    ┌ g._____ ┌(h)ʊn
                                                    │            │(h)ʊnu
                                                    │            │(h)ʊna
                                                    │            └nɔko
                                          un.3._____│
                                                    │ b._____ ┌(h)ɔn
                                                    │            │(h)ɔno
                                                    │            │(h)ɔna
                                                    │            └nɔkɔ
  Dangosol_____                     │
                                                    │ d._____ ┌(h)ɪn
                                                    └            └(h)əni

                                                    ┌(r)ain
                                          llu.3._____│(r)əini
                                                    │(r)əina
                                                    └(r)əiko
```

[vɪɛs na ðuiwaiθ ne dair]
[wi kɔvjo bətɪŋo iŋ kɑ *dargwaiθ*]
[welɛs i mam ən nəid kaus *ganwɛθ*]

3.9 Y Rhagenwau

Y mae rhagenwau'n ymrannu'n ddau brif ddosbarth:

(i) *Y rhagenwau annibynnol.* Rhagenwau a all sefyll ar eu pennau eu hunain mewn brawddeg yw'r dosbarth hwn, sy'n cynnwys

Ffigur 3.11: Rhagenwau Dibynnol

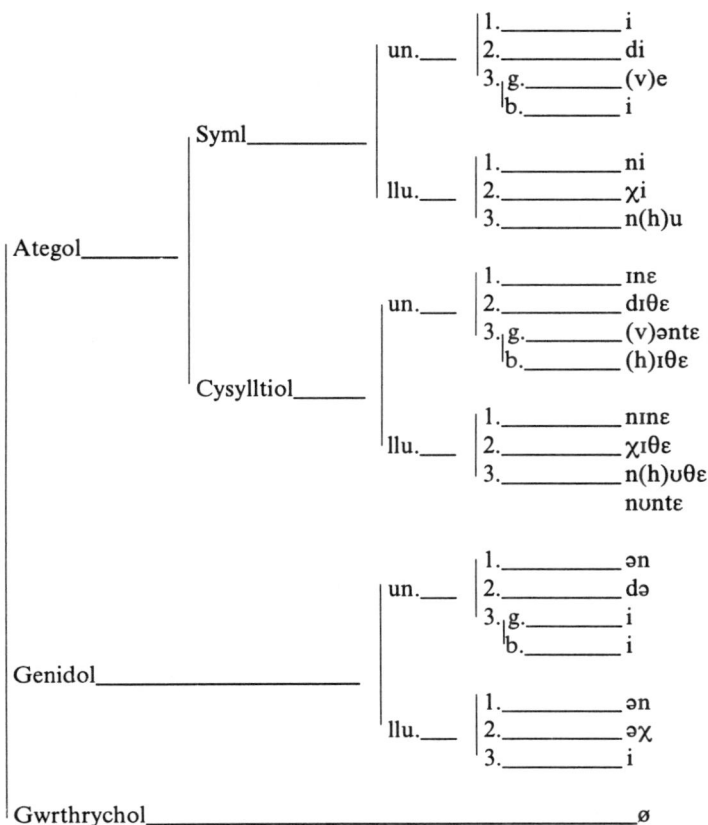

rhagenwau personol a rhagenwau dangosol. Y mae tri math o
ragenwau ymhlith y rhagenwau personol, sef rhagenwau syml,
rhagenwau dwbl a rhagenwau cysylltiol (gweler Ffig. 3.10).

(ii) *Y rhagenwau dibynnol*. Rhagenwau y mae'n rhaid iddynt gael
eu rhagflaenu neu eu dilyn gan eiriau eraill yw'r dosbarth hwn, sy'n
cynnwys rhagenwau ategol, genidol a gwrthrychol. Y mae i'r rhag-
enwau ategol ffurfiau syml a chysylltiol (gweler Ffig. 3.11).

Ac eithrio'r rhagenwau dibynnol gwrthrychol, y mae system y
rhagenwau drwyddi draw yn dangos categorïau rhif – unigol a
lluosog; person – cyntaf, ail, trydydd; a chenedl – gwrywaidd (g.),
benywaidd (b.). Ar gyfer y rhagenwau dangosol yn unig, ceir
ffurfiau digenedl (d.) hefyd.

Sylwer, ni chafwyd ond ychydig o enghreifftiau o'r rhagenw
dibynnol gwrthrychol a hynny yn y trydydd unigol a'r trydydd
lluosog. Sylweddolir y rhagenwau dibynnol gwrthrychol hyn gan
[ø], hynny yw, nid oes ganddynt gynrychiolad ffonolegol yn ffrwd
y llafar. Fel yn yr iaith safonol, bydd cynheilydd (P. W. Thomas,
1996: 252) yn cynnal y rhagenw mewnol ac, yn yr enghreifftiau a
godwyd yn y tafodieithoedd hyn, y geirynnau [ve] a [i] ydynt. Nid
ydynt yn peri treiglad a chysefin y ferf ddilynol sy'n arwyddo eu
presenoldeb – pe na bai rhagenw'n bresennol, byddai treiglad
meddal yn dilyn y geirynnau (gweler tt. 101–3 uchod). Bydd
rhagenw annibynnol a fydd yn cytuno o ran person a rhif yn
cyfeirio'n ôl at y rhagenw gwrthrychol dibynnol. Dyma'r ychydig
enghreifftiau a godwyd:

[*i k*ləus i *nʊ* mɑs]
[*ve m*ɛntrun ni *e*]
[*ve d*aŋɔsai *e* iχi]
[sɛχ χiŋ gwɛld samun ar i bɛn ɛ *ve k*ʊnsɛ *ve*
mɑs or dur iχi]

Codwyd un enghraiifft heb ragenw rhydd yn cyfeirio'n ôl at y
rhagenw mewnol: [*ve k*luuχ gɪda rai sin gəhɔiðɪs].

Y mae ffurfiau'r rhagenwau yn unffurf drwy Frycheiniog.
Gwelir bod dwy ffurf ar y rhagenw trydydd lluosog cysylltiol, sef
[nʊntɛ] a [n(h)ʊθɛ]. Ffurf tafodieithoedd de-ddwyrain Mor-
gannwg, er enghraiifft Nantgarw (C. H. Thomas, 1993: 1:II:42) yw
[nʊnta] a deil hon yn y parhawd tafodieithol hyd at ardal
Llanwrtyd, ond gyda [-ɛ] yn y sillaf olaf, ond ffurf brin eithriadol
ydyw [nʊntɛ] yno o ran amlder digwyddiad.

3.10 Yr Arddodiaid Rhediadol

Ffurfir yr arddodiaid rhediadol trwy ychwanegu dodiaid at y bôn arddodiadol. Y mae'r dodiaid hyn yn dangos categori rhif, person ac, ar gyfer y trydydd unigol, cenedl. Gellir crynhoi system y dodiaid yn y sgema yn Ffigur 3.12; lle y bo gwahaniaethau o ardal i ardal nodir hynny gan D = Defynnog, GE = Godre'r Epynt, Ll = Llanwrtyd.

Ffigur 3.12: Sgema dodiaid yr arddodiaid rhediadol

Llunnir bôn y ffurfiau rhediadol un ai gan y gwreiddyn ar ei ben ei hun, neu drwy ychwanegu elfen fôn-ffurfiol at y gwreiddyn arddodiadol. Defnyddir yr elfennau bôn-ffurfiol canlynol: [-t-, -d-, -n-, -θ-, -ð-, -dan/dɑn-, -(h)an/(h)ɑn-, -(h)ɔn-].

Gydag arddodiaid a chanddynt [a/ɑ] yn llafariad yr elfen fôn-ffurfiol, fe'u cymhwysir yn y trydydd unigol benywaidd a'r trydydd lluosog trwy gyfnewid [a/ɑ] yn [e/ɛ], er enghraifft:

[i wedɛs i *amdeni* υθɔχ χi]
[gɛuχ wanol sɘizɪz *ohenɪn* nυ am gwartɛr mɔdvɛð lan]
[sdɪm lɔt vaur o hɛul *o'eni*]
[oð fɪlɛti *o'tenɪn* nu]

Codwyd y ddybled [amdenɪn/amdanɪn] yn ardal Llanwrtyd sy'n awgrymu ein bod ar gyrion trawsnewid y cymhwyso hwn. Serch hynny, nodir [amdeni] yn y trydydd unigol benywaidd yn ardal Llanbryn-mair (Sommerfelt, 1925: 73), felly y mae'r cyfnewid [a ~ e] yn ymestyn tros diriogaeth eang.

Ffigur 3.13: Yr Arddodiaid a'r Elfennau Bôn-ffurfiol

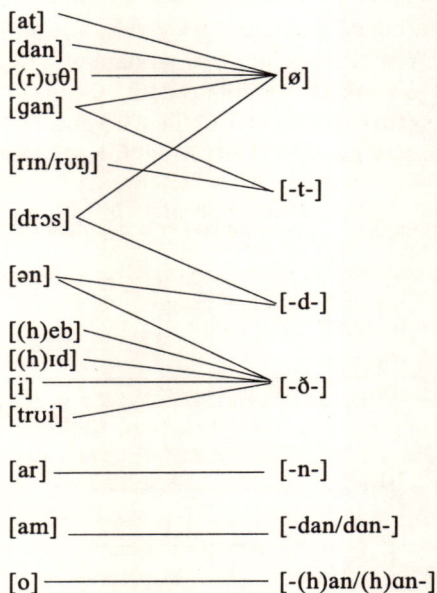

```
[at]
[dan]
[(r)ʊθ]                    [ø]
[gan]

[rɪn/rʊŋ]
                          [-t-]
[drɔs]

[ən]
                          [-d-]
[(h)eb]
[(h)ɪd]
[i]                       [-ð-]
[trʊi]

[ar] ——————————— [-n-]

[am] ——————————— [-dan/dɑn-]

[o] ————————————— [-(h)an/(h)ɑn-]
```

Y mae'r dewis o'r elfennau bôn-ffurfiol yn ddigon unffurf ar draws Brycheiniog, ond y mae rhai gwahaniaethau, ac weithiau ceir bod rhagor nag un elfen fôn-ffurfiol yn bosibl gyda'r un bôn arddodiadol, hynny yw ceir dybledau. Y mae'r sgema yn Ffigur 3.13 yn crynhoi'r modd y cyfuna'r arddodiaid â'r elfennau bôn-ffurfiol; dynodir yr arddodiaid hynny y gweithreda'r gwreiddyn yn unig yn fôn yn eu rhediad â [ø]. Gwelir bod naw is-raniad yma:

(i) Ar gyfer y tri arddodiad cyntaf yn Ffigur 3.13, sef [at, dan, (r)ʊθ]; yr un yw'r gwreiddyn a'r bôn.

(ii) Yr arddodiad [gan]. Y mae rhediad yr arddodiad hwn yn ddiffygiol ym Mrycheiniog. Nis codwyd o gwbl yn Nefynnog, a thair ffurf yn unig a godwyd yng Ngodre'r Epynt a Llanwrtyd, sef y cyntaf unigol [gɛn], y trydydd unigol benywaidd [gɛnti], a'r trydydd lluosog [gɛnɪn]. Er enghraifft:

Godre'r Epynt:
    [ma luɛr gweɬ *kʊmrɑg dag e na si *gɛn* i]

[oð ru wanol sun *genti* pɪn oð in ɪsdɛ]
[man weł *genɪn* nʊ gal ə gos lɑn naur]
Llanwrtyd:
[ma dɪgon *genɪn* nʊ]
[briθ kov si *gen* i amdano ve]
Gwelir mai [gɛn] yw bôn y ffurfiau rhediadol, ond ceir y ffurf hon yn ogystal â'r ffurf [gan] yn ffurf yr arddodiad yn syml hefyd:
[kov dɑ *gan* rai ti wɛld *dʒɔn]
[oð en wɑs *gen* nat'ki or ɛnu *bili bləmp].
(iii) Y mae [rɪn/rʊŋ] a'i ffurfiau rhediadol yn dra chymhleth gydag ymron bob difyn yn yr olyniad yn gallu amrywio. Y ffurf ddirediad a ddigwydd amlaf o ddigon yw [rɪnt], ond codwyd yn ogystal y ffurfiau [rʊnt, rʊŋ, rʊŋt]. Dyma'r amrywiadau a godwyd o ardal i ardal:

Defynnog	[rɪnt, rʊŋ]
Godre'r Epynt	[rɪnt/r̥ɪnt, rənt, rəŋt/r̥əŋt, rʊŋ]
Llanwrtyd	[rənt/r̥ənt, rəŋt/r̥əŋt, rʊnt, rʊŋt]

Y mae bôn y ffurfiau rhediadol yn cynnwys [t] bob amser, hynny yw, ceir [rənto, rənti, rənton] ac yn y blaen, ond codwyd ychydig o enghreifftiau yng Ngodre'r Epynt o'r bôn yn cynnwys [rəŋ] + [ð]:
[bəti ʃar pokɛr na o ruθ i gilɪð oð *ruŋðɪn* nʊ]
[*bulχ ə gros oð *ruŋðon* ni a *ʃir gɑr]
(iv) Yr arddodiad [drɔs]. Gellir dewis y gwreiddyn yn foel yn fôn yn ogystal â'r gwreiddyn + yr elfen fôn-ffurfiol [d]. Yn Nefynnog yn unig y codwyd enghreifftiau o'r ddau ddewis, a hynny fel a ganlyn:

1af ac 2il unigol	[drɔsɔ, drɔsɔt]
1af lluosog	[drɔsɔn]

Yn yr holl bersonau eraill, y bôn yw [drɔsd-], er enghraifft:

3ydd unigol	[drɔsdo, drɔsdi]
2il a 3ydd lluosog	[drɔsdɔχ, drɔsdɪn]

Y bôn trwy gydol y rhediad yng Ngodre'r Epynt a Llanwrtyd oedd [drɔsd], a dyna'r bôn yn Nyffryn Wysg hefyd (A. R. Thomas, 1958: 263).
(v) Yr arddodiad [ən]. Gellir dewis yr elfennau bôn-ffurfiol [-d-] a [-ð-] yn rhediad hwn. Yn Nefynnog, [-d-] yn unig a nodwyd, felly [əndɔ, əndi] ac yn y blaen. Yng Ngodre'r Epynt ac yn ardal Llanwrtyd, [-d-] a geir fynychaf o ddigon ond codwyd enghreifftiau o [-ð-] yn ogystal yn y trydydd unigol gwrywaidd ac yn y trydydd lluosog yn yr ardaloedd hyn, er enghraifft:

Godre'r Epynt [mar knivɪn ən pʊiso luɛr gweł ar
sɑm *ənðo* ve na davad wedi i gɔlχi]

Llanwrtyd [oð pʊisɛ *ənðɪn* nʊ]

(vi) Yr arddodiaid [(h)eb, (h)id]. Yn Nefynnog, bôn yr
arddodiaid hyn yn y ffurfiau rhediadol yw [ɛp-] ac [ɪt-], hynny yw
ceir calediad a ffurf yr elfen fôn-ffurfiol yw [-θ-], felly ceir [ɛpθo,
ɛpθi, ɪtθo, ɪtθi] ac yn y blaen. Yng Ngodre'r Epynt a Llanwrtyd ni
chaledir, a'r elfen fôn-ffurfiol yw [-ð-], felly ceir [hɛbðo, hɛbði,
hɪdðo, hɪdði] ac yn y blaen.

(vii) Yr arddodiaid [i] a [trʊɪ]. Dewisir [-ð-] yn elfen fôn-ffurfiol
gan y ddau arddodiad hyn ar draws Brycheiniog. Sylwer mai [tru]
yw ffurf ddirediad yr arddodiad 'trwy'.

Saif [i] ar ei ben ei hun gan nas rhedir ond yn y trydydd unigol
[iðo, iði] a'r trydydd lluosog [iðɪn]. Yn y personau eraill ceir
cyfuniad o'r arddodiad + y rhagenw priodol, a gellir acennu'r
ddwy elfen ar wahân neu'r elfen ragenwol yn unig, yn ôl y pwyslais,
er enghraifft (nodir pwyslais â [']): [ro ve i 'vi], [ɔdi ʊnan jaun i
'χi].

(viii) Yr arddodiad [ar] yn unig sydd yn y dosbarth hwn. Dewisir
yr elfen fôn-ffurfiol [-n-] yn ei rediad, er enghraifft:

[oð paub oð iʃɛ łe *arnɪn* nun mɪnd i *ɛul łɔŋɛ yn
*abɛrɔnði]

[on nʊn gwəid bod ə kɛrɪg a gwaiθ klaud *arnin* nʊ]

[vəsɛr gwer əŋ kledi *arno* ve χwɛl]

(ix) Yr arddodiaid [am] a [o]. Dewis [am] yr elfen fôn-ffurfiol
[-dan-/-dɑn-]. Gwelir yr amrywio rhwng [a/ɑ] ar draws Brychein-
iog; nodwn enghraifft o Lanwrtyd:

[wedoð i *amdanoχ* χi]

[wiŋ kɔvjo nin son *amdano* ve]

Y mae dewis yr arddodiad [o] o ffurf fôn-ffurfiol yn dangos
cryn amrywiaeth: dewisir y gwahanol ffurfiau [-(h)an-/-(h)ɑn-] a
[-(h)ɔn-]. Yn y cyntaf a'r ail unigol ac yn y cyntaf a'r ail lluosog y
dewis yw [o(h)ɔn-] yn gyffredinol, er enghraifft:

[við dɪm o'ɔnot ti i wɛld]

[os ragor *ohɔnoχ* χin gwiθo na]

[oð neb o'ɔnon nin gubɔð bod en mɪnd]

Yn y trydydd unigol gwrywaidd, codwyd y canlynol:

[o'ano]   Defynnog

[ohɔno]   Godre'r Epynt ac ardal Llanwrtyd

Yn y trydydd unigol benywaidd, yr un ffurf a geir ar draws y sir, sef: [o(h)eni]. Yn y trydydd lluosog cafwyd y ffurfiau canlynol:

[*o(h)enɪn*]   Defynnog a Godre'r Epynt

[*o(h)enɪn, ohɔnɪn*]   Llanwrtyd

Gwelir mai yn y trydydd unigol a lluosog y mae'r bôn [o(h)ɑn-] yn bosibl ond bod y posibilrwydd yn lleihau fel yr eir o Ddefynnog i Lanwrtyd – fe'i ceir yn y trydydd unigol gwrywaidd a benywaidd a'r trydydd lluosog yn Nefynnog; yn y trydydd unigol benywaidd a'r trydydd lluosog yn unig yng Ngodre'r Epynt; yn Llanwrtyd yn y trydydd unigol benywaidd a'r trydydd lluosog, ond yn y trydydd lluosog ceir y bôn [ohɔn-] hefyd.

Sylwer ar nodwedd a geir yn y tair ardal parthed yr arddodiad [o], sef tuedd i beidio â'i redeg, yn arbennig yn y trydydd lluosog; hynny yw ceir patrwm o arddodiad + y rhagenw priodol, er enghraifft:

Defynnog   [ma rai *o nʊ* fɔr ɪn wiθɛ]

Godre'r Epynt [vəsɛ ləin gəda nʊ am in *o nʊ*]

Llanwrtyd   [vaɬɛ bo rai *o nʊ* ɔnd dɪm *o ni* əma]

Ac edrych ar batrymau'r arddodiaid rhediadol o ardal i ardal ar draws Brycheiniog daw rhai gwahaniaethau i'r amlwg, sef:

(a) Y ffurfiau [ɛp-] ac [ɪt-] sydd ym môn ffurfiau rhediadol 'heb' a 'hyd' yn Nefynnog. Fel y gwelsom, ni chodwyd y ffurfiau hyn ar eu bonau yng Ngodre'r Epynt a Llanwrtyd. A throi at dystiolaeth Dyffryn Wysg, cawn mai yr un bôn sydd i 'heb' yno ag yn Nefynnog, sef [ɛp-] (A. R. Thomas, 1958: 263), felly casglwn mai [ɛp-] yw'r bôn yn yr ardaloedd hyn yn ne Brycheiniog yn gyffredinol. Hefyd, [ɛp-] yw'r bôn yn nhafodieithoedd de-ddwyrain Morgannwg, er enghraifft yn y Rhigos (O. M. Samuel, 1970: 217) a Nantgarw (C. H. Thomas, 1993: 1:II:90). Gwelir, felly, ein bod yn ymwneud unwaith yn rhagor â nodwedd ieithyddol gyffredinol ar dafodieithoedd y de-ddwyrain y mae ffin ei dosbarthiad yn y rhan hon o'r parhawd yn disgyn rhwng ardal Defynnog a Godre'r Epynt.

(b) Dodiaid y cyntaf unigol yn Llanwrtyd. Gellir dewis [-a] yn ogystal ag [-o] yn Llanwrtyd – er mai'r olaf a ddigwydd amlaf o ddigon. Enghraifft o [-a] yw [na on nʊn wəiθ *θa* vi]. Yng Ngodre'r Epynt a Defynnog [-o] yn unig a geir ond, a throi tua'r gogledd ac edrych ar dystiolaeth Cyfeiliog, ceir bod yr arddodiaid rhediadol yn ymrannu'n ddau rediad yn ôl dodiad y cyntaf unigol, (Sommerfelt, 1925: 73–6), sef:

Rhediad 1   [-a] yw dodiad y 1af unigol i'r arddodiaid 'am, ar, at, o dan'

Rhediad 2   [-o] yw dodiad y 1af unigol i'r arddodiaid 'wrth, heb, trwy, yn, dros, rhwng'

A throi tua'r gorllewin ceir tystiolaeth am yr un rhaniad yn ardal Ceinewydd (J. J. Glanmor Davies, 1934: II:486–94):

Rhediad 1   [-a] 'am, ar, at, o dan'
Rhediad 2   [-o] 'wrth, heb, trwy, yn, dros, rhwng'

Er nad yw 'wrth' ymhlith arddodiaid Rhediad 1 yng Nghyfeiliog na Cheinewydd, y mae digwyddiad y dodiad [-a] yn y ffurf [-θa] yn awgrymu bod egin y newid yn nodiad y cyntaf unigol i'w gael yn ardal Llanwrtyd.

(c) Digwydd y dodiaid [-ɪn/-on] yn y trydydd lluosog yn Llanwrtyd. Yng Ngodre'r Epynt a Defynnog, ac felly yng Nghyfeiliog, [-ɪn] yn unig a geir. A throi i'r gorllewin at dystiolaeth ardal Ceinewydd, fodd bynnag, cawn y ddybled [-ɪn/-on] yn rhediad yr holl arddodiaid rhediadol ac eithrio [gan], sy'n dewis [-ɪn] yn unig (J. J. Glanmor Davies, 1934: II:493). Rhaid bod Llanwrtyd yn yr achos hwn, felly, ar gyrion patrwm sydd yn mynd rhagddo tua'r gorllewin.

3.11 Lluosogi Enwau

Defnyddir prosesau morffolegol cymhwyso a dodi i luosogi enwau.

3.11.1 Cymhwyso

Cymhwyso rhannol ydyw trwy gyfnewid llafariaid oddi mewn i'r un cyd-destun ffonolegol. Digwydd y cyfnewid mewn dau safle, sef mewn ffurfiau unsill ac yn y sillaf olaf.

(i) Dyma'r cyfnewidiadau a geir mewn ffurfiau unsill:

	[ai]	[sant ~ saint]
[a] ~	[ɪ]	[kart ~ kɪrt]
	[əi]	[gasd ~ gəisd]

[ɑ] ~ [ai] [brɑn ~ brain]
　　　 [əi] [gwɑɫ ~ gwəiɫ]

[i] ~ [ai] [ti ~ tai]

[ɔ] ~ [ɪ] [kɔrf ~ kɪrf]
[o] ~ [ɑ] [trod ~ trɑd]
　　　 [ʊi] [on ~ ʊin]

Y mae is-set o ddwy eitem lle y bo cymhwyso i'r cyd-destun cytseiniol yn ogystal â chyfnewid llafariad:
　　　 [ki ~ kun]
　　　 [gur ~ gwir]

(ii) Dyma'r cyfnewidiadau a geir yn y sillaf olaf:

[a] ~ [ɛ] [wiad ~ wiɛd]
　　　 [ɪ] [pɪkwarχ ~ pɪkwɪrχ]

[ɛ] ~ [ɪ] [kəibɛr ~ kəibɪr]

[ʊ] ~ [ɪ] [asgʊrn ~ ɛsgɪrn]

3.11.2 Dodi

Dyma'r dodiaid lluosogi: [-ɛ, -ɛd, -ɛð, -ɛn, -id, -ɪð, -ɪr, -i, -od, -oð/-ɔið, -on, -s/-z/-ɪz,]. Sylweddolir y broses o ddodi i lunio'r lluosog trwy un o'r tri dull canlynol:
　　Dull 1: ychwanegu'r dodiaid lluosogi yn uniongyrchol at y bôn;
　　Dull 2: cyfnewid rhwng dodiaid sy'n dynodi'r unigol a'r dodiaid lluosogi;
　　Dull 3: cyfnewid rhwng dodiaid sy'n dynodi'r unigol a sero.

DULL I

Gall cyfluniad morffolegol y bôn yr ychwanegir y dodiaid ato fod o ddau fath:
　　(i) Cynnwys y bôn un gwreiddyn neu ragor ac ychwanegir y dodiad yn uniongyrchol at hwn, er enghraifft:

unigol   *lluosog*
[beð]   [beðɛ]
[kʊis]   [kʊisi]
[kɪlχ]   [kɪlχoð]

(ii) Ychwanegir elfen fôn-ffurfiol [-j-] rhwng y gwreiddyn a'r dodiad lluosogi. Nid oes ystyr i'r elfen fôn-ffurfiol hon ac ni ellir ei rhag-weld (gweler P. W. Thomas, 1996: 645–7):[20] gellir dewis neu hepgor [-j-] gyda dodiaid lluosogi megis [-ɛ, -ɛd, -od, -on], er enghraifft:

â [-j-]	**heb [-j-]**
[-ɛ] [klauð : klɔðjɛ; tamɛd : tamidjɛ; riχ : rəχjɛ]	[pɛθ : pɛθɛ; pʊis : pʊisɛ; karn : karnɛ]
[-ɛd] [blaið : bləiðjɛd; kəθrɛl : kəθrəiljɛd; sadlɛr : sadlɛrjɛd]	[ɛuɪrθ : ɛuərθɛd; priv : prəvɛd]
[-od] [kɔrnɪkɪɫ : kɔrnɪkɪɫjod; drəinog : drəinogjod]	[klomɛn : klɔmɛnod]
[-on] [ɛbol : ɛbɔljon]; gɛlɪn : gɛlənjon]	[din : dənon]

Ceir yr argraff bod digwyddiad [-j-] + [-on] ar gynnydd fel yr eir o dde-ddwyrain Morgannwg tua'r gogledd i Frycheiniog. Cymharer, er enghraifft, yr eitemau canlynol o'r Rhigos (O. M. Samuel, 1970) â'u ffurf yn yr ardaloedd dan sylw:

Y Rhigos	*Godre'r Epynt a Llanwrtyd*
[ɛlbɪlɒn]	[(h)ɛlbɪljon]
[əmələn]	[əməljon]
[brəðuitɒn]	[brəðuidjon]
[kornuitɒn]	[kɔrnwidjon]

Ni chodwyd pob un o'r eitemau cyfatebol yn Nefynnog ond awgryma'r ffurf [brəðuidjon] a godwyd yn Nefynnog a'r ffurf [aruiðɒn] a nodir yn Nyffryn Wysg (A. R. Thomas, 1958: Geirfa: 6) fod amrywio'n digwydd yn ne Brycheiniog.

Anodd iawn yw canfod rheolau sy'n llywio dewis y gwahanol ddodiaid lluosogi, ac y mae'r mesur helaeth o amrywio sydd i'w ganfod ymhlith pa ddodiad a ddewisir yn dangos bod rhyw radd o ryddid yn y dewis, er enghraifft:

Defynnog:
 [kwɪlt : kwɪlts/kwɪltɛ]
 [tavɛɫ : tavɛɫɛ/tavɛłon]
 [kɔlvɛn : kɔlvɛni/kɔlvɛnɔd]
 [ʃɪmvɛ : ʃɪmviɔd/ʃɪmviɔð]
Godre'r Epynt:
 [kauad : kauadɛ/kauɔdɪð]
 [kroχon : krɔχanɛ/krɔχɛni]
 [mamog : mamɔgjɛd/mamogod/mamogon]
 [rɛnt : rɛnti/rɛntoð]
 [pɪsdɪɫ : pɪsdɪɫɛ/pɪsdɪɫoð]
Llanwrtyd:
 [mənɪð : mənəðɛ/mənəðoð]
 [eru : ɛrwiɛ/eruz]
 [vikɛr : vɪkɛrjɛd/vɪkɛri]
 [kart : kəirt/kɛrti]
Mewn rhai achosion yn unig y mae gan y ddwy ffurf luosog
arwyddocâd semantaidd gwahanol i'w gilydd, er enghraifft:

[ɫuiθi] lluosog [ɫuiθ] = 'pentwr, yr hyn a gludir'
[ɫuiθɛ] lluosog [ɫuiθ] = 'uned ddiwylliannol megis
   [ɫuiθɛ *izrɛl]'
[puisi] 'rhagor nag un [puis] (lb)'
[puisɛ] 'baich, trymder'

Gwahaniaethodd siaradwraig Defynnog rhwng y pâr: [turkiod]
'ceiliogod twrci' a [turkiz] 'ieir twrci'.
 Y mae rhai ffactorau, fodd bynnag, sydd fel petaent yn rheoli
rhai dewisiadau, sef ffactorau semantaidd, ffactorau morffolegol
neu leoliad yn y parhawd ieithyddol.

FFACTORAU SEMANTAIDD
Y mae [-od] yn fynych yn dynodi lluosog adar a chreaduriaid:
 [sgwarnog : sgwarnɔgod]
 [kɑθ : kaθod], ond codwyd y ffurf luosog [kaθɛ] hefyd
 [mɪlart : mɪlartod]
 [wɛŋki : wɛŋkiod]
 [hurð : hərðod]
 [hɛsbɪn : hɛsbinod]
Dynoda [-ɛd] ac [-on] yn fynych luosog enwau pobl yn ôl eu
galwedigaethau ac yn y blaen, er enghraifft:

[-ɛd] [dɔktor : dɔktɔrjɛd]
  [sadlɛr : sadlɛrjɛd]
  [bigɛl : bɪgəiljɛd]
  [gov : gɔvjɛd]
  [təilur : təilurjɛd]
  [butʃur : butʃɛrjɛd]

Y mae [-on] yn aml yn lluosogi enwau galwedigaethol, er enghraifft:

  [arwəinɪð : arwəinəðjon]
  [aθro : aθrauon]
  [gwɑs : gwiʃon]
  [hanɛsɪð : hanɛsəðjon]
  [meðɪg : mɛðəgon]

FFACTOR FORFFOLEGOL

Y mae enwau'n cynnwys y dodiaid haniaethol [-ɛθ] ac [-ad] yn tueddu i ddewis y dodiad lluosogi [-ɛ]:

  [kamsənjad : kamsənjadɛ]
  [kɛnɛdlɛθ : kɛnɛdləiθɛ]
  [ɬəuɔdrɛθ : ɬəuɔdrəiθɛ]
  [marwolɛθ : marwɔləiθɛ]
  [prɔvɛdigɛθ : prɔvɛdigəiθɛ]
  [trɛvnjad : trɛvnjadɛ]

LLEOLIAD YN Y PARHAWD IEITHYDDOL

Y mae enghraifft o ddewis dodiad gwahanol yn Nefynnog i'r hyn a geir yng Ngodre'r Epynt a Llanwrtyd, fel petai yn ganlyniad i leoliad Defynnog yn y parhawd ieithyddol mewn perthynas â thafodieithoedd de-ddwyrain Morgannwg. Fe'i ceir yn achos lluosogi enwau'n diweddu yn [-ɛd] 'llawn'.

Gan siaradwraig Defynnog, [-i] a ddewisir amlaf o ddigon ac ychydig o [-ɛ], er enghraifft:

  [dɪʃglɛd : dɪʃgləidi]
  [ɬaθɛd : ɬaθəidi]
  [ɬuiɛd : ɬuiəidi]
  [wagɛnɛd : wagɛnəidɛ]

Yng Ngodre'r Epynt a Llanwrtyd ar y llaw arall [-ɛ] a ddigwydd amlaf o ddigon ac [-i] yn anaml, er enghraifft:

  [basnɛd : basnəidɛ]
  [bɔksɛd : bɔksəidi]

[bolɛd : bɔləidɛ]
[dərnɛd : dərnəidɛ]
[glasɛd : glasəidɛ]
[saχɛd : saχəidi]

A chraffu ar y drefn yn rhai o dafodieithoedd de-ddwyrain Morgannwg, gwelir mai eu patrwm hwy a geir yn Nefynnog, oherwydd [-i] a ddewisir ynddynt hwy, er enghraifft:

Nantgarw (C. H. Thomas, 1993)   [brəχɪd : brəχidi;
                                 pɒtalɪd : pɒtalidi]
Dyffryn Elái (V. H. Phillips, 1955) [bʊkɛtɪd : bʊkɛdidi;
                                 dəsglɪd : dəsglidi]
Y Rhigos (O. M. Samuel, 1970)   [krɒχɛnɛd : krɒχanidi;
                                 łʊiɪd : łʊiəidi]
Merthyr Tudful (L. Davies, 1969) [kartɛd : kartəidi;
                                 dramɛd : draməidi]

Sylwer fel y mae [-ɪd] tafodieithoedd Dyffryn Elái a Nantgarw yn ildio i [-ɛd] yn y Rhigos a Merthyr (gweler t. 143, isod ar arwyddocâd hyn).

I gloi y drafodaeth hon ar Ddull I o luosogi, rhoddir enghreifftiau o'r gwahanol ddodiaid a godwyd ym Mrycheiniog:

[-ɛ]   [brɔn : brɔnɛ; kəmɛrjad : kəmɛrjadɛ; tʊbɪn : tʊbənɛ;
       fɛtan : fɛtanɛ; fram : framɛ; ʊi : wiɛ; bem : bemɛ]
[-ɛd] [nivɛl : nivəilɛd; tɛnant : tɛnantjɛd; hebog : hɛbɔgjɛd]
[-ɛð] (prin) [graig : gragɛð; dant : danɛð]
[-ɛn] (prin) [iχ : əχɛn]
[-id] (prin) [froga : frɔgaid; kanðo : kanðoid]
[-ɪð] [pont : pɔntɪð; təulod : tulodɪð; gałd : gełdɪð]
       Codwyd y ffurf luosog [warjorɪð] 'chwiorydd' yn
       Nefynnog tra yng Ngodre'r Epynt cafwyd y ffurfiau
       [warjorɪð] a [wiorɪð]; yn ardal Llanwrtyd codwyd
       [wiorɪð] yn unig. Ceir yma enghraifft arall o safle
       dolennol ardal Godre'r Epynt (gweler tt. 89, 97, uchod).
[-ɪr] (prin) [braud : brodɪr]
[-i]   [ogɛd : ɔgɛdi]
       Defnyddir [-i] yn gyffredin i luosogi benthyciadau o'r
       Saesneg yn diweddu yn [-ɛt/-ɛd] ac yn [-ɛr], er enghraifft
       [basgɛd : basgɛdi; bɔiler : bɔileri; karpɛt : karpɛti;
       kɔlɛr : kɔlɛri; kwartɛr : kwartɛri; pɔkɛd : pɔkɛdi].

[-od] [kilog : kilɔgod; kɪrɪɫ : kɪrɪɫod; gwað : gwaðod]
[-oð/-ɔɪð] [bid : bədoð; ɫuɛr : ɫaueroð; mil : miloð;
        sdrit : sdrədɔɪð]
[-on] [firad : fɪradon; gwarθol : gwarθɔljon; gwɑs : gwiʃon;
        tenor : tɛnɔrjon]
[-s, -z, -ɪz] Allforffau'r forffem luosogi Saesneg yw'r rhain, ac
    ar wahân i rai eithriadau fe'u defnyddir i luosogi
    benthyciadau o'r Saesneg yn bennaf. Rheolau eu dewis yn
    Saesneg yw (gw. R. H. Robins, 1964: 203): (i) [-z] at
    eiriau'n diweddu â chytsain leisiol (ac eithrio [z, ʒ, dʒ])
    neu â llafariad; (ii) [-s] at eiriau'n diweddu â chytsain ddi-
    lais ac eithrio [s, ʃ, tʃ]; (iii) [-ɪz] at eiriau'n diweddu â [s,
    z, ʃ, tʃ, dʒ]. Weithiau dilynir y rheolau hyn yn y
    tafodieithoedd dan sylw, er enghraifft: [kinaben :
    kinabenz; hindʒ : hɪndʒiz; tɪkɛt : tɪkəts; trap : traps].
    Dro arall ychwanegir [-s] at ffurfiau â sain leisiol, er
    enghraifft [dʒail : dʒails; pokər : pokərs; tʃain : tʃains].
        Lluosogir rhai geiriau brodorol gan y dodiaid o'r
    Saesneg, er enghraifft [kudihu : kudihuz; evɛl : evɛls;
    eru : eruz; tavol : tavɔls].
        Ceir ambell enghraifft o luosog dwbl lle y bo un o'r
    dodiaid Saesneg wedi eu hychwanegu at ffurf luosog
    Gymraeg: [kəirts, dʊrguns, fɪrks, tɪʃenodz].
        Weithiau y ffurf fenthyg yw'r ffurf luosog, a ffurfir yr
    unigol yn y Gymraeg trwy ychwanegu'r dodiaid [-ɛn] (b.)
    ac [-ɪn] (g.) at y ffurf luosog, er enghraifft:

lluosog	*unigol*
[tʃɪps]	[tʃɪpsɛn]
[pɪls]	[pɪlsɛn]
[grəuns]	[grəunsɪn]
[kɔls]	[kɔlsɪn]

DULL II

Yma, cyfnewidir rhwng dodiaid yn dynodi'r unigol a dodiaid yn
dynodi'r lluosog. Y mae pedwar dodiad i ddynodi'r unigol:

    1.   [-ɛn]   (g.)
         [-ɪn]   (b.)
    2.   [-o]

3. [-on]   Godre'r Epynt yn unig
4. [-ur]

1.   [-ɛn] ~ [-z]   [bemɛn: bemz]
      [-on]   [hɔilɛn: hɔilon]
      [-ɪn] ~ [-ɛ]   [tʊmpɪn: təmpɛ]
      [-od]   [slɪmɪn: slɪmod]

Weithiau, fodd bynnag, cedwir yr [-ɪn] yn rhan o'r bôn ac ychwanegir dodiad ato, hynny yw, lluosogi yn ôl Dull I uchod. Cafwyd yr argraff bod hyn yn fwy cyffredin yng Ngodre'r Epynt nag yn yr ardaloedd eraill, er enghraifft:

Defynnog:
  [kɔrɪn: kɔrɪnɛ]
  [tʊbɪn: tʊbənɛ]
Godre'r Epynt:
  [sdrodɪn: sdrodənɛ]
  [sliʃɪn: slɪʃənɛ]
  [sʊklɪn: sʊklənod]
  [sʊmpɪn: sʊmpənɛ]
Llanwrtyd:
  [hɛsbɪn: hɛsbənod]
  [rɔzɪn: rɔzənɛ]

2.   [-o]   Un enghraifft yn unig: [kəmro: kəmri].

3.   [-on]   Godre'r Epynt yn unig: [wiʃgon: wɪʃgod].

4.   [-ur]   Cyfnewid yn arferol â [wɪr]:
               [krɛfdur: krɛfdwɪr]
               [eglʊisur: ɛglʊiswɪr]
               [ivur: ɪvwɪr]
      Codwyd dwy enghraifft o gyfnewid [-wɪr] ag [-ɪð]:
               [ɛmənɪð: ɛmənwɪr]
               [hanɛsɪð: hanɛswɪr]
      Y mae tuedd gref ym Mrycheiniog i ychwanegu'r dodiad [-z] at [wɪr], er enghraifft:
               [kiwɪrz] 'caewyr' – gweithwyr sy'n caead y berth
               [fɛrmwɪrz]
               [gwɪθwɪrz]

Tabl 3.1 Y modd y cyfuna'r dodíaid haniaethol/torfol â bonau berfol (B), ansoddeiriol (A) ac enwol (E).

Dodiaid	B	A	E
jant	✓	✓	✓
as	✓	✓	✓
dɛb	✓	✓	✓
dod	✓	✓	✓
ɛθ	✓	✓	✓
dɛr	-	✓	✓
dɪd	-	✓	✓
dra	-	✓	✓
ɛd	-	✓	✓
i	-	✓	✓
ad	✓	-	✓
va	✓	-	✓
ɪd	✓	✓	-
aχ	-	✓	-
dur	-	✓	-
inɛb	-	✓	-
ɛð	-	✓	-
ɛnt	-	✓	-
ni	-	✓	-
rʊið	-	✓	-
ʊχ	-	✓	-
ɛg	-	-	✓

DULL III

Yn y dull hwn, cyfnewidir rhwng dodiaid sy'n dynodi'r unigol a sero, er enghraifft:

[-ɛn] ~ [ø]   [kaunɛn : kaun]

              [kɛrχɛn : kɛrχ]

              [grɪʃgɛn : grɪʃg]

[-ɪn] ~ [ø]   [kɔlɪn : kɔl]

              [plɛntɪn : plant]

              [plivɪn : pliv]

Y mae is-set fechan o ddau enw y dynodir eu lluosog trwy gyfnewid ffurfiau:

[bluiðın : blənəðɛ/blənəðoð]
[ɬau : dilo/dəilo]
Felly, ac eithrio yn y mannau hynny a drafodwyd, lle y gwahaniaethodd Defynnog oddi wrth Odre'r Epynt a Llanwrtyd yn null lluosogi'r enwau tarddiadol yn [-ɛd] 'llawn', ac enghraifft arall o safle dolennol Godre'r Epynt yn achos y ffurfiau lluosog [warjɔrıð/wiorıð], y mae'r iaith lafar ar draws Brycheiniog yn hynod o unffurf yn y rhan hon o'i morffoleg.

3.12 Ôl-ddodiaid Enwol

Ychwanegir ôl-ddodiaid enwol at amrywiol fonau i wahanol ddibenion morffolegol. Gellir dosbarthu'r dodiaid yn ôl y pum swyddogaeth canlynol.

3.12.1 Dodiaid Haniaethol a Thorfol

Y mae 22 o'r dodiaid hyn, sef [-aχ, -ad, -as, -dɛb, -dɛr, -dıd, -dod, -dra, -dur, -inɛb, -ɛd, -ɛð, -ɛg, -ɛnt, -ɛθ, -va, -ıd, -i, -jant, -ni, -rʋið, -uχ]. Gellir ychwanegu'r dodiaid hyn at fôn berfol, bôn ansoddeiriol a bôn enwol; a nodi rhai enghreifftiau:

bôn berfol: [*gwibod*ɛθ, *g*alwad, *kɛrðɛd*jad, *maðəi*ant, *ɬaðva*, *travod*ɛθ]

bôn ansoddeiriol: [*klɔd*i, *gwɛɬ*jant, *gləb*anjɛθ, *maur*ɛð, *prın*dɛr, *sg*aundıd]

bôn enwol: [*kəmın*dɛb, *mɔχən*dra, *mɔl*jant, *plɛntən*dod, *wıŋ*kad]

Gellir ychwanegu elfen fôn-ffurfiol megis [-an-, -in-, -j-, -ni-, -ov-, -on-] rhwng y bôn a'r ôl-ddodiad, er enghraifft [gləbanjɛθ, mɛðıginjɛθ, tiɛðjad, səirniɛθ, dıgovɛnt, barðoni]. Weithiau, ceir cyfuniad o ddwy elfen fôn-ffurfiol, megis [drəgjoni].

Cyplysir y dodiaid haniaethol/torfol â'r bonau berfol (B), ansoddeiriol (A) ac enwol (E); nodwn hwy yn Nhabl 3.1 (gyferbyn) yn nhrefn yr wyddor, o'r rhai â'r cyfuniadau helaethaf i'r rhai mwyaf cyfyng eu cyfuniadau.

Gwelir bod cyfyngiadau ar y modd y cyfuna'r dodiaid hyn â'r

gwahanol fathau o fonau ac mai pum dodiad yn unig sydd yn
cyfuno â'r tri math o fonau. Ond a bwrw golwg ehangach ar y
dewis a ddengys yr holl ddodiaid, gwelir mai 8 sydd yn cyfuno â
bôn B, sef 36 y cant ohonynt; 19 â bôn A, sef 86 y cant ohonynt, a
13 â bôn E, sef 59 y cant ohonynt. Â bonau ansoddeiriol, felly, y
cyfunir y cyfartaledd uchaf o'r dodiaid hyn i ffurfio'r enwau
tarddiadol.

Y mae rhai dodiaid yn wrywaidd (g.) a rhai'n fenywaidd (b.) ac
ambell ddodiad yn wrywaidd neu fenywaidd (g./b.). Nodir cenedl y
dodiad isod gyda'r enghreifftiau. (Ar fater cenedl enwau gweler
t. 133.)

Nid yw'r holl ddodiaid hyn bellach yn gynhyrchiol yn yr iaith
lafar ac ni chodwyd ond enghreifftiau prin o rai ohonynt. Nodir
isod yr enghreifftiau o bob un o'r dodiaid a restrwyd uchod yn
Nhabl 3.1, a dilynir trefn y tabl hwnnw yn y rhestr.

[-jant] (g.)	[gwɛɬjant, həiðjant, təvjant]
[-as] (b.)	[kəmdəiθas, pɛrθənas, priodas]
[-dɛb] (g.)	[dɪðɔrdɛb, kətɪndɛb, kəθrɪldɛb]
[-dod] (g.)	[drɛudod, plɛntəndod, səndod]
[-ɛθ/-aθ] (b.)	[prɛntɪʃɛθ, travodɛθ]; prin yw'r amrywiad [-aθ]: [maguraθ].
	Ceir nifer o enghreifftiau o ychwanegu'r dodiad hwn at enwau ac ansoddeiriau tarddiadol: [kɛvnogɛθ, məisdrɔlɛθ].
[-dɛr/-dar] (g.)	[dəvndɛr, səχdɛr]; prin yw'r amrywiad [-dar]: [falsdar].
[-dɪd] (g.)	[kalɔndɪd, gwɛndɪd, sgaundɪd]
[-dra/-drɛ] (g.)	[mɔχəndra, tupdra]; prin yw'r amrywiad [-drɛ]: [gləbdrɛ].
[-ɛd] (g./b.)	[kɔɬɛd] (b.), [səχɛd] (g.)
[-i] (g.)	[klɔdi, klɔfi, ɬuidi]
[-ad] (g./b.)	[kumpad, ɛsbɔnjad] (g.), [galwad] (b.). Cyfeiria [-ad] mewn rhai enghreifftiau at un weithred gorfforol, er enghraifft: [fəsdad, punad].
[-va] (b.)	[ɬaðva, ɔidva, pɔrva]
[-ɪd] (g.)	[bəuɪd, jɛχɪd]
[-aχ] (b.)	Un enghraifft yn unig: [kəvrinaχ]
[-dur] (g.)	[krəvdur, səχdur]

[-inɛb] (g.)   [fɔlinɛb, rʊiðinɛb]
[-ɛð] (g.)   [amənɛð, anwirɛð, gwɪrjonɛð]
[-ɛnt] (g.)   [digovɛnt, henɛnt]
[-ni] (g.)   [brəntni, kɪlni, sɪrni]. Y mae P. W.
                     Thomas (1996: 661[a]) yn dadansoddi y dodiad hwn yn
                     olyniad o [-n-] + [-i-] gan nodi bod nifer o
                     ddybledau megis cochi/cochni, llwydi/ llwydni
                     ac yn y blaen lle yr hepgorir [-n-]. Fodd
                     bynnag, ni chodwyd dybledau o'r fath ym
                     Mrycheiniog ac felly cedwir y dodiad hwn ar
                     wahân i'r dodiad [-i].
[-ruð/-rʊið] (g.)   [gɔnɛsdrʊð, sɪkruð]; prin yw'r amrywiad
                     [-rʊið]: [parɔdrʊið].
[-uχ] (g.)   [diɔgɛluχ, (h)eðuχ]; ychwanegir y dodiad
                     hwn at ansoddeiriau tarddiadol yn [-gar]:
                     [arjaŋgaruχ, diɔlχgaruχ].
[-ɛg] (b.)   Dynoda'r dodiad hwn 'iaith'; sylwer mai'r
                     ffurf [-ɑg] a geir yn enw'r Gymraeg bob
                     amser: [kəmrɑg], fel arall [-ɛg] a geir: [fraŋɛg,
                     səisnɛg].

3.12.2 Dodiaid Bachigol

Y mae pump o'r dodiaid hyn, pedwar yn dynodi'r unigol, sef [-aχ,
-kɪn, -ɪg, -ɪn/-dɪn] a dau yn dynodi'r lluosog, sef [-aχ, -os].
Ychwanegir y dodiaid sy'n dynodi'r unigol at enwau unigol yn unig
fel arfer, ond y mae un enghraifft o ychwanegu [-kɪn] at enw
lluosog, sef [kɛlvi + kɪn]. Gellir ychwanegu dodiaid y lluosog at
enwau unigol a lluosog ac at enwau torfol. Dodiaid gwrywaidd
yw'r dodiaid unigol i gyd. Dyma rai enghreifftiau:
(i) Y dodiaid yn dynodi'r unigol:

[-aχ]   Codwyd dwy enghraifft yn unig: [bʊbaχ, kɔraχ];
                    ffurfir y lluosog i'r rhain trwy ychwanegu [-od]
                    atynt: [bʊbaχod, kɔraχod].
[-kɪn]   Dwy enghraifft yn unig: [brɪŋkɪn, kɛlvikɪn]
[-ɪg]   Un enghraifft yn unig: [kalɛnɪg]
[-ɪn]/[-dɪn]   Hwn yw'r dodiad bachigol a ddigwydd amlaf:
                    [krɪŋkɪn, ɬəgedɪn, rɔlɪn, rəundɪn, tʊrɪn]. Codwyd
                    yr enghraifft [pʊɬɪn] a'r amrywiad [pʊɬdɪn] arno –
                    yr olaf yng Ngodre'r Epynt yn unig.

(ii) Y dodiaid yn dynodi'r lluosog:

[-aχ]   Ychwanegir hwn at enwau unigol, lluosog a
thorfol. Y mae iddo ystyr diraddiol yn [kigaχ,
kɔidaχ, dɪɬadaχ, dʒɔbsaχ, ɔilaχ, papəraχ], ond
nid yn [kəmaχ, kʊplaχ].

[-os]   Un enghraifft yn unig: [plantos]

3.12.3 Dodiaid yn Dynodi Enwau Unigol

Y mae dau o'r rhain, un yn wrywaidd, sef [-ɪn] a'r llall yn
fenywaidd, sef [-ɛn], er enghraifft:

[-ɪn]   [kɪltɪn, (h)wɛlpɪn, mɛðwɪn]
[-ɛn]   [kɔtɛn, hɛsbɛn, sdrokɛn]

Gall y dodiaid hyn ymgyfnewid yn fynych i ddynodi'r gwrywaidd
a'r benywaidd ac yn aml y mae ystyr diraddiol iddynt, er
enghraifft:

[krɪŋkɪn, krɪŋkɛn] 'oen gwryw/benyw lleiaf y ddiadell'
[pʊdrɪn, pʊdrɛn] 'dyn diog/menyw ddiog'
[slabɪn, slabɛn] 'dyn/menyw aflêr neu frwnt'
[tʊpsɪn, tʊpsɛn] 'dyn/menyw ffôl'

3.12.4 Dodiaid yn Dynodi'r Gweithredydd

Gall y gweithredydd fod yn ddyn, anifail neu offer. Codwyd 13 o'r
dodiaid hyn a nodir hwy ynghyd ag enghreifftiau yn nhrefn yr
wyddor, a nodir eu cenedl gan (g.) neu (b.) yn ôl a ydynt yn
wrywaidd neu'n fenywaidd yn yr enghreifftiau a godwyd.

[-ad] (g.)   [bəirnjad, kəidwad]
[-adɪr] (g.)   [kəsgadɪr, pɛχadɪr]
[-an] (g.)   [krəman]
[-audur] (g.)   [kreaudur]
[-ɛɬ] (b.)   [buɛɬ, sgibɛɬ]
[-ɛs] (b.)   [aθrauɛs, gwɪndəðɛs]
                 Gall ymgyfnewid â [-ɪn] i ddynodi'r
                 benywaidd mewn rhai achosion, er enghraifft
                 [sgɔtɛs, sgɔtɪn]. Gellir ei ychwanegu at y ffurf
                 wrywaidd i ddynodi'r gweithredydd
                 benywaidd, er engrhaifft [tɛlənor, tɛlənorɛs;
                 ɔrganɪð, ɔrganəðɛs].

[-ɪð] (g.)   [arwəinɪð, ɔrganɪð]
[-ɪɫ] (g.)   [brɪθɪɫ, ridɪɫ]
[-man] (g.)   [pɔsman, pɪgman]
[-og] (g.)   [sʊiðog, gwənidog]
[-or] (g.)   [akdor, kɛrðor, pɛnor] (pennor = clwyd
                    fechan yn y rhaniad rhwng dwy ran yr
                    ysgubor, gweler G. E. Jones a A.
                    Jones, 1996:
                    113)
[-ʊr/-ur] (g.)   Dynoda [-ʊr/-ur] y gweithredydd gwrywaidd a
[-rɛg] (b.)   [-rɛg] y gweithredydd benywaidd, er
                    enghraifft:
                         [fɪsdur, gwaðotʊr, prənur]
                         [kantrɛg, gɔlχrɛg]
                    Bydd y ddau derfyniad yn ymgyfnewid â'i
                    gilydd i ddynodi'r gweithredydd
                    benywaidd/gwrywaidd, er enghraifft: [farmur,
                    fɛrmrɛg; gwithʊr, gwɪθrɛg; ivur, ɪvrɛg].
[-ər/-ar/-ɛr] (g.)   Benthyciad o'r Saesneg '-er' yw'r gwahanol
                    ffurfiau hyn, er enghraifft [kətər, hɛuar,
                    sdrəinɛr].

3.12.5 Y Dodiad [-ɛd]

Dynoda'r dodiad hwn 'llawn'; y mae'n gynhyrchiol iawn, er eng-
hraifft: [dʒɪgɛd, fɛtanɛd, fərnɛd, saχɛd, tʊlkɛd].

3.12.6 Dynodi Cenedl Enwau

Mewn rhai achosion defnyddir ffurfiau hollol wahanol i ddynodi'r
gwrywaidd a'r benywaidd, er enghraifft:

benywaidd	gwrywaidd
[kʊnɪŋen]	[buχ]
[wiad]	[mɪlart]
[kɑθ]	[kʊrkɪn]

Sylwer mai'r ffurf fenywaidd sy'n dynodi'r rhywogaeth mewn rhai
achosion, er enghraifft [kɑθ, kʊnɪŋen], ond y ffurf wrywaidd
mewn achosion eraill, er enghraifft [kɛfɪl, ɫɛu].

Tabl 3.2 Cyfuniadau posibl y dodiaid ansoddeiriol â bonau enwol (E), ansoddeiriol (A) a berfol (B).

Dodiad	E	A	B
ar	✓	✓	-
ɑdu	-	-	✓
bɛd	✓	-	-
edɪg	✓	-	✓
ɛd	-	-	✓
ɛð	-	-	✓
gar	✓	✓	✓
ɪg	✓	✓	-
ɪs	✓	✓	-
ɬɪd/lɪd	✓	✓	✓
lon	✓	-	-
og	✓	✓	-
ol	✓	-	✓

3.13 Ôl-ddodiaid Ansoddeiriol

Codwyd 13 o ddodiaid ansoddeiriol yn iaith lafar Brycheiniog, sef [-ɑdu/-adwi, -ar, -bɛd, -ɛd, -ɛð, -edɪg, -gar, -ɪg, -ɪs, -lɪd/ɬɪd, -lon, -og, -ol]. Fe'u hychwanegir at fonau enwol, ansoddeiriol a berfol, a nodi rhai enghreifftiau:

bonau enwol: [dɪueðar, dʒauledɪg, havɛð, mənəðɪg, tanbɛd]
bonau ansoddeiriol:[jaχɪs, mɛlənɛð, parχɪsrʋið, səθlɪd]
bonau berfol: [agorɛd, kɪntaχlɪd, wɛrθɪnɬɪd]

Gellir cyfuno'r dodiaid â bonau clymedig unigryw hefyd ac ni ellir, felly, bennu i ba ddosbarth o fonau y perthynant, er enghraifft [bəðar, trigarog].

Dengys Tabl 3.2 y modd y cyplysir y dodiaid ansoddeiriol â bonau enwol (E), ansoddeiriol (A) a berfol (B). Gwelir mai â bôn enwol y mae'r rhan fwyaf o'r dodiaid ansoddeiriol yn cyfuno, sef deg ohonynt (77 y cant); gyda saith (54 y cant) yn cyfuno â bonau berfol; a chwech ohonynt (46 y cant) â bonau ansoddeiriol.

Rhoddir enghreifftiau o'r dodiaid hyn isod, gan ddilyn y drefn y rhestrwyd hwy ynddi yn Nhabl 3.2. Nid yw'r dodiaid [-ar, -bɛd, -ɛd] yn gynhyrchiol bellach.

[-ar]	[klear, dɪueðar]
[-ɑdu/-adwi]	[ɔvnɑdu, bɪtadwi]
[-bɛd]	[tanbɛd]
[-ɛd]	[agorɛd]
[-ɛð]	[havɛð, mɛnəuɛð, plɛntənɛð]
[-edɪg]	[karedɪg, krənedɪg, dʒauledɪg]
[-gar]	[dialgar, diɔlχgar, ɬugar]
[-ɪg]	[inɪg, mənəðɪg, wiθɪg]
[-ɪs]	[grəmɪs, lʊkɪs, parχɪs]
[-lɪd/ɬɪd]	Ystyr difrïol sydd i'r dodiad hwn. Cyfluniad

ffonolegol y bôn sydd yn pennu pa ffurf ar y dodiad hwn a ddewisir: os diwedda yn [-n, -r] neu ddeusain, dewisir [-ɬɪd]; os diwedda yn [-k, -d, -m], dewisir un ai [ɬɪd] neu [-lɪd]; ymhob achos arall, dewisir [-lɪd]. Gellir crynhoi'r dewis fel a ganlyn:

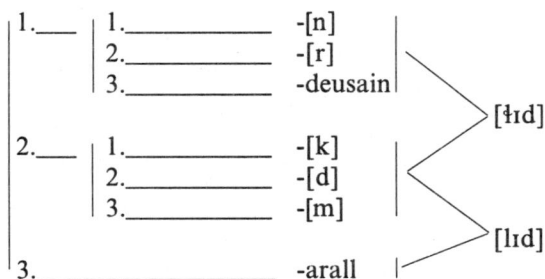

```
1.___   1._____  -[n]
        2._____  -[r]
        3._____  -deusain          [ɬɪd]

2.___   1._____  -[k]
        2._____  -[d]
        3._____  -[m]
                                        [lɪd]
3._____  -arall
```

Er enghraifft:

Dewis 1.1–3	[bruʃɔnɬɪd, dreuɬɪd, frəiɬɪd]
Dewis 2.1	[prəvɔklɪd, sdɪklɪd]
	[pɪkɬɪd] 'picllyd' = 'pigog'
Dewis 2.2	[gwaudlɪd, mʊdlɪd]
	[gwɪdɬɪd] 'gwaedlyd'
Dewis 2.3	[trəmɬɪd]
	[səimlɪd/səimɬɪd]
Dewis 3	[kɪntaχlɪd, səθlɪd]

[-lon]   [fəðlon, prədlon]
[-og]   [gwɪntog, tɔrog]
[-ol]   [drujol, səmɪdol]

3.14 Y Rhagddodiaid

Gellir rhannu'r rhagddodiaid yn ddau ddosbarth, sef:

1. Dosbarth o elfennau clymedig na allant ddigwydd ar eu pennau eu hunain. Y rhain yw, yn nhrefn yr wyddor: [ad-, an-, kan-, kəv-, dad-, dar-, di-, dɪs-, ɛn-, ɛχ-, gɔr-, gurθ-, əm-].
2. Dosbarth nad ydynt yn glymedig. Y mae dau is-raniad yma: (i) y rhagddodiaid [am-, ar-, kid-, rag-] a chanddynt swyddogaeth annibynnol fel arddodiaid yn ogystal â gweithredu'n rhagddodiaid; (ii) [ail] a [kam] – digwydd y naill ffurf yn annibynnol a chanddi swyddogaeth drefnol, a'r llall a chanddi swyddogaeth ansoddeiriol.

Set gaeedig o 13 term yw'r dosbarth cyntaf, ond y rhai sydd yn gynhyrchiol yn iaith lafar Brycheiniog yw [ad-, an-, di-, gɔr-, gurθ-]. Y mae ystyr syncronig eglur i'r pum rhagddodiad hyn, sef:

[ad-] 'ail'	[adɛnɪɫ, advɪujo]
[an-] 'negyddu ystyr y bôn'	[aŋɔntɛntɪd, anweðɪs]
[kid-] 'ynghyd'	[kidaðoli, kidwiθo]
[di-/dɪ] 'negyddu ystyr y bôn'	[di'warð, dɪfruiθ]
[gɔr-] 'yn ormodol'	[gɔrvɪta, gɔrlivo]
[gurθ-] 'yn erbyn'	[gurθ'wed, gurθwinebi]

Y mae [ail-] a [kam-] hefyd yn dra chynhyrchiol gydag ystyr syncronig eglur ganddynt:

[ail] 'eto, eilwaith'	[ailgɔdi, ailovɪn]
[kam-] 'cyfeiliornus'	[kamvarni, kamvesɪr]

Gall y rhagddodiaid gyfuno: (i) â bonau clymedig na ellir pennu yn syncronig i ba ddosbarth geiriol y perthynant, er enghraifft [amlug, arɫus, gɔrχɛsd]; a (ii) â bonau ansoddeiriol (A), berfol (B) ac enwol (E). A nodi rhai enghreifftiau yn unig:

A   [an(h)apɪs, ɛnvaur]
B   [kamwed, kid'vɪnd, gɔrlivo]
E   [kɪdrað, ɛχnos]

Fodd bynnag, y mae cyfyngiadau ar ba fonau y gall y gwahanol ragddodiaid gydio wrthynt, fel y dengys Tabl 3.3 sy'n rhestru'r cyfuniadau posibl yn ôl yr enghreifftiau a godwyd oddi ar lafar ym

Tabl 3.3   Cyfuniadau posibl y rhagddodiaid â bonau ansoddeiriol (A), berfol (B) ac enwol (E)

Dodiad	E	A	B
ad	-	✓	-
ail	-	✓	-
an	✓	✓	✓
am	✓	✓	✓
ar	-	✓	-
kam	-	✓	✓
kan	-	-	✓
kid	-	✓	✓
kəv	✓	✓	✓
dad	-	✓	-
dar	-	✓	-
di✓ [1]	-	✓	✓
di✓ [2]	✓	-	-
dɪs	-	✓	-
ɛχ	-	-	✓
ɛn	✓	-	-
ɡo	-	✓	✓
ɡɔr	✓	✓	✓
ɡʊrθ	-	✓	✓
rag	-	-	-
əm	✓	✓	-

Mrycheiniog; rhestrir y rhagddodiaid yn nhrefn yr wyddor. Gwelir oddi wrth y tabl hwn mai ychydig yn unig a all gyfuno â'r tri math o fôn a bod ambell ragddodiad na all gyfuno ond ag un math o fôn. Gwelir hefyd mai'r bôn ansoddeiriol yw'r bôn a chanddo'r posibiliadau cyfuno helaethaf.

Yn dilyn, rhestrir enghreifftiau o'r rhagddodiaid yn nhrefn yr wyddor. Sylwer:

(i) Y mae mwyafrif helaeth y rhagddodiaid yn peri treiglad i gytsain flaen y bôn. Yn ogystal, y mae ffurf ffonolegol amryw o'r rhagddodiaid yn amrywio yn ôl y cyd-destun seinegol/ffonolegol. Nodir yr amrywiadau hyn ynghyd â'r treigladau a ddigwydd (M = treiglad meddal, T = treiglad trwynol a Ll = treiglad llaes) ar gyfer pob rhagddodiad yn y rhestr enghreifftiau isod.

(ii) Gall rhagddodiad beri newid dosbarth geiriol yr elfen yr ychwanegir ef ati, a lle y digwydd hynny fe'i nodir dan yr enghreifftiau o'r rhagddodiad perthnasol.

(iii) Ni cheisir diffinio ystyr y rhagddodiad onid yw'n eglur yn syncronig.

[ad-] (M)	Golyga (i) 'eto, o'r newydd': [adlɛð, adnɛuəði]; (ii) 'dad-, nacáu' yn [aklɔi] = 'datgloi'. Y mae ganddo'r ffurf [ɛt-] yn [ɛtvaχ] 'adfach' y pysgotwr yn dangos calediad.
[ail-] (M)	'eilwaith': [ailðodi, ailveðul]
[am-] (M)	[amlug, amrɪu]; golyga 'o gwmpas' yn [amgɪlχ]
[an-] (T, M)	Y mae'r rhagddodiad hwn yn negyddu ystyr yr elfen y mae'n ei rhagflaenu. Y mae ganddo'r amrywiol sylweddolion canlynol yn ôl y cyd-destun seinegol:
	[am-] + [p-]: [amarχi]
	[aŋ-] + [k-]: [aŋɔntɛntɛd, aŋə'tin]
	[an-] ymhob achos arall: [anvantɛs, anweðɪs]
[ar-] (M)	[arɫus, arwɛn]
[kam-] (M)	'cyfeiliornus': [kamrivo, kam'wed]
[kan-] (M)	[kanvod]
[kid-] (M)	'ynghyd, cydradd'. Y mae patrwm acennog y cyfuniad rhagddodiad + bôn yn amrywio yn achos y rhagddodiad hwn. Ceir: (i) yr acen ar y rhagddodiad: [kidnaus, kidrað]; (ii) yr acen ar y bôn: [kid'vɪnd, kid'wɛld]; (iii) lle y bo rhagor na dwy sillaf daw'r acen ar y goben: [kid'wiθo, kid'aðoli].
[kəv-] (M)	[kəvaðɛ, kəvlog]; golyga 'ynghyd' yn [kəvatɛb, kəvrani]
[dad-] (M)	'negyddu ystyr y bôn': [dadlʊiθo]
[dar-] (M)	[darbʊiɫo]
[di-][1] (M)	Y mae'r rhagddodiad hwn yn negyddu ystyr y bôn a phair newid dosbarth geiriol y bôn yr ychwanegir ef ato, sef: (a) berfenw → ansoddair, er enghraifft:

[di-] + [kəfro] → [digəfro] ansoddair:
'pwyllog, rhadlon'
[di-] + [gwed] → [diwed] ansoddair:
'mud, tawedog';
(b) enw → ansoddair; er enghraifft:
[di-] + [gran] → [di'ran] ansoddair: 'heb
fod yn gaboledig neu raenus'
[di-] + [lʊk] → [di'lʊk] ansoddair:
'anffodus'.

Gall patrwm acennog y cyfuniad amrywio: (i)
â'r acen ar y rhagddodiad: ['dɪvlas, 'dɪprɪʃ];
(ii) â'r acen ar y bôn: [di'ran, di'ʃap, di'warð].
Ni cheir cyferbyniad yn y tafodieithoedd hyn
rhwng parau megis: 'di-flas' (heb flas) a 'diflas'
(anniddorol); (iii) lle y bo tair sillaf, acennir ar
y goben: [di'ðrɪnjεθ, di'ido].

[di-]² (M)   Y mae'r rhagddodiad hwn yn dwysáu ystyr y
bôn. Codwyd yr enghraifft [diarsʊidɪs] yn
Llanwrtyd yn unig: [ɔin nʊn ɪvεd ə dur ən
ðiarsʊidis ma].

[dɪs-]/[dɪʃ-] (M) [dɪsdau, dɪʃglεr]
[εχ-]   [εχdo, εχnos]
[εn-] (M)   [εnvaur, εnwɪn]
[go-] (M)   [gobεnɪð, gogəvεr]
[gɔr-] (M)   'yn ormodol': [gɔrvɪta, gɔrlivo]
[gʊrθ-] (M)   'yn erbyn': [gʊrθsevɪɬ, gʊrθwinεb]
[rag-] (M)   'o flaen': [raglɪnjεθ, rag'wεld]
[əm-] (M)   [əmlað, əmdrεχ]

4

CASGLIADAU

Yn yr astudiaeth hon ceisiwyd rhoi dadansoddiad disgrifiadol a chymharol manwl o system ffonolegol a morffolegol iaith lafar Brycheiniog yn yr ardaloedd yn ymestyn o Ddefynnog yn ne'r hen sir hyd at Abergwesyn yn ei gogledd eithaf. Y mae i'r iaith lafar hon system o ffonemau llafarog o 21 term yn cynnwys 12 llafariad, sef /i, ɪ, e, ɛ, a, ɑ, ɒ, ɔ, o, ʊ, u, ə/, ac 9 deusain, sef /ai, ɒi, ɔi, ʊi, əi, ɪu, ɛu, au, əu/; a system o 26 term o ffonemau cytseiniol, sef /p, t, k, b, d, ɡ, tʃ, dʒ, f, v, θ, ð, s, z, ʃ, ɬ, χ, (h), l, (r̥), r, m n, ŋ, j, w/.

Fodd bynnag, daeth nifer o wahaniaethau i'r golwg wrth fynd o'r naill ardal i'r llall ac yn y bennod olaf hon deuir i rai casgliadau parthed arwyddocâd y gwahaniaethau hyn. Yn gefndir i'r sylwadau, rhaid cofio bod ffiniau tiriogaethol yr astudiaeth yn cyfyngu ar y data ieithyddol craidd a bod y dehongliad yng ngoleuni tafodieithoedd eraill yn ddibynnol ar yr wybodaeth sydd yn deillio o astudiaethau tafodieithol sydd ar gael am yr ardaloedd sydd yn ffinio ar Frycheiniog. Pwyswyd yn drwm ar astudiaethau o dafodieithoedd dwyrain Morgannwg (Nantgarw, Merthyr, Hirwaun, y Rhigos), astudiaeth A. R. Thomas o Gymraeg Dyffryn Wysg ac astudiaeth Sommerfelt o Gymraeg Cyfeiliog.

Ar sail y dystiolaeth hon, daethpwyd i'r casgliad bod dau drawsnewid arbennig ym marhawd tafodieithol y Gymraeg yn eu hamlygu eu hunain yn nhiriogaeth Brycheiniog wrth symud tua'r gogledd, sef trawsnewid oddi wrth dafodieithoedd dwyrain Morgannnwg a thrawsnewid tuag at dafodieithoedd â'r llafariad ganol yn eu system ffonoleg – tafodieithoedd canolbarth a gogledd Cymru. Amlygir y ddau drawsnewid hwn gan lu o nodweddion ffonolegol a morffolegol, ond ffonolegol yn bennaf. Ceir darlun o nodweddion ieithyddol sydd yn nodweddu dwyrain Morgannwg yn dirwyn i ben ym Mrycheiniog, tra bo'r nodweddion sydd yn nodweddu symud tuag at dafodieithoedd canolbarth a gogledd Cymru yn dechrau ymddangos ym Mrycheiniog. Yn anochel, y mae gorymylu rhwng hynt y ddwy garfan o nodweddion – nid ffiniau absoliwt mo ffiniau ieithyddol. Yn y cyswllt hwn, amlygwyd

safle dolennol i ardal Godre'r Epynt gan rai nodweddion
ieithyddol (gw. tt. 89, 97, 125).

Crynhoir isod y nodweddion ieithyddol sy'n amlygu'r ddau
drawsnewid a ganfuwyd ym Mrycheiniog.

1. Y llafariaid hirion yn y sillaf olaf ddiacen ac yn y goben acennog

Fel y sylwyd eisoes (tt. 10–11, uchod), defnyddiai siaradwraig
Defynnog [ɔ] yn amlach nag [o], ac [ʊ] yn amlach nag [u], yn y
sillaf olaf na siaradwyr Godre'r Epynt ac ardal Llanwrtyd. Yn y
ddwy ardal olaf, [o] a [u] oedd y norm yn y sillaf ôl-obennol
ddiacen. Cyfeirir at amrywiad rhwng [ɔ] a [o] yn y sillaf olaf
agored yn Nyffryn Wysg yn y disgrifiad o [o]. Dywedir 'y mae
tuedd i'r sain amrywio â sonant fwy agored, sef [ɔ]; e.e. [kiːbɔ]'
(A. R. Thomas, 1958: 65), ond ni nodir bod [ʊ] ac [u] yn amrywio
yno.

A throi at dafodieithoedd ym mlaeneudir Morgannwg, ceir y
sefyllfa ganlynol yn ôl tystiolaeth Hirwaun a'r Rhigos parthed y
llafariaid ôl hyn:

Hirwaun (G. Ruddock, 1968: 12–13)

[ɒ], [o]   sillaf olaf gaeedig: [ɒ] yn unig, er enghraifft: [bləinɒr]
          sillaf olaf agored: ceir [ɒ] a [o], er enghraifft: [ɬiɒ,
          pəidɒ], [knɒko, skɒpo]

[ʊ], [u]   sillaf olaf gaeedig: [ʊ] yn unig, er enghraifft: [anʊl]
          sillaf olaf agored: ceir [ʊ] a [u] a nodir y dybledau
          [ɬanʊ/ɬanu; ʊnʊ/ʊnu]

Y Rhigos (O. M. Samuel, 1970)

[ɒ], [o]   sillaf olaf gaeedig: [ɒ], er enghraifft: [gwənɒn]
          sillaf olaf agored: dyma a ddywedir (t. 244): 'Mae'r
          dafodiaith yng nghanol un *cyfnewidiad* yn nosbarthiad
          llafariaid, sef bod /ɒ/ yn disodli /o/ yn y sillaf olaf
          ddiacen. Lle bo'r bobl hŷn yn defnyddio ffurfiau fel a
          ganlyn: [bako, balo, gwiθo, taro], ffurfiau yn /ɒ/ a
          ddefnyddir gan y canol-oed a'r ifanc, sef [bakɒ, balɒ,
          gwiθɒ, tarɒ].'

[ʊ], [u] sillaf olaf gaeedig: [ʊ], er enghraifft: [dikʊð, guðug]
         sillaf olaf agored: [u] yn unig, er enghraifft: [benu,
         gwitu]

A chraffu ar ddigwyddiad y llafariaid hirion yn y goben ym
Mrycheiniog, gwelwyd eisoes fod anwadalu rhyngddynt a'r
llafariaid byrion yn y safle hwn (gweler t. 52, uchod). Y mae sylw
eisoes wedi'i dynnu at y gwahaniaeth hwn rhwng tafodieithoedd
de-ddwyrain Morgannwg a thafodieithoedd Brycheiniog (gweler
C. H. Thomas, 1975/6: 350), felly ni wnawn ragor na nodi rhai
enghreifftiau pellach o'r anwadalu rhwng y llafariaid hirion a
byrion ym Mrycheinog:

[e] ~ [ɛ]	[benu/bɛnu; enu/ɛnu]
[ɑ] ~ [a]	[ɑraɬ/araɬ; ɑnal/anal]
[i/] ~ [ɪ]	[gilɪð/gɪlɪð; inɪg/ɪnɪg]
[o] ~ [ɔ]	[borɛ/bɔrɛ; hogi/hɔgi]
[u] ~ [ʊ]	[kudɪn/kʊdɪn; kubul/kʊbul]

Gyda'i gilydd, dengys tystiolaeth y tafodieithoedd hyn amrywio
yn nosbarthiad y ffonemau llafarog hyn yn y sillaf olaf ddiacen ac
yn y goben acennog ym mlaeneudir Morgannwg a de Brycheiniog,
amrywio sy'n rhagflaenu'r newid yn eu dosbarthiad yng nghanol a
gogledd Brycheiniog yn y sillaf olaf ddiacen ond dosbarthiad sydd
yn dal yn anwadal yn y goben.

2. Sylweddoliad y deuseiniaid a gynrychiolir yn yr orgraff gan 'ae', 'au', 'ai', 'ei', 'eu', a'r llafariad 'e'

(a) Yn gyntaf, manylir ar sylweddoliad 'ae', 'au', 'ai' (gan fanylu ar
sylweddoliad {aid} 'llawn', {aid} y dodiad lluosogi, {aidd} y
dodiad ansoddeiriol), a'r llafariad 'e' yn y sillaf olaf ddiacen.

'ae' Y prif sylweddoliad yw [ɛ]: [kɛvnogɛθ, gɔrvodɛθ,
     gwibodɛθ]
     Prin, [a]: [bɪuɔljaθ, pɔblogaθ]

'au' Y prif sylweddoliad yw [ɛ]: [kədɛ, kɛlwiðɛ, vɪnɛ]
     Prin, [a]: [gola, pɛθa]

'ai' Y prif sylweddoliad yw [ɛ]: [bəðɛ, kɛsɛl, kəvrɛθ]
     Mân sylweddolion eraill, [a]: [kuan] 'cywain'
                              [ɪ]: [ɛrɪɬ]

{aid} 'llawn'. Y prif sylweddoliad yw [-ɛd]: [dɪʃglɛd, dʒəgɛd, wagɛnɛd]
Prin, [-ad]: [dərnad, tɔrad]

{aid} ôl-ddodiad lluosogi. Y prif sylweddoliad yw [-ɛd]: [dʒauljɛd, wagɛnɛd, wiɛd]
Prin, [-ad]: [dɔktɔrjad, mamɔgjad]

{aidd} ôl-ddodiad ansoddeiriol. Yr unig sylweddoliad yw [-ɛð]: [mɛlənɛð, ɔirɛð]

'e'   Y prif sylweddoliad yw [ɛ]: [anibɛn, asdɛɬ, bargɛn]
Prin, [a]: [arvað]

A chymryd tystiolaeth y nodweddion hyn gyda'i gilydd, gwelir bod cryn gysondeb patrwm i'w ganfod ar draws Brycheiniog. Trafodwyd sylweddolion y deuseiniaid 'ae, ai, au' yn nhafodieithoedd blaeneudir Morgannwg ac ym Mrycheiniog (tystiolaeth ardal Godre'r Epynt) yn fanwl gan y Dr C. H. Thomas (1975/6: 354–60) ac nid oes angen ond nodi'r un casgliadau ag a geir yno:
(i) mewn rhai achosion, gwelir toriad eglur rhwng sylweddolion Morgannwg a Brycheiniog, er enghraifft:

Prif sylweddoliad	Morgannwg	Brycheiniog
'ae'	[a]	[ɛ]
'au'	[a]	[ɛ]
'ai'	[a]	[ɛ]

(ii) mewn achosion eraill, gwelir prif batrwm Brycheiniog yn cael ei ragdybio gan rai o dafodieithoedd blaeneudir Morgannwg; er enghraifft, sylweddolir {aid} 'llawn' ac {aidd} ansoddeiriol gan [-ɛd] ac [-ɛð] yn y Rhigos a Merthyr (gweler uchod am enghreifftiau) – sef prif sylweddoliad Brycheiniog; sylweddolir {aid} lluosogi gan [-ɛd] ym Merthyr, sef prif sylweddoliad Brycheiniog.

(b) Yn ail, ystyrir sylweddolion y tair deusain 'ae', 'ei', 'eu' yn y goben.

'ae' Y prif sylweddoliad yw [əi]: [bləinɛ, drəinɛn, səisnɛs]
Llai aml ond gweddol gyffredin, [i]: [gwidi, gwiði,
gwilod]
Mân amrywiadau eraill, [ɪ]: [sɪsnɛg]
[ɛ]: [ɛrwɛ] 'aerwy'
[ə]: [ɬəθdi]

'ei' Y prif sylweddoliad yw [əi]: [gəivɪr, gəinon]
Llai aml ond gweddol gyffredin, [i]: [kilog, niθur]
Mân amrywiadau eraill, [ɪ]: [ɪsdɛ]
[ɛ]: [kəvɛɬon] 'cyfeillion'
[e]: [beli] 'beili'

'eu' Y sylweddoliad a ddigwydd amlaf yng Ngodre'r Epynt ac
ardal Llanwrtyd yw [ɔi]: [dɔikant, dɔisuɬd, ɔirɪn].
Sylweddoliad amlaf Defynnog ac yn gyffredin yng
Ngodre'r Epynt (ond nid yn ardal Llanwrtyd) yw [əi]:
[dəiðɛg, trəilo]

Yn ôl y nifer o enghreifftiau a godwyd o ddau brif sylweddoliad
y ddeusain 'eu', cafwyd mai [ɔi] oedd amlaf yng Ngodre'r Epynt
(59 y cant) ac yn Llanwrtyd (82 y cant), ond yn Nefynnog, amlder
digwyddiad y sylweddoliad hwn oedd 38 y cant. Pur amlwg bod
[ɔi] yn mynd ar gynnydd fel yr eir o Ddefynnog i Lanwrtyd.

Dengys tystiolaeth Morgannwg (C. H. Thomas 1975/6: 354)
gryn gysondeb patrwm yn achos sylweddolion 'ae' ac 'ei' gyda'r un
prif sylweddolion ar draws y parhawd o Fro Morgannwg yn y de i
Lanwrtyd yng ngogledd Brycheiniog, sef [əi]. Yn achos 'eu' ar y
llaw arall, gwelir bod y prif sylweddoliad yn newid fel y croesir o
Forgannwg i Frycheiniog: prif sylweddoliad y blaeneudir yw [əi]
ond y mae'n colli tir i [ɔi] fel yr eir ar draws Brycheiniog.

3. Y llafariad [æ]

Fel y dangoswyd uchod (tt. 15–16), yn Nefynnog yn unig y codwyd
y llafariad hon. Y mae'n nodwedd amlwg ar dafodieithoedd
Morgannwg, a'r hyn yn ddiau a geir ym Mrycheiniog yw diwedd ei
digwyddiad yn y parhawd ieithyddol yn y rhan hon o Gymru.

4. Calediad

Nodwyd eisoes (tt. 74) fod digwyddiad calediad ar drai fel y symudir ar draws Brycheiniog o Ddefynnog yn y de i ardal Llanwrtyd yn y gogledd. Yma, eto, gwelir trawsnewid oddi wrth dafodieithoedd Morgannwg. Gweler ymhellach drafodaeth lawn C. H. Thomas (1975/6: 360–4).

5. Y ffonemau cytseiniol /h/ a /r/, sylweddoliad y clwm cytseiniol dechreuol 'chw-', a'r trẘynolion di-lais /m̥, n̥, ŋ̊/]

Dechrau ymsefydlogi yn y parhawd tafodieithol y mae'r ddwy ffonem hyn ym Mrycheiniog, fel y sylwyd eisoes (tt. 46–50), ac y mae eu digwyddiad yno yn arwydd eglur o drawsnewid oddi wrth dafod-ieithoedd di-'h' Morgannwg. Ar yr un pryd, y mae ymddangosiad y sylweddoliad [hw] (gweler tt. 50–1, uchod) i'r clwm 'chw-' ac ymddangosiad y trwynolion di-lais fel petai'n cyd-gerdded â'r newid hwn – cymharer sylwadau C. H. Thomas (1975/6: 355): 'the glottal fricative, the voiceless trill, and the voiceless nasals seem to be interconnected in Welsh: a dialect that lacks the glottal fricative will also lack the voiceless trill and the voiceless nasals.' Gwelir, felly, fod y clwm nodweddion hyn yn cwmpasu trawsnewid oddi wrth dafodieithoedd y De-ddwyrain a'r trawsnewid tuag at dafodieithoedd canolbarth a gogledd Cymru.

6. Y llafariaid canol [y, i̵] a'r deuseiniaid [oi, ɔi̵, oi̵, ui, ui̵]

Dichon mai digwyddiad y llafariaid a'r deuseiniaid hyn yw un o nodweddion hynotaf iaith lafar Brycheiniog (gweler tt. 16–18, 23–31). Er mai prin ydynt o ran amlder digwyddiad yn ardal Llanwrtyd, y mae'r gyfatebiaeth yn y manylion ieithyddol i batrwm Cyfeiliog yn drawiadol. Gwelir yma gychwyniad trawsnewid yn y parhawd ieithyddol tuag at un o raniadau mawr tafodieithoedd y Gymraeg, sef tafodieithoedd â'r llafariad ganol a'r deuseiniaid cysylltiedig yn eu system ffonolegol.[21]

7. Nodweddion y ferf rediadol

(i) Terfyniad trydydd unigol y Dyfodol [-ɪf/-ɪθ]. Fel y sylwyd uchod, yn Nefynnog [-ɪf] yn unig a godwyd a dyna'r unig ddodiad a nodir ar gyfer Dyffryn Wysg gan A. R. Thomas (1958) hefyd. Cawn [-ɪθ] yn codi ei ben yng Ngodre'r Epynt a Llanwrtyd ochr yn ochr ag [-ɪf] (gweler t. 84, uchod). Gwelir yma egin symud oddi wrth batrwm tafodieithoedd y De-ddwyrain, lle y ceir [-ɪf] yn unig, tuag at system lle y mae [-ɪθ] yn ennill tir. Erbyn cyrraedd Cyfeiliog yn y Canolbarth, ymddengys fod y trawsnewid yn gyflawn.

(ii) Terfyniad trydydd unigol y Gorffennol Penodol [-us/-oð]. Fel y nodwyd eisoes (t. 86, uchod), digwydd y ddau derfyniad yn Nefynnog a Godre'r Epynt, ond [-oð] yn unig yn ardal Llanwrtyd. Yn ôl tystiolaeth tafodieithoedd dwyrain Morgannwg, er enghraifft Dyffryn Elái (V. H. Phillips, 1955), Y Rhigos (O. M. Samuel, 1970) a Nantgarw (C. H. Thomas, 1993), [-us] yn unig a geir. Ymddengys, felly, mai yn ne Brycheiniog y mae'r trawsnewid tuag at y ffurf [-oð] yn ei amlygu ei hun.

(iii) Bonau'r berfau afreolaidd [mɪnd, dod, (g)nəid, kɑl]. Gwelwyd uchod (t. 92) ymddangosiad bôn yn [-s] i'r berfau hyn yn yr amser Gorffennol Penodol – [dɪson, nɪso, əison] – gan ddechrau troi oddi wrth fonau yn [-θ] yn unig, sef patrwm tafodieithoedd de-ddwyrain Morgannwg – [dɛθon, nɛθon] (gweler C. H. Thomas, 1973/4, am batrwm tafodiaith o'r ardal hon). Erbyn cyrraedd ardal Cyfeiliog yn Nhrefaldwyn, bonau yn [-s] yn unig a geir. Gwelir eto droi oddi wrth batrwm y De-ddwyrain yn ymddangosiad y ffurfiau [kes, es, kɛsd] ym Mrycheiniog, ffurfiau sydd yn sefydlog erbyn cyrraedd ardal Cyfeiliog.

8. Nodweddion yr arddodiaid rhediadol

(i) Gwelwyd uchod (t. 119) barhad calediad yn ffurfiau [ɛp-] a [it-] ym môn yr arddodiaid 'heb' a 'hyd' yn Nefynnog, ond cefnir arnynt fel yr eir tua'r gogledd i Odre'r Epynt a Llanwrtyd.

(ii) Ceir y dodiaid [-o] a [-a] yn y cyntaf unigol a'r dodiaid [-on] a [-ɪn] yn y trydydd lluosog yn Llanwrtyd, fel y sylwyd uchod (t. 120). Y mae digwyddiad [-a] a [-ɪn] yn egin newid yn rhediad yr arddodiaid a welir yn fwy cyflawn yn ardal Cyfeiliog ac yn ardal Ceinewydd, Ceredigion.

9. Dodiad lluosogi enwau tarddiadol yn '-aid' 'llawn'

Dewis Defynnog y dodiad lluosogi [-i], fel y gwelsom uchod (tt. 124–5), tra bo Godre'r Epynt ac ardal Llanwrtyd yn dewis [-ɛ].

Unwaith yn rhagor y mae dewis Defynnog yn dangos patrwm tafodieithoedd y De-ddwyrain, tra bo Godre'r Epynt ac ardal Llanwrtyd yn troi oddi wrtho.

10. Ffonotacteg

Y mae gwahaniaethau ffonolegol yn eu hamlygu eu hunain yn ffonotacteg y tafodieithoedd hyn, sef ym mhosibilrwydd olyniad o lafariad hir + clwm o ddwy gytsain. Fel y sylwyd eisoes (t. 56, uchod), y mae'r patrwm hwn yn codi ei ben yng Ngodre'r Epynt a Llanwrtyd lle y cafwyd ychydig enghreifftiau fel [gwałd, gwiłd]. Nis codwyd yn Nefynnog (na Dyffryn Wysg), felly y mae yma awgrym o fwlch rhwng Defynnog ar y naill law a Godre'r Epynt a Llanwrtyd ar y llaw arall.

Crynhoi

Y mae lleoliad y ddau drawsnewid sydd yn eu hamlgyu eu hunain ym Mrycheiniog yn awgrymu bod dau raniad yn rhedeg drwy'r diriogaeth hon: y naill rhwng ardal Defynnog ac ardal Godre'r Epynt, a'r llall rhwng Godre'r Epynt ac ardal Llanwrtyd, hynny yw:

Defynnog

Godre'r Epynt

Ardal Llanwrtyd

Cyfyd y cwestiwn diddorol a oes arwyddocâd amgenach na'r ieith-yddol pur i leoliad y trawsnewidiadau hyn oherwydd cyd-ddigwyddant â ffiniau gweinyddol cynharach y cwmwd a'r cantref (ar yr unedau hyn gweler W. Rees, 1951: 245; J. E. Lloyd, 1912: 301). Gorwedd Defynnog oddi mewn i Gantref Mawr, Godre'r Epynt oddi mewn i Gwmwd Comos yng Nghantref Selyf, a Llanwrtyd oddi mewn i Gantref Buallt (gweler *Atlas Brycheiniog*, 1960: 38); hynny yw, y mae ffiniau'r unedau hynafol hyn rhwng yr ardaloedd dan sylw, sef:

Defynnog : Cantref Mawr

Godre'r Epynt : Cwmwd Comos (yng Nghantref Selyf)

Llanwrtyd : Cantref Buallt

Y mae'r gwaith o astudio'r tafodieithoedd a aeth rhagddo ledled
Ewrop wedi datgelu bod ffiniau tafodieithol yn cyd-ddigwydd â
ffiniau gweinyddol a gwleidyddol cynharach. Un o'r enghreifftiau
enwocaf yn Ewrop yw'r 'Wyntyll Renaidd', fel y'i gelwir, sef nifer o
isoglosau sy'n gwahanu Is-Almaeneg ac Uwch-Almaeneg yng
ngorllewin yr Almaen ac sy'n cyd-redeg â ffiniau eglwysig a
gweinyddol cynharach (gweler Petyt, 1980: 59–61).

Lleisiwyd y farn bod a wnelo ffiniau gweinyddol a gwleidyddol
cynharach â ffiniau tafodieithol yng Nghymru gan A. W. Wade-
Evans ar ddechrau'r ugeinfed ganrif. Fodd bynnag, yr oedd y
syniad am gysylltiad rhwng ffiniau ieithyddol a gweinyddol yng
Nghymru yn bod yn y ddeunawfed ganrif: fe'i ceir gan Theophilus
Evans yn *Drych y Prif Oesoedd*: 'yn Neheubarth nid oes odid
Gwmwd na *Chantref* onid oes ryw ychydig o wahaniaeth yn yr
Iaith; nid yn unig wrth fod y werin yn rhoddi amryw *Sain* i'r un
geiriau, ond hefyd wrth alw ac enwi llawer o bethau yn wahan'
(Theophilus Evans, 1740: 17). Rhoddodd A. W. Wade-Evans lais
i'w farn mewn dwy fan o fewn rhyw flwyddyn i'w gilydd, sef yn
Trafodion Cymdeithas Hynafiaethol Sir Gaerfyrddin, 1905–6, a
Trafodion Urdd y Graddedigion am 1906. Barn A. W. Wade-Evans
oedd y byddai gwahaniaethau yn yr iaith lafar o gantref i gantref,
ac i raddau llai, o gwmwd i gwmwd. Meddai yn *Trafodion Urdd y
Graddedigion* (1906: 22):

> It may be that differences would be found between the Welsh spoken in
> places as near one another as Fishguard and Llanychaer, but the greater
> differences will be found between the dialects of the old cantreds [*sic*],
> such as Cemes, Pebidiog, and Emlyn; and lesser ones between the
> ancient commotes, such as Pencaer and Mynyw; Uch Nevern and Is
> Nevern and Trefdraeth (or as we call it, 'Tridrath'); and lesser still
> between parishes and parts of parishes.

Cyfeiriodd A. R. Thomas (1973: 80) at awgrymiadau o gyffel-
ybiaeth rhwng ffiniau gweinyddol a gwleidyddol canoloesol a

dosbarthiad rhai geiriau, ac un ohonynt, sef y gair *bera* 'tas gron o lafur'[22] yn dosbarthu oddi mewn i ffiniau hen *wlad* Brycheiniog.

Ni weithredwyd ar awgrym Wade-Evans am yn agos i 70 mlynedd, nes ystyried ei ddamcaniaeth gan y Dr David Thorne yn ei astudiaeth ef o iaith lafar ardal yn yr hen sir Gaerfyrddin a oedd yn hysbys fel Cwmwd Carnwyllion (Thorne, 1976). Wedi iddo gymharu tafodiaith siaradwyr o bentrefi Horeb, Pump-hewl, Llannon, Llanedi, â siaradwyr o Ddafen, Felin-foel, Llanelli, Bynea a Llwynhendy, oll oddi mewn i Gwmwd Carnwyllion, canfu fod gwahaniaeth rhyngddynt; felly, nid oedd uned fel y cwmwd yn ddigonol, a dadleuodd Thorne 'mai ar hyd ffiniau'r maenorau y mae darganfod ffiniau tafodieithoedd Carnwyllion' (Thorne 1976: 61). Uned oedd y faenor a oedd yn gyfrifol am roi gwestfa i'r tywysog pan ddeuai ar ei gylch, sef cynhaliaeth o fwyd a diod, cynhaliaeth a drowyd yn dâl ariannol pan beidiodd yr arfer o fynd ar gylch (3–4). Yr oedd pedair maenor yng Nghwmwd Carnwyllion, sef Maenor Berwig, Maenor Llanedi, Maenor Llan-non a Maenor Hengoed. Rhydd David Thorne, ddarlun cyffredinol o newid yn nosbarthiad a digwyddiad nifer o nodweddion ieithyddol wrth gymharu eu treigl o'r naill faenor i'r llall (204–23). Er enghraifft, un o'r nodweddion ieithyddol y mae'n ei hystyried yw calediad [b, d, g] yn y goben. Nodwedd yw hon sydd yn briodoledd arbennig ar dafodieithoedd Morgannwg fel y sylwyd eisoes. Fel yr eir tua'r gorllewin o Forgannwg, y mae'n lleihau a deil Thorne fod lleihad graddol a chyson yn nifer yr eitemau geiriol sy'n arddangos calediad fel yr eir o faenor i faenor, sef o 33 o eitemau ym Maenor Berwig i 22 ym Maenor Llanedi i 6 ym Maenor Llan-non a 9 ym Maenor Hengoed (210).

Y mae astudiaeth David Thorne yn ddiddorol a deniadol ac yn cyflwyno darlun eglur o dreigl daearyddol nodweddion ieithyddol arbennig ar draws tiriogaeth hen Gwmwd Carnwyllion. Serch hynny, y mae rhai cwestiynau yn codi yma, megis: a ydyw'r ffin rhwng y maenorau yn absoliwt? A ydyw'r holl siaradwyr oddi mewn i'r faenor yn ymddwyn yn yr un modd? Mewn astudiaeth o ardal drawsnewid yr amrywiad [-a]/[-ɛ] yn y sillaf olaf ddiacen yn Nyffryn Clwyd y cyfeiriwyd ati eisoes, ceisiodd Mrs Beth Thomas (1984: 189–207) ddarganfod beth oedd natur y ffin rhwng y ddwy nodwedd trwy fanylu ar dystiolaeth grwpiau bychain o siaradwyr unigol o nifer o bentrefi yn yr ardal. Llwyddodd i ddangos bod cyd-ddigwyddiad digon trawiadol rhwng ffin yr [-a]/[-ɛ] a ffin hanesyddol Cantref Rhos a Chantref Rhufoniog. Yr oedd y siaradwyr oddi mewn i Gantref Rhos yn ffafrio [-a] yn gyffredinol a'r siaradwyr oddi mewn i Gantref Rhufoniog yn ffafrio [-ε]. Ond, yr oedd siaradwyr o bentref Llanfair Talhaearn, a oedd oddi mewn i Gantref Rhufoniog yn hanesyddol, yn ffafrio [-a]. Ymhellach, yr oedd tystiolaeth siaradwyr ar yr arfordir yng ngogledd Clwyd – ardal a oedd yn hanesyddol yng Nghantref Tegeingl – oll yn ffafrio [-a] hefyd; felly, nid oedd ffin [-a] yn y sillaf olaf yn cyd-ddigwydd â ffin Cantref Rhos yn gyson. Ystyriwyd ffactorau megis tynfa i drefi marchnad, teyrngarwch i'w 'llan' leol a nodweddion daearyddol hefyd gan Beth Thomas, a dangosodd fod gan bob un o'r rhain eu rhan, i ryw fesur, yn union ymddygiad ieithyddol siaradwyr unigol.

Gyda'i gilydd, y mae'r astudiaethau a grybwyllwyd uchod yn tystio i gorff o dystiolaeth sydd yn dangos bod cysylltiad rhwng dosbarthiad nodweddion ieithyddol a hen ffiniau gweinyddol cynharach. Darlun yw, fodd bynnag, o gyd-ddigwyddiad ardal drawsnewid y nodweddion ieithyddol hyn â lleoliad y ffin hanesyddol.

A throi at y dystiolaeth ym Mrycheiniog, ni ellir mynd ymhellach na nodi cyd-ddigwyddiad cyffredinol y trawsnewidiadau a ddisgrifiwyd â'r ffiniau rhwng Cantref Mawr a Chwmwd Comos a rhwng Cwmwd Comos a Chantref Buallt. Nid oes ffiniau ieithyddol absoliwt yma, oherwydd, fel y dangosodd y dadansoddiad o ddigwyddiad /h/ a /r̥/ (t. 49, uchod), y mae cryn orymylu rhwng siaradwyr o ardal i ardal gyda siaradwyr o'r un ardal yn dangos amrywio helaeth yn nigwyddiad y seiniau hyn yn eu llafar. I esbonio union batrwm unigolion, byddai angen astudiaethau sosio-ieithyddol manwl yn dwyn i ystyriaeth ymwneud unigolion â'i gilydd, modd a natur eu cyfathrebu, a ffactorau megis oed, rhyw, cefndir addysgol a sosio-economaidd yr unigolion.[23]

Gwedd arall o bwys ar dystiolaeth tafodieithoedd Brycheiniog yr ydys wedi cyfeirio ato ragor nag unwaith yng nghorff yr astudiaeth hon, yw'r modd y mae tystiolaeth Llanwrtyd yn cydio wrth dystiolaeth disgrifiad Sommerfelt o Gymraeg Cyfeiliog. Y mae'r cydio taclus hwn yn ein galluogi i oresgyn peth ar y bwlch yn ein gwybodaeth am ddosbarthiad rhai nodweddion tafodieithol a achosir gan ddiflaniad y Gymraeg o Faesyfed (gw. t. 56 uchod).

I gloi, y mae'r nodweddion ieithyddol a drafodwyd yn yr astudiaeth yn dangos bod i iaith lafar Brycheiniog le pwysig ym

mharhawd tafodieithol y Gymraeg, oherwydd y mae dau
drawsnewid o gryn bwys yn eu hamlygu eu hunain yn y diriog-
aeth hon, sef y trawsnewid rhwng tafodieithoedd de-ddwyrain
Morgannwg a'r trawsnewid sydd yn mynd rhagddo i dafod-
ieithoedd canolbarth a gogledd Cymru.

NODIADAU

1. Ar hanes sefydlu *gwlad* gynnar Brycheiniog, gweler Bruce Copplestone-Crow (1981–2), P. C. Bartrum (1966) a A. W. Wade-Evans (1906b).
2. Croniclwyd hanes meddiannu ardal Epynt gan y Weinyddiaeth Ryfel, yn arbennig Cwm Cilieni, gan Ronald Lewis (1971) ac yn ddiweddarach yng nghyfrol fwy swmpus Herbert Hughes (1997). Gweler hefyd yr erthygl gan Iorwerth Peate (1982).
3. Ceir crynodeb hwylus o'r model hwn yn Crystal (1987: 154).
4. Gan fod digwyddiad y sain [h] yn ansefydlog yn iaith lafar Brycheiniog, fe'i nodir mewn cromfachau ac y mae hynny'n dynodi y gall yr enghraifft a roddir ddigwydd heb y sain yn ogystal. Trafodir statws 'h' yn llawn isod (tt. 46–51).
5. Dylid nodi ei bod yn bosibl mai prinder enghreifftiau a gyfrif am y dosbarthiad arbennig hwn i [y] a [ɨ] a ddaeth i'r golwg yn Llanwrtyd. Hynny yw, gall fod enghreifftiau o [y] yn y sillaf olaf ac o [ɨ] mewn ffurfiau unsill yn y dafodiaith hon, ond na ddigwyddasant yn y corpws o lafar a arnodwyd gennyf i. Serch hynny, ni wnâi'r dosbarthiad gwahanol posibl hwn wahaniaeth i'r drafodaeth dan sylw oherwydd nid oedd y siaradwyr, hyd y gellais i farnu, yn ymwybodol o wahaniaeth rhwng [y] ac [ɨ].
6. Deuseiniaid disgynedig yw'r rhain, deuseiniaid y mae'r ail elfen ynddynt yn fyr iawn ac nid hawdd ei chlywed yn gwbl eglur bob amser. Y mae'n arbennig o anodd dirnad a oes gwefus-grynder i'r ail elfen. Cododd yr un broblem gyda thystiolaeth Dyffryn Claerwen, Maesyfed (a drafodir uchod, tt. 28–9, a gweler nodyn 15, isod). Wedi hir wrando ar y tapiau, bernais yn ôl fy nghlust fy hun, nad oedd gwefus-grynder i ail elfen y deuseiniaid hyn.
7. Siaradwyr a arnodwyd gan Mr Lynn Davies, a cheir yr arnodau yn archif Yr Uned Ymchwil Ieithyddol Gymraeg, Adran y Gymraeg, Prifysgol Cymru, Caerdydd, sydd ar gadw yn Amgueddfa Werin Cymru, Sain Ffagan.
8. Arnodwyd y siaradwr hwn gan Mr Lynn Davies hefyd. Y mae'r arnod ar gadw yn Amgueddfa Werin Cymru.
9. Siôn Dafydd Rhys, 1592: 7: Yr wyf yn ddyledus iawn i'r Dr Ceri Davies, Adran y Clasuron a Hanes yr Hen Fyd, Prifysgol Cymru,

Abertawe, am y cyfieithiad Cymraeg o sylwadau Siôn Dafydd Rhys yma ac isod (tt. 26, 27, a gweler nodyn 13).

10. Mynnai gŵr o'r enw John Hughes (1776–1843), a oedd yn enedigol o sir Frycheiniog, na cheid yr [æ] yn ei sir ef o gwbl. Yn 1822 cyhoeddwyd *An Essay on the Ancient and Present State of the Welsh Language* o'i waith. Yn hwnnw, dywedodd: 'The Silurian dialect spoken in Gwent and Glamorgan, ha as [*sic*] a peculiarity of pronunciation, which differs from all other parts of South Wales, even Brecknockshire which is so contiguous. It approaches in some instances to that of Meirioneth, particularly in giving the slender sound to the vowel *a* as in tad, mab, cath, etc.' (t. 32).

11. Nid yw disgrifiad Sommerfelt yn hollol glir ar nifer y llafariaid canol yn yr ardal. Ymhlith ei lafariaid canol (ei 'mixed vowels' ef) rhydd lafariad a symboleiddir ganddo â [ï]; llafariad fer yw hon – rhydd yr enghreifftiau: [tïrnjo, fïrð, sïrjɔn, pïrjɔn] ond meddai 'This is not properly a mixed vowel but a retracted i . . .' (t. 9), ac â ymlaen, 'It is not, however, altogether identical to that described in Part II 304.' Ond, disgrifir y llafariad honno ganddo fel 'an ordinary, rather open i' (t. 134: 304). Tybed nad yr un llafariad yw [ï] Sommerfelt â'r llafariad honno a nodwyd gan Thomas Darlington ac Iorwerth Peate yn yr un ardal – llafariad nad yw na [i] na [ɨ]? Gweler y nodyn sy'n dilyn.

12. Y mae Sommerfelt yn nodi yn ei ragair mai Peate a dynnodd y map. Y mae'r map hefyd yn nodi ffin [æ] yn y Canolbarth, eto'n seiliedig ar farn Darlington. Rhoddwyd cynnig ar leoli ffin [i] a [ɨ] gan Iorwerth Peate ei hun hefyd. Sylwodd Peate (1925: 61), yn sicr yn dilyn barn Sommerfelt, ar ddigwyddiad llafariad nad oedd na [i] na [ɨ]; meddai: 'An interesting sound which is found in the south is that of ï, which is perhaps not so much a proper mixed vowel as a retracted i, midway between the ordinary i and a high-mixed-narrow sound.' Cyfeiriodd Darlington hefyd (1900–1: 15) at fodolaeth llafariad yn y canol megis rhwng [i] a [ɨ] 'an intermediate vowel, very like the ordinary English (short) i . . .' Ymddengys (i) mai tystiolaeth sydd yma o fath o ymdoddiad ansoddol rhwng [i] a [ɨ], ffenomen a nodwyd mewn cymunedau ieithyddol eraill lle y bo dau ansawdd seinegol yn cydgwrdd mewn ardal drawsnewid. Am enghraifft o Loegr, gweler Chambers a Trudgill, 1980: 132–3; neu (ii) fod diffyg gwahaniaethu rhwng llafariad ganol hir a llafariad ganol fer. Y mae tystiolaeth Sommerfelt yn awgrymu mai'r olaf yw'r rheswm mwyaf tebygol.

13. Dyma ddisgrifiadau Siôn Dafydd Rhys yn y Lladin gwreiddiol. Dyma'r disgrifiad o 'u' (t. 33 – yr wyf wedi diweddaru peth ar yr orgraff): 'Proferunt hoc elementum cambrobrytanni lingua producta intensaue, inferiorique maxillae adstrata, & sui fastigio anteriori infernoque dentium vallo fortiter impacta, labijs prominentibus, & ad

angustam quandam rotunditatem coactis; vnde sonus quidam promitur tenuis exili cuidam vlulatui non absimilis.'

A dyma'r disgrifiad o 'y' (t. 34): 'Y apertiore & clariore sono promitur quam .*v.* labijs nimirum reductioribus, & ore paulo magis recluso, linguae tamen gestu, spiritusque tenore & nisu manentibus sere ijsdem. Vnde constare potest .*y.* & .*v.* non valde multum prolatione & sono inter sese differre.'

Fy niolch eto i'r Dr Ceri Davies.

14. Am gyfeiriadau pellach at y llafariad gryniedig, gweler G. E. Jones, 1982: 43–52.

15. Gweler nodyn 6 uchod ar y dystiolaeth hon.

16. Sylweddolir y ddeusain 'oe' gan [oi] mewn ffurfiau cyfansawdd hefyd yng Nghyfeiliog. Er enghraifft nodir y canlynol yn yr eirfa a ddyry Sommerfelt: [koisnoiθ, penoiθ, troidnoiθ].

17. Barn gramadegwyr traddodiadol yw bod hyd llafariaid yn y Gymraeg yn ddibynnol ar y gytsain ddilynol (gweler J. Morris Jones, 1913: 65–73; 1921: 23–9). Yn y goben dywedid bod y llafariaid yn fyr bob amser pan ddilynid hwy gan [p, t, k, m, ŋ, ɬ, s] a oedd oll yn gytseiniaid dwbl, ac yn hanner hir pan ddilynid hwy gan [b, d, g, f, v, θ, ð, χ], oll yn gytseiniaid sengl; gallai [l, n, r] fod yn gytseiniaid dwbl neu sengl. Erbyn y bedwaredd ganrif ar bymtheg, yn achos Cymraeg rhannau o'r Gogledd, yr oedd yr holl lafariaid yn y goben yn fyr. Dywed Sweet yn ei ddisgrifiad o Gymraeg Nant Gwynant: 'Strest vowels ar [*sic*] long and short in monosyllabls [*sic*] . . . always short when an unstrest syllabl [*sic*] follows, so that two words such as (ton) "wave" and (toon) "tune" both have the same plural (tona)' (1884: 14). Cymharer sylw Sommerfelt am Gymraeg Cyfeiliog – myfi piau'r italeiddio: 'Vowels are short in penultima not only before consonant groups . . . or before geminated consonants . . . *but also before single consonants beginning the ultima.* There may be differences, but these are not so great as to justify a classification into three degrees as has been done for North Wales (cp J. Morris-Jones, Grammar, p. 71, Fynes-Clinton, Voc., p.X11' (1925: 47). Yr oedd y newid yn amlwg yn y methiant i ddilyn wrth gonfensiwn yr orgraff o wahaniaethu rhwng 'n' sengl ac 'nn' ddwbl (gweler T. A. Watkins, 1961: 83). Fodd bynnag, daliai O. H. Fynes-Clinton yn ei ddisgrifiad o Gymraeg ardal Bangor (1913: xxv) fod y cyferbyniad rhwng cytseiniad sengl a dwbl yn dal, a cheir sawl enghraifft yn yr eirfa a ddyry o gytseiniaid sengl a chytseiniaid dwbl yn cyferbynnu, megis [anos] gradd gymharol yr ansoddair 'anodd' a [annos] 'ymosod gan gi', [tana] lluosog 'tân' a [tanṇa] ffurf luosog 'tant'. Serch hynny, hyd y gellais i farnu (yn y 1970au) nid oedd siaradwyr hŷn o ardal Llannerch-y-medd, Môn, yn gallu gwahaniaethu rhwng parau posibl fel [mana] ffurf eithaf 'mân' a

[manna] ffurf luosog 'man', [glana] ffurf eithaf 'glân' a [glanna] ffurf luosog 'glan', heb gyd-destun (cymharer sylwadau T. A. Watkins 1961: 22, 26, 84). Y mae'r ddybled [tany] a [tanny] 'tanu', a rydd Fynes-Clinton ei hun yn ei eirfa (1913: 524) yn awgrymu nad oedd y cyferbyniad rhwng cytsain sengl a chytsain ddwbl yn dal ei dir ymhob achos.

18. Gweler ymdriniaethau J. Morris Jones (1913: 56–60) a T. J. Morgan (1952: 20–1). Y mae'r enghreifftiau a nodir ym mharagraffau (a) a (b) wedi eu codi o'r ddwy ffynhonnell hon.

19. Codwyd ffurf ar y bôn hwn yn Hirwaun hefyd: [wɛl wir kɛθʊ i vlɑs ar una] (G. Ruddock, 1968: 90).

20. Y mae P. W. Thomas yn defnyddioi'r term 'rhyngddodiad' am yr elfen fôn-ffurfiol hon wrth drafod morffoleg geirlunio (1996: 1.33[a]). Fodd bynnag, er cysondeb, cedwir at y term 'bôn-ffurfiol' trwy gydol y gyfrol hon.

21. Nodwyd digwyddiad [ɨ] yng Nghwm Ann gan Brake (1981: 4), mewn tri gair yn unig, sef 'crydd', 'cryf', 'sych', cyd-ddigwyddiad trawiadol â'r enghreifftiau a nodir gan Sommerfelt (gw. t. 23 uchod). Ond nid yw'n amlwg hyd yma beth yw arwyddocâd digwyddiad y sain yn y gorllewin.

22. Ar gyd-ddigwyddiad y gair 'bera' â hen ffin *gwlad* Brycheiniog, gweler y drafodaeth yn G. E. Jones 1984/5: 69–72.

23. Gwnaeth y Dr David Thorne (1976: 7–23) arolwg o nifer o astudiaethau tafodieithol a ragflaenodd ei astudiaeth ef a sylwodd fod amryw ohonynt yn nodi bod gwahaniaethau tafodieithol yn eu hardaloedd arbennig. Tynnodd Thorne sylw at y ffaith bod y tiriogaethau y digwyddai'r gwahaniaethau ynddynt yn fynych oddi mewn i hen unedau gweinyddol cynharach hefyd. Serch hynny, fel y dywed y Dr Thorne ei hun, nid yw hyn yn golygu y dylid priodoli'r gwahaniaethau ieithyddol i leoliad yr ardaloedd oddi mewn i unedau hanesyddol gwahanol. Yn wir, byddai angen ailastudio'r tafodieithoedd hyn trwy samplo gofalus a thrwy fanylu ar dystiolaeth y siaradwyr unigol yn y samplo cyn y gellid dod i unrhyw gasgliad am berthynas y ffiniau â'r gwahaniaethau ieithyddol. Gweler hefyd erthygl y Dr Thorne, 1984: 176–88.

ATODIAD

Symbolau seinegol

Er mwyn cynorthwyo'r darllenwyr hynny nad ydynt yn gyfarwydd â'r wyddor seineg ryngwladol, y mae'r rhestr isod yn ganllaw i ddarllen yr enghreifftiau a roddir yn yr wyddor honno yng nghorff y gwaith.

[a]	a – fer	fel yn	am, pan
[ɑ]	a – hir	fel yn	da, tân
[æ]	e agored hir	sain sydd rhwng [e] ac [ɛ], sain a geir yng Nghymraeg rhannau o hen siroedd Morgannwg, Trefaldwyn a Meirionnydd	
[b]	b	fel yn	bara, heb
[k]	c	fel yn	cath, llac
[χ]	ch	fel yn	chwith, boch
[d]	d	fel yn	dal, gwlad
[ð]	dd	fel yn	ddoe, lladd
[dʒ]	j	fel yn	job, jôc
[e]	e – hir	fel yn	lle, gwên,
[ɛ]	e – fer	fel yn	pen, esgid
[v]	f	fel yn	fi, afal
[f]	ff	fel yn	ffordd, cloff
[g]	g	fel yn	geni, mwg

[ŋ]	ng	fel yn	rhw*ng*, ca*ng*en
[h]	h	fel yn	*h*af, *h*anes
[i]	i – hir	fel yn	t*i*, pr*i*f
[ɪ]	i – fer	fel yn	c*i*c, d*i*m
[j]	i – gytsain	fel yn	*i*ach, *i*aith
[ɨ]	u (bedol)	fel yn	*u*n, ll*u*n ac mewn geiriau fel t*ŷ*, *sydd* yng nghynaniad Cymraeg y Gogledd.
[l]	l	fel yn	*l*o*l*, mi*l*
[ɬ]	ll	fel yn	*ll*an, ga*ll*u
[m]	m	fel yn	*m*is, trw*m*
[n]	n	fel yn	*n*os, crw*n*
[o]	o – hir	fel yn	t*o*, n*o*s
[ɔ]	o – fer	fel yn	h*o*n, t*o*rth
[ɒ]	o – hir	fel yn y geiriau Saesneg 'br*aw*n' 'l*aw*n'	
[r]	r	fel yn	co*r*, a*r*af
[r̥]	rh	fel yn	*rh*aff, *rh*aid
[s]	s	fel yn	*s*ôn, lle*s*
[z]		fel yn y geiriau Saesneg 'zoo' a 'size'	
[ʃ]	si	fel yn	*si*arad, *si*op
[t]	t	fel yn	*t*on, a*t*
[tʃ]		fel 'ch' Saesneg yn '*ch*ips', 'ri*ch*'	

[θ]	th	fel yn	pe*th*, me*th*u
[u]	w – hir	fel yn	gŵr, ll*w*ch
[ʊ]	w – fer	fel yn	l*w*c, p*w*nc
[w]	w gytsain	fel yn	*w*edi, *w*al

[y]   sain debyg i 'u' bedol ond â'r gwefusau wedi eu
                 crynio. Fe'i clywir mewn geiriau fel cr*y*f, dr*u*d, s*u*r
                 yn yr hen sir Drefaldwyn yng ngogledd Powys.

| [ə] | y | fel yn | f*y*, m*y*nnu |

[']   i ddynodi lleoliad yr acen fel yn [di'wɛrθ] 'di-werth'

[ː]   i ddynodi bod sain yn hir, fel yn [taːn] 'tân'

[°]   i ddynodi bod sain yn ddi-lais, fel yn 'fy *n*had'

[~]   uwchben sain i ddynodi trwynoli, fel yn [m̃h̃]

*   i ddynodi enwau personol ac enwau lleoedd

Byrfoddau

C   cytsain
Ll   llafariad (ac weithiau Llanwrtyd)
D   Defynnog
GE   Godre'r Epynt
un.   unigol
llu.   lluosog
g.   gwrywaidd
b.   benywaidd
d.   digenedl

RHESTR SIARADWYR

Arnodwyd y siaradwyr a restrir isod dan y penawdau Ardal Godre'r Epynt, Defynnog ac Ardal Llanwrtyd gennyf i rhwng 1970 a 1976. Y mae'r arnodau yn Archif yr Uned Ymchwil Ieithyddol Gymraeg a gedwir yn Amgueddfa Werin Cymru, Sain Ffagan. Nodir cyfeiriadau'r siaradwyr pan arnodwyd hwy a man a blwyddyn eu geni. Pan nad oedd union flwyddyn geni unrhyw siaradwr yn hysbys, nodir y flwyddyn dybiedig (gan ragflaenu'r flwyddyn â 'tua') yn ôl tystiolaeth cyfoedion i'r siaradwyr.

Arnodwyd y siaradwr cyntaf a nodir dan Siaradwyr Eraill gennyf i, a'r ail gan Mr Lynn Davies. Y mae gweddill yr arnodau o Archif Amgueddfa Werin Cymru.

Ardal Godre'r Epynt

Mrs Annie Davies	Cefn-llech, Pentre'r-felin. g. Llandeilo'r-fân, 1888.
Mrs Annie Davies	Glandŵr, Pentre-tŷ-gwyn. g. Cwm Cilieni, 1896.
Mrs Aeron Davies	Beiliaugleision, Trecastell. g. Cwm Cilieni, 1901.
Mrs Catherine Jones	Cwm Owen, Capel Uchaf. g. Capel Uchaf, tua 1899/1900.
Mr David Lewis	Cefngweision Uchaf, Cwm Cilieni. g. Cwm Cilieni, 1900.
Miss Morris	Cartref Henoed y Grove, Ystradgynlais. g. Halfway, 1873. Bu'n byw yn Llandeilo'r-fân am dros 80 mlynedd.
Mr T. C. Phillips	Nantbeynon, Cwm Cilieni. g. Llandeilo'r-fân, 1890.

Mr Rhys Price

Laurel Cottage, Llandeilo'r-fân.
g. Llandeilo'r-fân, 1903.

Mrs Blodwen Pritchard

Cwaryfelin, Llanfihangel Nant Brân.
g. Llanfihangel Nant Brân, tua 1902.

Mr Tom Pritchard

Cwaryfelin, Llanfihangel Nant Brân.
g. Llanfihangel Nant Brân, tua 1901/2.

Mrs Amelia Probert

Llwyncelyn, Capel Isaf.
g. Llandeilo'r-fân, 1896.

Mr Emrys Prosser

Maesybeddau, Llanfihangel Nant Brân.
g. Llanfihangel Nant Brân, tua 1910.

Mrs Blodwen Prosser

Maesybeddau, Llanfihangel Nant Brân.
g. Llanfihangel Nant Brân, tua 1908.

Mr William J. Prydderch

Nantyronnen, Llanfihangel Nant Brân.
g. Llanfihangel Nant Brân, tua 1910.

Mr Danny Prydderch

Nantyronnen, Llanfihangel Nant Brân.
g. Llanfihangel Nant Brân, tua 1906.

Mr David Williams

Nantmadog, Capel Isaf.
g. Llanfihangel Nant Brân, 1891.

Mrs David Williams

Nantmadog, Capel Isaf.
g. Llanddewi'r-cwm, tua 1890.

Defynnog

Miss Sarah Jones

Rhyddings View, Defynnog.
g. Defynnog, tua 1898.

Ardal Llanwrtyd

Mr David Davies

Bwlch-mawr, Llanwrtyd.
g. Llanwrtyd, 1894.

Mrs Elizabeth Davies

Alexander, Llanwrtyd.
g. Llanwrtyd, 1885.

Mr Emlyn Davies	Hafdre, Llanwrtyd. g. Llanwrtyd, 1908.
Miss Hannah Davies	Bwlch-mawr, Llanwrtyd. g. Llanwrtyd, 1910.
Mrs Dilys Hunt	Llaisyrafon, Llanwrtyd. g. Llanwrtyd, 1914.
Mrs Vincent James	Onfel, Llanwrtyd. g. Llanwrtyd, 1915.
Mr David Jones	Y Post, Abergwesyn. g. Abergwesyn, 1906.
Mr Edward Jones	Bristol House, Llangamarch. g. Llangamarch, tua 1892/3.
Mr Emrys Jones	Ty'npant, Llanwrtyd. g. Llanwrtyd, 1892.
Mr John Jones	14 Berth-lwyd, Llanwrtyd. g. Llanwrtyd, 1882.
Miss Katie Jones	Bristol House, Llangamarch. g. Llangamarch, 1895.
Miss Margaret Jones	Llwynyfynwent, Tirabad. g. Tirabad, 1908.
Mrs Sibyl Jones	Llwynbedw, Llanwrtyd. g. Llanwrtyd, tua 1910/11.
Miss Jane Owen	Spite Inn, Tirabad. g. Tirabad, 1893.
Mrs Sally Pughe	Berth-ddu, Llanwrtyd. g. Llanwrtyd, 1899.
Mrs Elizabeth Richards	4 Victoria Terrace, Llanwrtyd. g. Abergwesyn, 1909.

Siaradwyr Eraill

Mr Aeron Davies — Beiliaugleision, Trecastell.
g. Trecastell, 1907.

Mr Evan Jones — Cwm Taf, ger Penderyn.
g. Cwm Taf, tua 1887.

Archif yr Amgueddfa Werin

Brycheiniog

Mr Jonathan Davies — Y Brychgoed, Heolsenni.
g. Crai, 1915.

Mr Thomas Davies — Gelli Farm, Pen-y-cae.
g. Pen-y-cae, 1878.

Mrs M. A. Davies — 1 Cae-crwn, Crai.
g. Crai, 1895.

Mr Melville Evans — Springfields, Pontsenni.
g. Pontsenni, 1893.

Mrs Mary E. Gwillim — Heol Llywelyn, Glyn-nedd.
g. Ystradfellte, 1907.

Mr Herbert Harris — 11 Coedyrhaedr, Pontneddfechan.
g. Cwm Hepste, 1902.

Mrs Gwyneth E. Jones — 14 Stryd Whiting, Glyn-nedd.
g. Ystradfellte, 1917.

Mr Morgan R. Jones — Garthmadryn, Pontpren, Penderyn.
g. Penderyn, 1889.

Mrs Ceridwen Morgan — Ynysbydafe, Aber-craf.
g. Aber-craf, 1890.

Mr David Morgan Parry — 8 Minawel, Pontneddfechan.
g. Penderyn, 1899.

Mr Rhys Morgan Rees   Gellidafolws, Penderyn.
                             g. Penderyn, 1894.

Maesyfed

Mrs Elizabeth Anne Jones   Cerrigcwplau, Dyffryn Claerwen.
                             g. Dyffryn Claerwen, 1887.

Trefaldwyn a Meirionnydd

Mrs Mary Davies   Nantyfedwen, Trefeglwys.
                             g. Trefeglwys, tua 1897.

Miss Mary Evans   Nant-hir Pandy, Llanbryn-mair.
                             g. Llanbryn-mair, tua 1892.

Mr Robert Evans   Penygeulan, Llanymawddwy.
                             g. Llanymawddwy, 1887.

Mr David John Jones   9 Hendy, Mallwyd.
                             g. Mallwyd, 1882.

Miss Catherine Roberts   Y Gardden, Llanerfyl.
                             g. Llanerfyl, 1900.

Miss Jane Ann Thomas   Derlwyn, Cemais, Machynlleth.
                             g. Llangadfan, 1881.

LLYFRYDDIAETH

Atlas Brycheiniog (1960). Llandysul: Gwasg Gomer.

Awbery, Gwenllian M. (1984). 'Phonotactic constraints in Welsh', tt. 65–104 yn Martin J. Ball a Glyn E. Jones (goln.).

Ball, Martin J. a Glyn E. Jones, goln. (1984). *Welsh Phonology.* Cardiff: University of Wales Press.

Bartrum, P. C. (1966). *Early Welsh Genealogical Tracts.* Cardiff: University of Wales Press.

Bloomfield, Leonard (1933). *Language.* London: Allen and Unwin.

Bowen, Ivor (1908). *The Statutes of Wales.* London: Allen and Unwin.

Brake, P. J. (1981). 'Astudiaeth o seinyddiaeth a morffoleg tafodiaith Cwmann a'r cylch' (Traethawd MA, Prifysgol Cymru: Llanbedr Pont Steffan).

Buse, J. E. (1969). 'Grammar (Structural)'. tt. 186–207 yn A. R. Meetham a R. A. Hudson (goln.).

Chambers, J. K. a Peter Trudgill (1980). *Dialectology.* Cambridge: Cambridge University Press.

Cohen, A. (1965). *The Phonemes of English.* The Hague: Martinus Nijhoff.

Copplestone-Crow, B. (1981–2). 'The Dual Nature of the Irish colonization of Dyfed in the Dark Ages', *Studia Celtica* 16/17: 1–24.

Crystal, David (1987). *The Cambridge Encyclopedia of Language.* Cambridge: Cambridge University Press.

Darlington, Thomas (1900–1). 'Some Dialectal Boundaries in Mid-Wales', *Transactions of the Honourable Society of Cymmrodorion*: 13–39.

Davies, J. J. Glanmor (1934). 'Astudiaeth o Gymraeg Llafar Ardal Ceinewydd' (Traethawd Ph.D., Prifysgol Cymru: Aberystwyth).

Davies, L. (1968). 'Astudiaeth Seinyddol o Gymraeg Merthyr Tudful a'r Cylch' (Traethawd MA, Prifysgol Cymru: Caerdydd).

Evans, Theophilus (1740). *Drych y Prif Oesoedd.* S. J. Evans (gol.), ail argr. 1902. Bangor: Jarvis and Foster.

Fant, Gunnar (1970). *Acoustic Theory of Speech Production.* Mouton: The Hague.

Fudge, E. C. (1970). 'Phonology'. tt. 76–95 yn John Lyons (gol.) *New Horizons in Linguistics.* Harmondsworth: Penguin.

Fudge, E. C. gol. (1973). *Phonology – Selected Readings*. Modern Linguistic Readings. Harmondsworth: Penguin.

Fynes-Clinton, O. H. (1913). *The Welsh Vocabulary of the Bangor District*. Oxford: Oxford University Press.

Gimson, A. C. (1962). *An Introduction to the Pronunciation of English*. London: Edward Arnold.

Griffiths, T. Gwynfor (1953). 'De Italica Pronunciatione', *Italian Studies* 8: 71–8

Hamp, Eric (1951). 'The morphophonemes of the Keltic mutations', *Language* 27: 203–47.

Hughes, Herbert (1997). *'Mae'n ddiwedd byd yma . . .': Mynydd Epynt a'r Troad Allan yn 1940*. Llandysul: Gwasg Gomer.

Hughes, John (1822). *An Essay on the Ancient and Present State of the Welsh Language*. Brecon.

Jones, Glyn E. (1971). 'Hyd llafariaid yn y Gymraeg. Y llafariaid hirion', *Studia Celtica* 6: 175–88.

—— (1972). 'Hyd llafariaid yn y Gymraeg. Y llafariaid byrion', *Studia Celtica* 7: 120–9.

—— (1982). 'Central rounded and unrounded vowels in sixteenth-century Welsh'. *Papurau Gwaith Ieithyddol Cymraeg Caerdydd* 2: 43–52.

—— (1984/5). ' "Bera"' – a Brycheiniog word', *Brycheinog* 21: 69–72.

—— ac Ann Jones (1996). *Atlas Geirfaol Brycheiniog*. Caerdydd: Adran y Gymraeg, Prifysgol Cymru, Caerdydd.

Jones, J. Morris (1913). *A Welsh Grammar*. Oxford: Clarendon Press.

Jones, R. O. (1967). 'A Structural Phonological Analysis and Comparison of Three Welsh Dialects' (Traethawd MA, Prifysgol Cymru: Bangor).

—— (1969). 'The status of the glottal fricative in the Dyffryn Nantlle dialect of Welsh', *Studia Celtica* 4: 99–109.

Jones, Stephen (1926). *A Welsh Phonetic Reader*. London: University of London Press.

Kemp, J. A. (1972). *John Wallis's Grammar of the English Language*. Harlow: Longmans.

Ladefoged, P. (1964). *A Phonetic Study of West African Languages*. Cambridge: Cambridge University Press.

—— (1975). *A Course in Phonetics*. New York: Harcourt Brace Jovanovich.

Lewis, Ronald (1971). *Epynt Without People*. Swansea.

Lloyd, J. E. (1912). *A History of Wales*, ail argr. London: Longmans.

Meetham, A. R. a R. A. Hudson, goln. (1969). *Encyclopaedia of Linguistic Information and Control*. Oxford: Pergamon Press.

Middleton, Mary (1965). 'Astudiaeth Seinyddol o Gymraeg Llafar Ardal Tafarnau Bach' (Traethawd MA, Prifysgol Cymru: Caerdydd).

Morgan, T. J. (1952). *Y Treigladau a'u Cystrawen*. Caerdydd: Gwasg Prifysgol Cymru.

O'Connor, J. D. (1973) *Phonetics*. Pelican Books.

Peate, Iorwerth C. (1925). 'The Dyfi basin: a study in physical anthropology and dialect distribution', *Journal of the Royal Anthropological Institute* 55: 58–72.

—— (1982). *Personau*. Dinbych: Gwasg Gee.

Petyt, K. M. (1980). *The Study of Dialect*. London: Andre Deutsch.

Phillips, V. H. (1955). 'Astudiaeth o Gymraeg Llafar Dyffryn Elái a'r Cyffiniau' (Traethawd MA, Prifysgol Cymru: Caerdydd).

Rees, William (1951). *An Historical Atlas of Wales*. London: Faber and Faber.

Robins, R. H. (1964). *General Linguistics. An Introductory Survey*. London: Longmans.

Rhys, Siôn Dafydd (1592). *Cambrobrytannicae Cymraecaeve Linguae Institutiones et Rudimenta*. London.

Ruddock, Gilbert E. (1968). 'Astudiaeth Seinyddol o Dafodiaith Hirwaun ynghyd â Geirfa' (Traethawd MA, Prifysgol Cymru: Caerdydd).

Samuel, Olwen M. (1970). 'Astudiaeth o Dafodiaith Gymraeg Cylch y Rhigos' (Traethawd MA, Prifysgol Cymru: Caerdydd).

Scully, Celia (1973). 'An experimental study of Welsh nasal mutation', *University of Leeds Phonetics Department Report* 4: 59–71.

Sommerfelt, Alf (1925). *Studies in Cyfeiliog Welsh*. Oslo.

Sommerstein, Alan H. (1977). *Modern Phonology*. London: Edward Arnold.

Swadesh, M. (1973). 'The phonemic principle', tt. 35–46 yn E. C. Fudge (gol.).

Sweet, Henry (1884). 'Spoken North Welsh', *Transactions of the Philological Society* 1882–4: 409–84. Ailargraffwyd yn H. C. Wyld, gol. (1913).

Ternes, Elmar (1973). *The Phonemic Analysis of Scottish Gaelic*. Ail argr. 1989. Hamburg: Helmut Buske.

Thomas, Alan R. (1958). 'Astudiaeth Seinegol o Gymraeg Llafar Dyffryn Wysg' (Traethawd MA, Prifysgol Cymru: Aberystwyth).

—— (1973). *The Linguistic Geography of Wales*. Cardiff: University of Wales Press.

Thomas, Beth (1984). 'Linguistic and non-linguistic boundaries in north-east Wales', tt. 189–207 yn Martin J. Ball a Glyn E. Jones (goln.).

—— a Peter Wynn Thomas (1989). *Cymraeg, Cymrâg, Cymrêg . . . Cyflwyno'r Tafodieithoedd*. Caerdydd: Gwasg Taf.

Thomas, Ceinwen H. (1964). 'Rhai o nodweddion ffonolegol tafodiaith Nantgarw', *Bwletin y Bwrdd Gwybodau Celtaidd* 21: 18–26.

—— (1973/4). 'The verbal system and the responsive in a Welsh dialect of south-east Glamorgan', *Studia Celtica* 8/9: 271–86.

—— (1975/6). 'Some phonological features of dialects in south-east Wales', *Studia Celtica* 10/11: 345–66.

—— (1993). *Tafodiaith Nantgarw*. Caerdydd: Gwasg Prifysgol Cymru.

Thomas, Peter Wynn (1996). *Gramadeg y Gymraeg*. Caerdydd: Gwasg Prifysgol Cymru.

Thorne, D. A. (1976). 'Astudiaeth Gymharol o Ffonoleg a Gramadeg iaith Lafar y Maenorau oddi mewn i Gwmwd Carnwyllion yn Sir Gaerfyrddin' (Traethawd Ph.D., Prifysgol Cymru: Caerdydd).

—— (1984). 'The correlation of dialect and administrative boundaries in Welsh: a review', tt. 176–88 yn Martin J. Ball and Glyn E. Jones (goln.).

Trubetzkoy, N. S. (1969). *Principles of Phonology*. Berkeley, CA: University of California Press.

Wade-Evans, A. W. (1905–6). 'Carmarthenshire dialects', *Transactions of the Carmarthenshire Antiquarian Society* 1: 57

—— (1906a). 'Fishguard Welsh (Cwmrâg Abergwaun)', *Transactions of the Guild of Graduates*: 21–34.

—— (1906b). 'The Brychan Documents', *Y Cymmrodor* 19: 18–50.

Watkins, T. Arwyn (1961). *Ieithyddiaeth*. Caerdydd: Gwasg Prifysgol Cymru.

Williams, J. E. Caerwyn (1975/6). 'Ystori Alexander a Lodwig', *Studia Celtica* X/XI: 276–7.

Williams, S. J. (1960). *Elfennau Gramadeg Cymraeg*, ail argr. Caerdydd: Gwasg Prifysgol Cymru.

Wyld, H. C., gol. (1913). *Collected Papers of Henry Sweet*. Oxford: Clarendon Press.

MYNEGAI

Sylwer: gan fod cynifer o gyfeiriadau at iaith lafar Brycheiniog, Cyfeiliog, Defynnog, Dyffryn Wysg, Godre'r Epynt, Llanwrtyd ac at dafodieithoedd deddwyrain Morgannwg, penderfynwyd nodi ond detholiad o'u digwyddiad yn y testun yn y mynegai hwn.

IAITH LAFAR BRYCHEINIOG